2020年
广东省激光与增材制造产业发展报告

广东省科学技术情报研究所
广东省科学院　编著
广东省激光行业协会

科学技术文献出版社
·北京·

图书在版编目（CIP）数据

2020年广东省激光与增材制造产业发展报告 / 广东省科学技术情报研究所，广东省科学院，广东省激光行业协会编著. —北京：科学技术文献出版社，2021.4
ISBN 978-7-5189-7759-8

Ⅰ. ①2… Ⅱ. ①广… ②广… ③广… Ⅲ. ①激光加工—产业发展—研究报告—广东—2020 ②立体印刷—产业发展—研究报告—广东—2020 Ⅳ. ① F426.4 ② F426.84

中国版本图书馆 CIP 数据核字（2021）第 056910 号

2020年广东省激光与增材制造产业发展报告

| 策划编辑：刘　英　　责任编辑：李　晴　　责任校对：王瑞瑞　　责任出版：张志平 |

出 版 者	科学技术文献出版社
地　　　址	北京市复兴路15号　邮编 100038
编 务 部	（010）58882938，58882087（传真）
发 行 部	（010）58882868，58882870（传真）
邮 购 部	（010）58882873
官 方 网 址	www.stdp.com.cn
发 行 者	科学技术文献出版社发行　全国各地新华书店经销
印 刷 者	北京时尚印佳彩色印刷有限公司
版　　　次	2021年4月第1版　2021年4月第1次印刷
开　　　本	787×1092　1/16
字　　　数	279千
印　　　张	24.25
书　　　号	ISBN 978-7-5189-7759-8
定　　　价	288.00元

版权所有　违法必究

购买本社图书，凡字迹不清、缺页、倒页、脱页者，本社发行部负责调换

编委会

策　　划：龚国平　杨　军　梁宇宁　刘志辉

顾　　问：卢秉恒　周克崧　王华明　杨中民　杨永强

主　　编：刘　敏　张百尚　杨　勇　邵　火

副 主 编：林兴浩　刘　辛　陈敏翼　卢冰文　王　彬

编委会成员：曾祥效　罗子艺　施　麒　吴勇华　宋长辉　李国忠
　　　　　　王学波　余伟业　陆周贵　张欣悦　王　健　罗兵兵
　　　　　　王　龙　关皓元　王陶冶　马文有　董　军　易耀勇
　　　　　　李艳辉　闫星辰　谢迎春　王岳亮　董东东　曾克里
　　　　　　谭　冲　李克峰　闫志巧　罗　浩　何鹏江　薛亚飞
　　　　　　韩善果　蔡得涛　房卫萍　彭翰林　易江龙　祝　林

序 言

激光的发明和激光技术的飞速发展，对20世纪以来科学技术的发展和人类社会的进步起到了重大推动作用，未来也将继续发挥重要作用。增材制造（俗称"3D打印"）技术，通过数字化逐层添加材料直接"生长制造"复杂三维结构，其独特的技术优势有望为未来装备零部件结构设计、材料及制造技术，乃至装备技术水平和装备研制生产模式带来颠覆性或变革性影响。

欧美各国高度重视激光与增材制造技术的研发和产业化，相继出台了一批相关重大发展战略与规划，如美国的《重整美国制造业框架》、英国的《英国增材制造国家战略2018—2025》及德国的《国家工业战略2030》等。我国近年来也加强了激光与增材制造技术的研发及产业化，在"十三五"期间实施了"增材制造和激光制造"国家重点研发计划，出台了《增材制造产业发展行动计划（2017—2020年）》。广东省是国内重要的激光与增材制造产业集聚地，在相关科技创新、产业规划等政策的持续引导与支持下，激光与增材制造技术水平和产业化能力近几年得到显著提升，产业规模目前已居全国之首。

"十四五"期间，广东省将激光与增材制造产业作为战略性新兴产业，列入重点培育的"双十"产业集群之一予以重点支持。为了更好地贯彻落实培育和发展激光与增材制造战略性新兴产业的决策部署，增强技术创新能力和产业核心竞争力，推动产业持续、健康、快速、高质量发展，有力支撑"双区"建设，在广东省科技厅的指导下，广东省科学技术情报研究所、广东省科学院和广东省激光行业协会，组织联合专家组，经广泛调研和反复论证，总结撰写了《2020年广东省激光与增材制造产业发展报告》。该报告包括综合篇、政策篇、区域篇、行业篇、能力篇和专题篇等6个部分，分别从技术及产业发展趋势、政策、市场、产业、行业、企业、高校院所等角度，分析了国内外激光与增材制造技术和产业的发展状况，重点及系统地分析了广东省激光与增材制造技术和产业的发展状况、存在的问题，并提出了相应的对策建议。在专题篇中还邀请相关领域专家撰写了激光与增材制造技术和产业发展趋势的专题报告。

该报告内容丰富、数据翔实，相信该报告的发布对于促进广东省激光与增材制造技术和产业的高质量发展具有重要的指导作用，对从事和关心激光与增材制造技术研发和产业发展的广大读者也具有重要的参考价值。

中国工程院　院士

北京航空航天大学　教授

大型金属构件增材制造国家工程实验室　主任

目　录

第一篇　综合篇

第一章　全球激光与增材制造产业发展状况 …………………………… 3
　　第一节　市场规模 ………………………………………………………… 3
　　第二节　产业格局 ………………………………………………………… 10
　　第三节　重大事件 ………………………………………………………… 25
　　第四节　发展趋势 ………………………………………………………… 36

第二章　中国激光与增材制造产业发展状况 …………………………… 39
　　第一节　政策分析 ………………………………………………………… 39
　　第二节　市场规模 ………………………………………………………… 48
　　第三节　产业格局 ………………………………………………………… 53
　　第四节　重大事件 ………………………………………………………… 61
　　第五节　发展趋势 ………………………………………………………… 72

第三章　广东省激光与增材制造产业发展状况 ………………………… 76
　　第一节　产业规模与格局 ………………………………………………… 76
　　第二节　重大事件 ………………………………………………………… 77

第三节　发展环境与趋势 ··· 81

第二篇　政策篇

第四章　广东省激光与增材制造政策动态分析 ······················· 85
第一节　政策分析 ··· 85
第二节　主要政策要点分析 ··· 89

第五章　《广东省培育激光与增材制造战略性新兴产业集群行动计划（2021—2025 年）》解读 ··· 98
第一节　编制背景 ··· 98
第二节　主要内容 ··· 99
第三节　主要特点 ··· 102

第六章　广东省激光与增材制造科技项目攻关情况分析 ············ 104
第一节　实施背景 ··· 104
第二节　组织实施情况 ··· 105
第三节　实施成效 ··· 114

第三篇　区域篇

第七章　广州市 ··· 125
第一节　激光产业发展状况 ··· 125
第二节　增材制造产业发展状况 ··· 127

第八章　深圳市 ··· 131
第一节　激光产业发展状况 ··· 131
第二节　增材制造产业发展状况 ··· 133

第九章　珠三角其他地市 ········· 136
第一节　激光产业发展状况 ········· 136
第二节　增材制造产业发展状况 ········· 140

第十章　粤东西北地区 ········· 142
第一节　激光产业发展状况 ········· 142
第二节　增材制造产业发展状况 ········· 143

第十一章　区域技术创新能力对比分析 ········· 144
第一节　激光产业 ········· 144
第二节　增材制造产业 ········· 151

第四篇　行业篇

第十二章　广东省激光产业链情况 ········· 159
第一节　专用材料 ········· 160
第二节　器件/软件 ········· 166
第三节　激光器 ········· 173
第四节　装备系统 ········· 181
第五节　应用产品及技术服务 ········· 196

第十三章　广东省增材制造产业链情况 ········· 203
第一节　专用材料 ········· 204
第二节　器件/软件 ········· 211
第三节　装备系统 ········· 219
第四节　应用产品及技术服务 ········· 233

第五篇 能力篇

第十四章 企 业 ··· 245
第一节 广东省激光与增材制造企业概况 ································· 245
第二节 广东省部分代表性企业简介 ······································· 247

第十五章 高校院所 ··· 274
第一节 广东省激光与增材制造高校院所概况 ·························· 274
第二节 广东省部分代表性高校院所简介 ································ 275

第十六章 园 区 ··· 296
第一节 广东省激光与增材制造园区概况 ································ 296
第二节 广东省部分代表性园区简介 ······································· 299

第六篇 专题篇

光纤激光关键技术发展现状与趋势 ··· 309

超快激光技术及其应用 ·· 316

增材制造领域面向2035年关键核心技术分析 ·································· 328

广东省先进陶瓷增材制造技术发展现状 ·· 335

从3D打印到"3D打印+"
——借助3D打印技术助力产业升级与创新破局 ······················ 344

结 语 ··· 352

附 录 ··· 354

参考文献 ·· 357

后 记 ··· 367

图表目录

图 1-1　激光产业链 ··· 4

图 1-2　全球激光产业市场规模 ··· 4

图 1-3　增材制造产业链 ··· 6

图 1-4　全球增材制造行业市场规模及年增长率 ······································· 7

图 1-5　全球增材制造材料主要种类及占比 ··· 8

图 1-6　全球增材制造应用各领域占比 ··· 9

图 1-7　增材制造技术用途占比 ··· 10

图 1-8　美国激光市场主要企业占比 ··· 11

图 1-9　截至2019年全球增材制造设备累计装机量分布和产业区域结构 ······ 16

图 1-10　美国国家增材制造技术路线 ··· 17

图 1-11　美国增材制造产—学—研主要力量 ··· 18

图 1-12　欧盟《3D打印标准化路线图》 ··· 21

图 2-1　2011—2019年中国激光元器件市场规模 ··································· 48

图 2-2　2011—2019年中国激光设备行业市场规模 ······························· 49

图 2-3　主要国家激光在制造业中的占比 ··· 50

图 2-4　国内增材制造产业规模及年增长率 ··· 51

图 2-5　近年来国内增材制造产业规模在全球的占比 ····························· 51

图 6-1　2014—2020年企业与高校院所牵头广东省激光与增材制造项目对比情况 ··· 112

图 6-2　2014—2020 年广东省激光与增材制造立项项目在产业链上的
　　　　对比情况··114
图 11-1　国内主要城市/地区激光领域 SCI 论文发文量（2012—2019 年）···145
图 11-2　国内主要城市/地区激光领域高被引论文数量、h 指数和平均
　　　　被引频次··146
图 11-3　国内主要城市/地区激光领域专利申请量································147
图 11-4　国内主要城市/地区增材制造领域 SCI 论文发文量
　　　　（2012—2019 年）···152
图 11-5　国内主要城市/地区增材制造领域高被引论文数量、h 指数
　　　　和平均被引频次···153
图 11-6　国内主要城市/地区增材制造领域专利申请量·······················154
图 12-1　广东省激光产业链···159
图 12-2　国内主要省市激光专用材料专利申请量（2001—2018 年）········162
图 12-3　广东省激光专用材料专利技术领域分布······································163
图 12-4　广东省激光专用材料专利申请机构分布······································165
图 12-5　广东省激光专用材料专利申请量排名前十的机构······················165
图 12-6　国内主要省市激光器件/软件专利申请量（2001—2018 年）········169
图 12-7　广东省激光器件/软件专利技术领域分布·····································171
图 12-8　广东省激光器件/软件专利申请机构分布·····································172
图 12-9　广东省激光器件/软件专利申请量排名前十的机构·····················173
图 12-10　国内主要省市激光器专利申请量（2001—2018 年）··················177
图 12-11　广东省激光器专利技术领域分布··178
图 12-12　广东省激光器专利申请机构分布··180
图 12-13　广东省激光器专利申请量排名前十的机构································180
图 12-14　国内主要省市激光装备系统专利申请量（2001—2018 年）········191
图 12-15　广东省激光装备系统专利技术领域分布····································193
图 12-16　广东省激光装备系统专利申请机构分布····································194

图 12-17　广东省激光装备系统专利申请量排名前十的机构 ……………… 195

图 12-18　国内主要省市激光产品应用及技术服务专利申请趋势
　　　　　（2001—2018 年）………………………………………………… 198

图 12-19　广东省激光产品应用及技术服务专利技术领域分布 ……………… 199

图 12-20　广东省激光产品应用及技术服务专利申请机构类型 ……………… 201

图 12-21　广东省激光产品应用及技术服务专利申请数量排名前十的机构 … 201

图 13-1　广东省增材制造产业链 ……………………………………………… 203

图 13-2　国内主要省市增材制造专用材料专利申请趋势（2009—2018 年）… 206

图 13-3　广东省增材制造专用材料专利技术领域分布 ……………………… 208

图 13-4　广东省增材制造专用材料专利申请机构类型 ……………………… 209

图 13-5　广东省增材制造专用材料专利申请数量排名前十的机构 ………… 210

图 13-6　国内主要省市增材制造器件/软件专利申请趋势
　　　　　（2009—2018 年）………………………………………………… 214

图 13-7　广东省增材制造器件/软件专利技术领域分布 ……………………… 216

图 13-8　广东省增材制造器件/软件专利申请机构类型 ……………………… 217

图 13-9　广东省增材制造器件/软件专利申请数量排名前十的机构 ………… 218

图 13-10　国内各省市增材制造装备系统专利申请趋势（2009—2018 年）… 228

图 13-11　广东省增材制造装备系统专利技术领域分布 ……………………… 230

图 13-12　广东省增材制造装备系统专利申请机构类型 ……………………… 231

图 13-13　广东省增材制造装备系统专利申请数量排名前十的机构 ………… 232

图 13-14　国内各省市增材制造应用产品及技术服务专利申请趋势
　　　　　（2009—2018 年）………………………………………………… 238

图 13-15　广东省增材制造应用产品及技术服务专利技术领域分布 ………… 240

图 13-16　广东省增材制造应用产品及技术服务专利申请机构类型 ………… 241

图 13-17　广东省增材制造应用产品及技术服务专利申请数量排名前十的
　　　　　机构 ………………………………………………………………… 242

图 14-1　纳思达公司的激光打印机及打印原材料产品 ……………………… 248

图 14-2　大族激光公司的半导体激光器和高架龙门式三维五轴激光切割机产品 ……………………………………………………………… 249
图 14-3　光峰科技公司的激光放映和投影机产品 …………………………… 250
图 14-4　广东宏石公司的高功率激光切割机产品 …………………………… 251
图 14-5　银禧科技公司的 3D 打印原材料产品 ……………………………… 252
图 14-6　创鑫激光公司的连续光纤激光器系列产品 ………………………… 253
图 14-7　海目星公司的超大幅面光纤激光切割机产品 ……………………… 254
图 14-8　联赢激光公司的激光器及激光加工设备产品 ……………………… 255
图 14-9　创想三维公司的 3D 打印设备产品 ………………………………… 256
图 14-10　光韵达公司的激光加工设备产品 ………………………………… 257
图 14-11　杰普特公司的激光器及激光加工设备产品 ……………………… 258
图 14-12　珠海光库科技公司的激光器元器件产品 ………………………… 259
图 14-13　广州雷佳公司的多材料工业级金属 3D 打印设备产品 …………… 260
图 14-14　正业科技公司的皮秒激光切割机产品 …………………………… 261
图 14-15　广州特域公司的激光水冷机产品 ………………………………… 262
图 14-16　光华伟业公司的 3D 打印耗材产品 ……………………………… 263
图 14-17　速腾聚创公司的车载激光雷达产品 ……………………………… 264
图 14-18　广州黑格公司的 DLP 增材制造设备产品 ………………………… 265
图 14-19　广州迈普公司的睿康®硬脑（脊）膜补片及生物 3D 打印机产品 ……………………………………………………………………… 266
图 14-20　联品激光公司的 MOPA 激光器产品 …………………………… 267
图 14-21　英诺激光公司的皮秒激光器产品 ………………………………… 268
图 14-22　广东汉邦公司的金属 3D 打印机产品 …………………………… 269
图 14-23　深圳魔方公司的微纳尺度 3D 打印系统产品 …………………… 270
图 14-24　长郎三维公司的 FDM 3D 打印机产品 ………………………… 271
图 14-25　广州赛隆公司的增材制造专用钽粉产品 ………………………… 272
图 15-1　国内首台量产丝材等离子雾化制粉和射频等离子体粉末球化设备 … 279

图 15-2　大功率固体激光器、焊接/增材系统及高功率电子束焊接/
　　　　　增材设备···279
图 15-3　激光 3D 打印设备、3D 打印钨光栅准直器和钛合金骨科植入体······280
图 15-4　激光熔覆设备、激光熔覆高耐磨耐蚀涂层在海工石油钻探件应用······280
图 15-5　冷喷涂修复发动机 In718 高温合金部件···281
图 15-6　金属增材制造实验室···283
图 15-7　出版系列增材制造专著···284
图 15-8　激光加工超净室···290
图 15-9　激光增材制造实验室···291
图 15-10　广东工业大学激光微纳加工实验室研究情况·································292

表 1-1　2019 年全球业绩十大激光巨头公司··12
表 1-2　全球激光行业主要收购、并购事件··25
表 1-3　全球激光企业 IPO 情况···26
表 1-4　全球激光公司主要融资事件···27
表 1-5　全球增材制造企业主要收购、并购事件···30
表 1-6　增材制造领域上市公司···31
表 1-7　全球增材制造公司主要融资事件··31
表 2-1　国家和部委激光制造相关政策··40
表 2-2　重点省市激光制造相关政策···43
表 2-3　国家和部委增材制造相关政策··44
表 2-4　重点省市增材制造相关政策···47
表 2-5　中国激光产业分布··54
表 2-6　国内激光行业主要收购、并购事件··62
表 2-7　激光领域主板和新三板主要上市公司···63
表 2-8　国内激光公司主要融资事件···64
表 2-9　国内增材制造企业主要收购、并购事件···66

表 2-10	国内增材制造领域科创板和新三板上市公司	67
表 2-11	国内增材制造企业主要融资事件	67
表 3-1	广东激光与增材制造公司主要收购、并购事件	78
表 3-2	广东激光与增材制造上市企业	78
表 3-3	广东激光与增材制造主要融资事件	79
表 4-1	2015—2019 年广东激光与增材制造相关的重点政策及主要举措	86
表 6-1	2014—2019 年广东省激光与增材制造相关的科技计划攻关指南情况	106
表 6-2	2014—2020 年广东省激光与增材制造攻关指南申报要求情况	109
表 6-3	2014—2020 年广东省激光与增材制造立项项目总体情况	111
表 6-4	2014—2020 年广东省激光与增材制造项目牵头单位立项情况	112
表 6-5	2014—2020 年广东省激光与增材制造专项各领域分布情况	113
表 6-6	2014—2020 年广东省激光与增材制造立项项目在产业链上的分布情况	114
表 7-1	广州市增材制造产业重点企业	129
表 8-1	深圳市激光产业链主要企业	133
表 8-2	深圳市增材制造重点企业	135
表 9-1	珠三角其他城市激光产业链主要企业	139
表 9-2	珠三角其他地市增材制造重点企业	140
表 11-1	国内主要城市/地区激光领域专利重要指标	148
表 11-2	国内主要城市/地区企业、高校及科研单位激光专利申请情况	149
表 11-3	广东省主要城市/地区激光专利产业链分布	150
表 11-4	国内主要城市/地区增材制造专利重要指标	155
表 12-1	国内激光专用材料专利申请数量及占比（排名前十）	161
表 12-2	国内主要省市激光专用材料专利指标	162
表 12-3	广东省激光专用材料专利技术领域分布	164
表 12-4	国内激光器件/软件专利申请数量及占比（排名前十）	168

表 12-5	国内主要省市激光器件/软件专利指标	170
表 12-6	广东省激光器件/软件专利技术领域分布	171
表 12-7	广东省各类激光器主要企业及对应国外厂商	174
表 12-8	部分广东省激光器企业技术来源	175
表 12-9	国内激光器专利申请数量及占比（排名前十）	176
表 12-10	国内主要省市激光器专利指标	177
表 12-11	广东省激光器专利技术领域分布	179
表 12-12	广东省激光装备典型企业及其产品、特点	182
表 12-13	国内激光装备系统专利申请数量及占比（排名前十）	190
表 12-14	国内主要省市激光装备系统专利指标	192
表 12-15	广东省激光装备系统专利技术领域分布	193
表 12-16	国内激光产品应用及技术服务专利申请数量及占比（排名前十）	197
表 12-17	国内主要省市激光产品应用及技术服务专利指标	198
表 12-18	广东省激光产品应用及技术服务专利技术领域分布	200
表 13-1	国内增材制造专用材料专利申请数量及占比（排名前十）	205
表 13-2	国内主要省市增材制造专用材料专利指标	207
表 13-3	广东省增材制造专用材料专利技术领域分布	208
表 13-4	国内增材制造器件/软件专利申请数量及占比（排名前十）	213
表 13-5	国内主要省市增材制造器件/软件专利指标	215
表 13-6	广东省增材制造器件/软件专利技术领域分布	216
表 13-7	广东省增材制造设备典型企业及其产品、特点	220
表 13-8	国内增材制造装备系统专利申请数量及占比（排名前十）	227
表 13-9	国内主要省市增材制造装备系统相关专利指标	229
表 13-10	广东省增材制造装备系统专利技术领域分布	230
表 13-11	广东省增材制造应用及技术服务代表性企业	233
表 13-12	国内增材制造应用产品及技术服务专利申请数量及占比	

	（排名前十）	237
表 13-13	国内主要省市增材制造应用产品及技术服务相关专利指标	239
表 13-14	广东省增材制造应用产品及技术服务专利技术领域分布	240
表 14-1	广东省激光产业主要企业	245
表 14-2	广东省增材制造产业主要企业	246
表 15-1	广东省激光与增材制造相关高校院所	274
表 16-1	激光与增材制造产业主要园区建设情况	296
附表 1	广东省激光产业区域发展概况	354
附表 2	广东省增材制造产业区域发展概况	355

第一篇
综合篇

本篇详细分析全球、中国及广东省激光与增材制造产业的发展状况，重点包含相关国家政策、市场规模、产业格局、重大事件及未来发展趋势等。

目前，全球激光与增材制造产业已基本形成以北美、欧洲发达国家和地区为主导，亚太及其他地区后起追赶的发展态势。我国高度重视激光与增材制造产业发展，近年来陆续出台了数十个产业发展相关政策；产业规模稳步增长，主要分布在珠三角、长三角、中西部和环渤海地区。广东省是我国激光与增材制造产业大省，产业规模全国领先，2019年产业规模和企业数量均占全国30%以上；政策环境和生态建设不断优化，产业创新取得重要突破。

第一章
全球激光与增材制造产业发展状况

第一节 市场规模

一、全球激光市场规模

激光是当今世界最先进的应用技术之一,被称为"最快的刀""最准的尺""最亮的光"和"万能的工具",与核能、计算机、半导体并称为20世纪"四大发明",已成为影响全球经济发展和社会进步的关键技术。目前,全球激光产业已形成上游专用材料和器件/软件、中游激光器和装备系统、下游激光应用产品和技术服务的全产业链(图1-1)。据《激光制造商情》统计,2019年全球激光产业中上游已形成超过400亿美元的行业产值,同比增长3.9%,并驱动下游激光应用产品和技术服务形成数万亿美元的行业产值(图1-2)。随着全球经济进入了一个良性发展轨道,激光产业在全球范围内将会继续增长,预估未来5年年均增长将超5.0%。

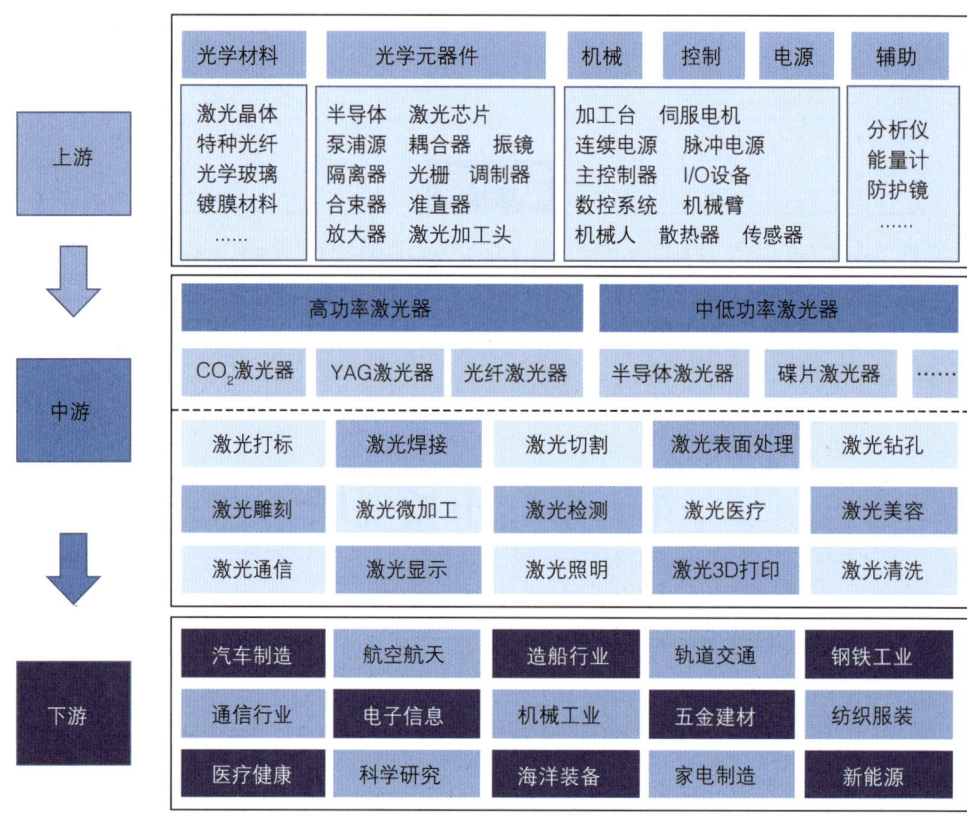

图 1-1 激光产业链

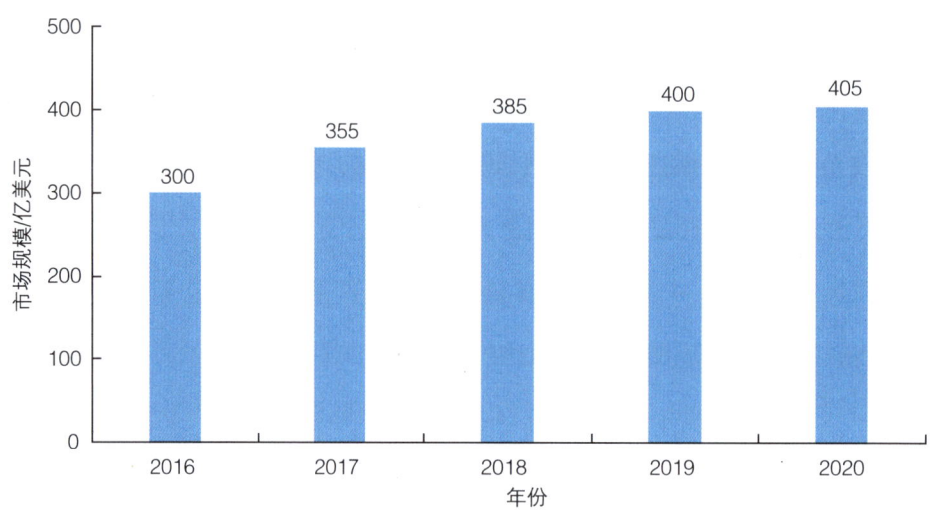

图 1-2 全球激光产业市场规模

（一）全球上游专用材料和器件/软件市场规模

据统计，专用材料和器件/软件作为激光产业上游，2019年全球产值约100亿美元，占激光产业中上游行业产值的25%，其中，欧洲市场份额排名第一，其次是美国。专用材料方面，我国取得了一定发展，激光晶体产量占全球一半以上份额，但高品质特种光纤、半导体材料等与美国、荷兰等国家还存在较大差距。器件/软件方面，高端环节基本被美国、欧盟、日本等发达国家垄断，如美国IPG在啁啾布拉格光栅技术（VBG）领域占据全球领先地位。

（二）全球中游激光器和装备系统市场规模

激光产业的中游为激光器垂直整合及激光加工系统集成装备。据统计，2019年全球激光器和装备系统行业产值约300亿美元，占激光产业中上游行业产值的75%。其中，激光器行业产值为140亿美元，主要包括固体激光器、液体激光器、气体激光器、半导体激光器。光纤激光器作为固体激光器的典型代表，已占据全球工业激光器一半以上的市场份额。装备系统行业产值约160亿美元，主要包括激光切割机、激光焊接机、激光打标机、激光通信装置、激光增材制造（3D打印）设备、激光精密微加工系统等。

（三）全球下游激光应用产品和技术服务市场规模

经过数十年的发展，激光的下游终端应用非常广泛，逐步渗透到全球经济的各个领域。在装备制造领域，激光设备在航空航天、电子信息、汽车等领域发挥着越来越重要的作用。例如，激光焊接已成为汽车产线上非常关键的环节，德系、美系主要车企均采用激光焊接车身。空客、波音等世界航空巨头，已大规模采用激光切割、激光焊接进行飞机机体、机头的制造。三星、华为、京东方等电子制造企业应用超快激光进行光伏、液晶显示、半导体、LED、OLED等生产加工。

二、全球增材制造市场规模

经过30多年的迅猛发展，全球增材制造产业已经形成上游专用材料、中游器件/软件和装备系统，以及下游应用产品及技术服务的完整产业链（图1-3）。据全球权威增材制造行业研究机构的 *Wohlers Report 2020* 统计，2015—2019年全球增材制造产业规模保持高速增长，年均增速达到26.6%，

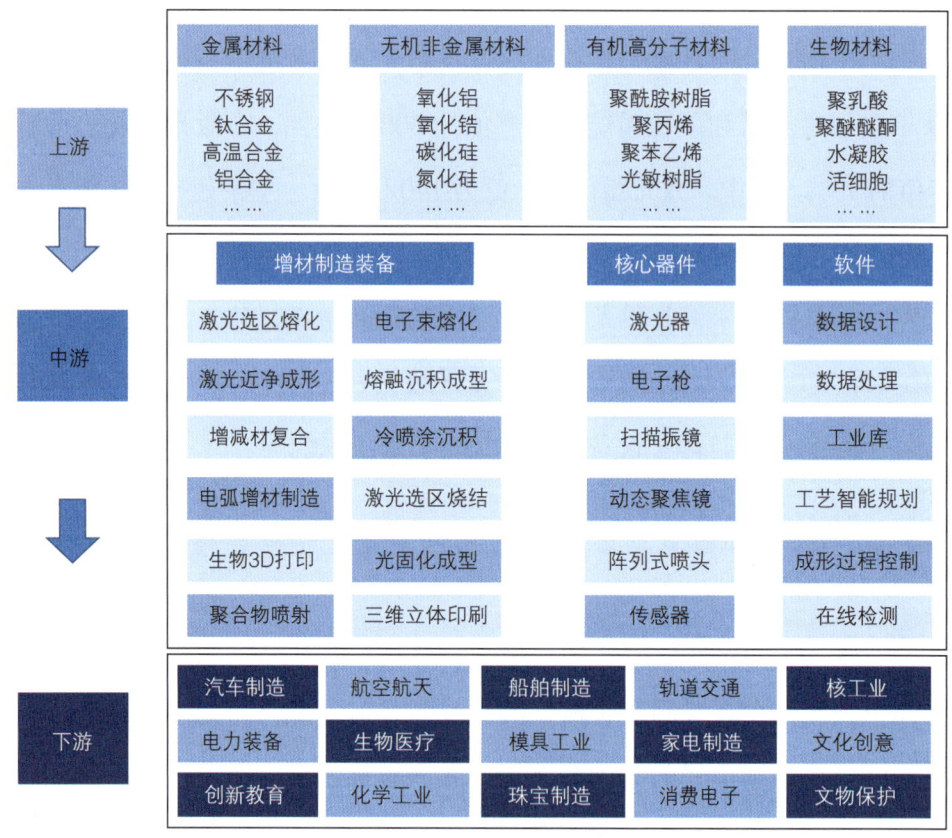

图1-3 增材制造产业链

2019年首次突破100亿美元，达到118.67亿美元（图1-4）。未来几年全球增材制造产业仍将呈现快速增长态势，2029年有望突破1175亿美元。

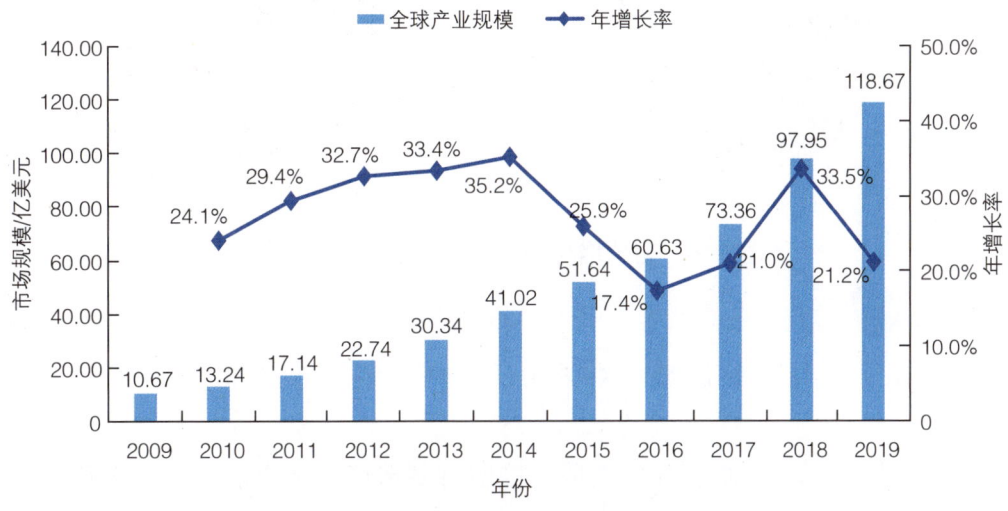

图1-4　全球增材制造行业市场规模及年增长率

（一）全球增材制造上游专用材料市场规模

作为增材制造领域的上游产业，专用材料市场近5年呈稳定快速增长趋势。据 Wohlers Report 2020 和赛迪顾问数据统计，2015—2019年全球增材制造材料产业规模年均增长20%以上，市场占比逐年递增；2019年增材制造专用材料全球产业规模达到28.81亿美元，占市场比重达24.1%。生产商家达到171家，可规模化生产的材料达1700余种，分为高分子材料、金属材料、陶瓷材料及复合材料等。商业化应用材料以高分子和金属材料为主，高分子材料市场规模最大，金属材料市场规模次之，两者分别占据全球增材制造专用材料市场的46.5%和39.4%。高分子材料以聚酰胺和光聚合物为代表。金属材料主要包括模具钢、钛合金和高温合金等（图1-5）。

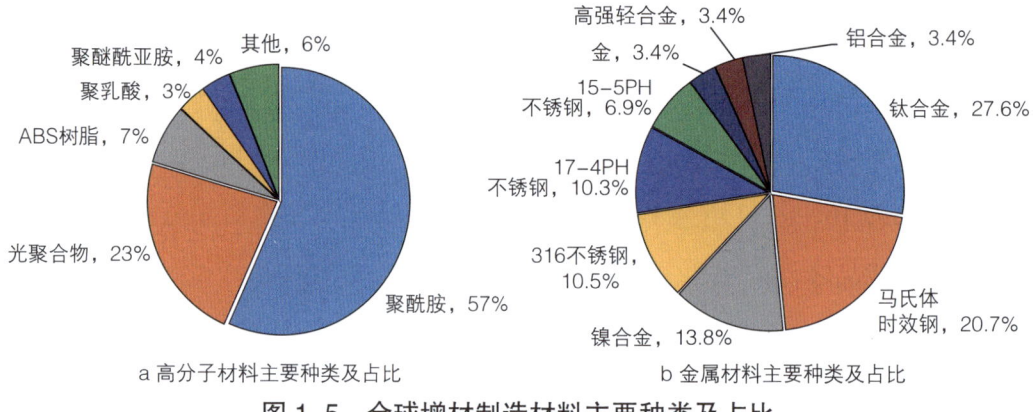

图 1-5 全球增材制造材料主要种类及占比

（二）全球增材制造中游器件/软件和装备系统市场规模

中游器件/软件和装备系统是承接增材制造产业链上下游的重要组成部分，也是增材制造技术研发和应用的关键点。近3年，国内外增材制造设备供应商呈现大幅增长态势。据 *Wohlers Report 2020* 统计，2017—2019年全球工业级增材制造设备销售量分别为 14 736 台、19 285 台和 22 115 台，年均增长率为 22.5%。目前，全球已形成多家重量级增材制造设备供应商，工业级聚合物 3D 打印机出货量的领导者包括 Stratasys、惠普、Carbon 和 3D Systems 等公司；工业级金属 3D 打印机出货量的领导者包括 EOS、GE、SLM Solutions、3D Systems 等公司。据前瞻产业研究院的数据，2022年全球增材制造设备市场规模有望突破 220 亿美元。

（三）全球增材制造下游应用产品及技术服务市场规模

增材制造产业下游应用产品及技术服务涉及汽车、航空航天、医疗、模具、核电、文创等领域，并逐渐推动了这些领域的发展，成为增材制造产业收入的重要一环。据 *Wohlers Report 2020* 统计，2015—2019 年增材制造应用产品及技术服务的产业规模年均增长率为 26.66%，2019 年达到了 68.23 亿美元。全球增材制造应用市场前三的领域分别为汽车、消费/电子产品、航空航天，占比分别为 16.4%、15.4% 和 14.7%（图 1-6）。2019 年增材制造的产品直接作为终端成品零件产品的占比最大（30.9%），已超过作为功能性原型产品的占比（24.6%），这是增材制造技术从快速原型制造向快速制造转变的信号，说明增材制造技术正在从研发应用向制造产业化过渡（图 1-7）。

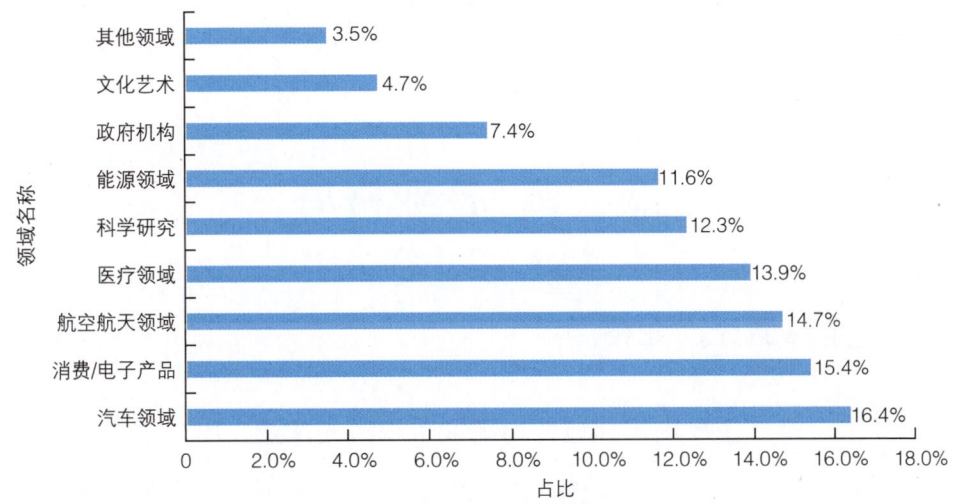

图 1-6 全球增材制造应用各领域占比

（数据来源：*Wohlers Report 2020*）

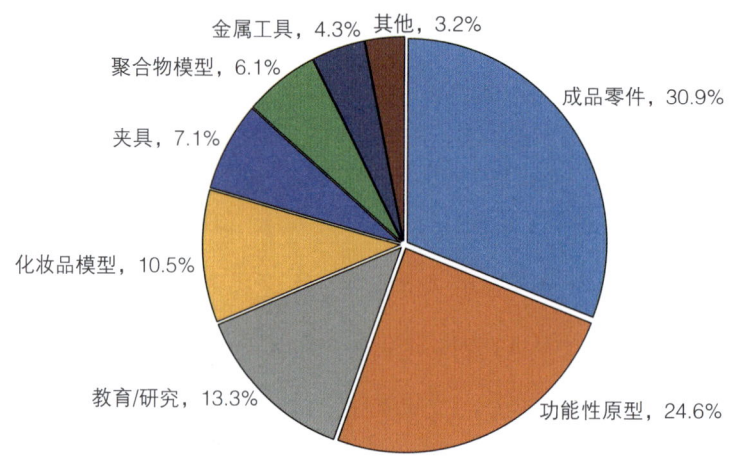

图 1-7　增材制造技术用途占比

（数据来源：*Wohlers Report 2020*）

第二节　产业格局

一、全球激光产业格局

近年来，全球主要国家和地区均高度重视激光产业，出台了一系列技术和产业发展政策，以此推动制造业转型升级。美国 2018 年发布的《先进制造业美国领导力战略》，将高性能材料、光子学等激光领域的技术作为该战略的发展重点。德国发布"工业 4.0"战略，重点提出激光在制造行业的发展方向。我国出台《中国制造 2025》，战略性地描绘出未来我国制造业由低端迈向中高端的发展规划，其中激光制造将发挥重要作用。目前，全球激光产业主要分布在美国、欧盟、中国、日本等国家和地区。

第一章 全球激光与增材制造产业发展状况

（一）北美地区

北美地区的激光产业主要集中在美国。美国的激光技术研发水平处于世界前列，涌现出如贝尔实验室、劳伦斯伯克利国家实验室、罗彻斯特大学、内布拉斯加林肯大学、麻省理工学院、加州理工大学伯克利分校、新墨西哥大学等一批具有雄厚实力的研发机构。同时，美国拥有上千家激光企业，形成了完整的产业链，在激光光学、软件、加工解决方案、激光仪器等方面处于全球领先地位，主要企业包括 Coherent、IPG、Newport、nLight、Novanta、ESI、Ⅱ-Ⅵ、Aerotech、Synrad、PRC、Iradion、Haas、Access Laser、Thorlabs 等（图 1-8）。美国还大力推动激光技术与航空航天、汽车等领域融合发展，取得了许多令人瞩目的成效。例如，福特汽车公司采用高功率激光器结合工业自动化机械焊接汽车车体，大幅降低了制造成本；通用等航空巨头在发动机制造领域采用激光打孔技术，显著提升了发动机的性能。此外，皮秒、飞秒等先进激光技术在激光医疗领域的广泛应用，使美国激光医疗处于全球领先地位。

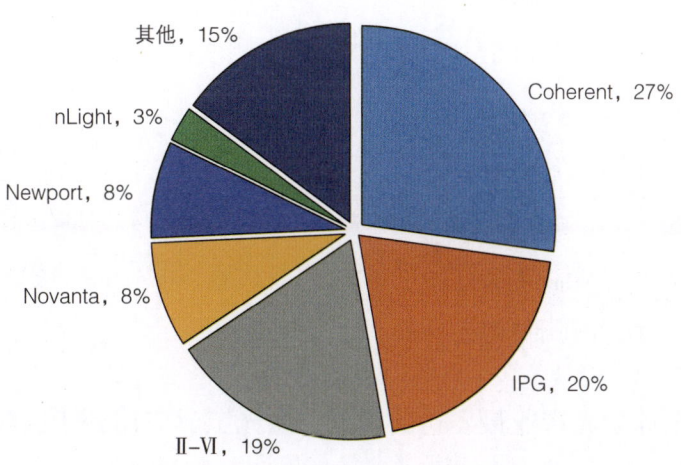

图 1-8 美国激光市场主要企业占比

（数据来源：《激光制造商情》）

（二）欧洲地区

欧洲拥有全球最顶尖的激光与光子学科科研实力和最大的激光应用市场，其中，德国、法国、英国、立陶宛、俄罗斯等国的激光产业位居世界前列。据统计，欧洲激光市场占据全球的40%，其生产的商用激光器占据全球商用激光器市场的70%。2019年，全球年度营业收入超过5亿美元的十大激光巨头公司，5家位于欧洲；同时，欧洲还拥有上千家中小型激光公司，在部分细分领域掌握着全球领先的核心技术（表1-1）。

表1-1 2019年全球业绩十大激光巨头公司

排名	公司名称	国家	业绩/亿美元
1	Trumpf	德国	41.5
2	Coherent	美国	19
3	Han's Laser	中国	14
4	IPG	德国	13
5	Jenoptik	德国	10.1
6	MKS	美国	9.71
7	Bystronic	瑞士	9.1
8	Cymer	美国	8.1
9	HG Tech	中国	7.9
10	Prima Industrie	意大利	5

数据来源：《激光制造商情》。

德国是全球激光产业最发达的国家，激光工业应用处于国际领先水平，全球销售的40%光源和20%激光材料加工系统来自德国。从20世纪八九十年代起，德国就开始大力推动激光技术发展，积极出台相关政策，建立国家级激光工程中心，广泛开展激光应用工程研究。1993—1997年，德国投入2.75亿马克建立了9个国家级激光中心。目前，德国形成了弗劳恩霍夫激光研究所ILT、弗劳恩霍夫IWS、亚琛工业大学、慕尼黑工业大学、汉诺威激光中心、北方激光中心等一批研发水平在全球领先的重点研究机构。培育了Trumpf、Rofin、DILAS、Jenoptik、Laserline、Scanlab、Innolas、Scansonic等一大批优秀企业，其中，全球最大的工业激光设备制造公司Trumpf在2019年实现营业收入超41亿美元。以龙头企业为牵引，德国构建起较为成熟完整的激光产业链，并围绕慕尼黑、亚琛—埃森、美因茨、斯图加特、柏林等城市形成了激光产业集聚区，推动激光技术广泛地应用于各个行业。例如，大众汽车厂建立了齿轮激光加工生产线；西门子公司建立了线包引线激光电焊生产线、集成电路激光微调生产线及半导体硅片激光毛化及退火生产线等。

法国激光产业主要集中在法国阿基坦大区。自1995年，法国Mega-Joule兆焦耳激光器研究机构建立以来，阿基坦地区聚集了大量光电企业和科研人员，成为法国最大的激光—光学基地，各种产业项目投资超过1.3亿欧元；直接或间接从事光电产业的员工超过10 000人，年产值高达20亿欧元，约占法国光电产业总量的20%。"激光之路"产业集群是阿基坦地区光电子产业发展的核心，聚集了波尔多（塔朗斯）约600名精英研究人员/工程师及近百家相关企业，包括Amplitude、Photonis等激光前沿新技术企业。

俄罗斯在政府和社会层面均大力发展激光产业。1996—2005年，俄罗斯在"国家技术库"联邦专项纲要中设立了"发展光电子和激光技术"专项，同时在高校科技项目"激光器与激光技术"中安排实施"激光技术及其应用"和"新型激光器及激光系统开发"项目。2000年，俄罗斯首次制定了"发展激光工艺和技术的联邦专项纲要"。

俄罗斯已拥有800多个与激光相关的组织和企业；165个生产激光器的企业和机构，其中60%位于莫斯科，包括较为知名的俄罗斯科学院激光与信息技术研究所、俄罗斯科学院西伯利亚分院激光物理研究所等。在国际市场拥有数千个型号的激光器或设备，包括光源、工业和医疗激光器、测量和测试设备、导航和对准系统，以及激光束定性、控制、成型和调节设备。

立陶宛形成了以技术研发驱动产业发展的模式。先后研发出可调波长皮秒/飞秒光学参量放大器、超快光谱技术等。所研发的光学参量啁啾放大技术的发明更是为激光照明带来革命性的创新。在先进技术的带动下，立陶宛产业应用成效显著。2019年，立陶宛激光产业产值超过1亿欧元，90%以上来自出口，全球10%的科学激光光源由立陶宛制造，美国NASA宇航中心、欧盟空间局，以及全球排名前100位的大学90%都在使用立陶宛制造的激光设备。未来几年，立陶宛激光产业产值将以10%～15%的速度持续增长，预计到2025年将达到国家GDP的1%。目前，立陶宛拥有30余家激光企业，多数处于产业链上游，其中，EKSPLA和Light Conversion生产的高端皮秒、飞秒超快激光器在世界超快激光器市场都占据重要一席，EKSMA、Altechna主要生产激光镜片、晶体、光学器件等。

英国激光企业大多数是从高校研究机构孵化而来，如SPI Lasers、Powerlase、Renishaw、Luxinar、Chromacity、Laser Quantum、M Squared等主要从事激光器生产。例如，光纤激光器企业SPI由南安普顿大学光学研究中心于2000年成立，致力于将英国南安普顿大学光电研究中心的高新技术产业化，自2004年首次发布光纤激光器以来，光纤激光器产品发展迅速，MOPA脉冲激光器产品技术在全球领先。

第一章 全球激光与增材制造产业发展状况

（三）亚太地区

日本十分重视激光技术基础研究，重点发展 CO_2、YAG 和氩气激光器和激光精密加工技术，主要企业包括 Amada、Daihen、发那科、日立、松下、三菱、NEC、NIIC、Shibuya 和东芝等。然而，日本激光市场至 2007 年达到高峰后，进入了长期平缓甚至是衰退发展状态。据统计，2012 年日本本土生产的激光材料加工设备的产值只有 2000 亿日元，相比 2007 年的 4000 亿日元已减半。

新加坡具有光电子、激光的科研基础，以南洋理工大学为代表。代表性企业包括 iLaser、波长光电、新特光电等，后两家已在中国设立分公司。新加坡由科研孵化而来的产业集中在光学镜片、激光元器件，以及半导体激光器、超快激光器等领域，均处于产业链上游，在下游应用方面由于受限于新加坡和周边国家激光应用市场小，所以新加坡的激光产业规模较小。

韩国激光科研机构主要包括韩国科学技术院、首尔大学等；企业主要包括韩光、EO 科技、LIS 等。以韩华新能源为代表的下游用户大量采用了激光精密加工设备，LIS 的设备则广泛应用于显示屏面板的精密加工。

印度激光产业主要集中在下游环节。2012 年前，印度主要采用小功率激光加工工艺品等低端产品。2012 年至今，印度激光切割市场增长了 10 倍，大规模应用于汽车金属板材的切割，这些应用主要位于浦那、班加罗尔、钦奈、曼萨尔和艾哈迈达巴德等汽车中心。

二、全球增材制造产业格局

目前，全球增材制造产业主要集中在北美、欧洲和亚太 3 个地区，据 *Wohlers Report 2020* 统计，截至 2019 年这 3 个地区的增材制造设备累计装机量占全球的 95.3%。全球增材制造产业已基本形成了北美、欧洲发达国家和地区主导，亚太及其他地区后起追赶的发展态势。美国和欧洲在增材制造技术创新和产业化等方面优势明显，增材制造产业链上中下游龙头公司多为欧美企业。但随着全球制造业的转移及亚太国家工业化水平的不断提升，亚太成为增材制造市场发展最为迅猛的地区（图 1-9）。

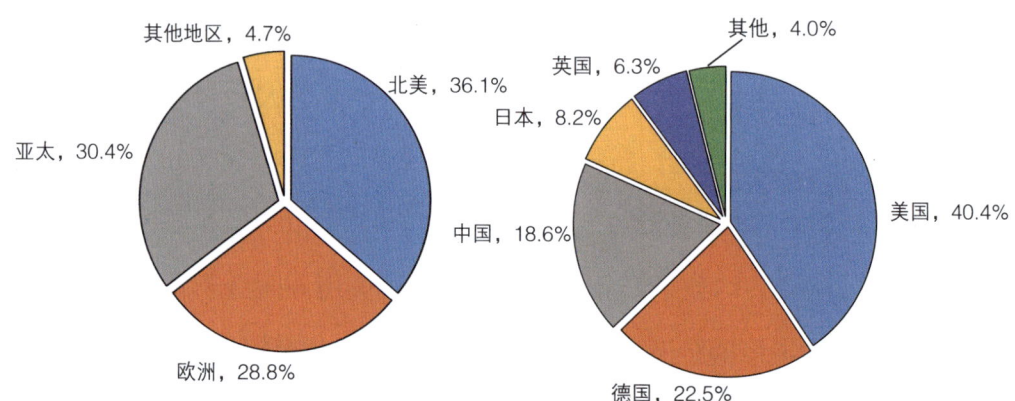

图 1-9 截至 2019 年全球增材制造设备累计装机量分布和产业区域结构

（数据来源：Wohlers Report 2020 和赛迪顾问）

（一）北美地区

北美地区以美国、加拿大和墨西哥为代表，将增材制造技术作为其未来产业发展新的增长点。其中，美国是北美地区增材制造技术和产业的核心，在北美增材制造市场中占有最大份额。美国是增材制造技术和产业的起源地，目前，美国增材制造技术和产业规模均处于世界领先地位。据赛迪顾问数据统计，2019 年美国占据全球增材制造产业的 40.4%，成为全球增材制造产业的最大市场。美国增材制造技术和产业发展成功的关键在于以下 7 个方面。

一是强大的政府资助和引导是美国增材制造产业发展的基础。美国政府率先将增材制造产业上升到国家战略发展高度，对增材制造技术的发展给予

第一章 全球激光与增材制造产业发展状况

了高度重视和财政支持。2012年，美国提出了"重振制造业"战略，以10亿美元投资设立国家制造业创新网络，"增材制造"列为第一个启动项目，成立了国家增材制造创新研究所（后更名为"美国造"），由美国国防部牵头建立，国防制造与加工中心领导，旨在集合全美学术界、工业界、政府机构和非营利组织的力量，促进增材制造领域的技术创新和应用研究，引领全美甚至全球增材制造技术的发展。8年来，面向增材制造工艺优化、增材制造材料基因组等五大技术领域，设立了近百个项目。2015年，美国发布了公开版的技术路线图，规划了未来5年美国增材制造工业技术发展的路径（图1-10）。

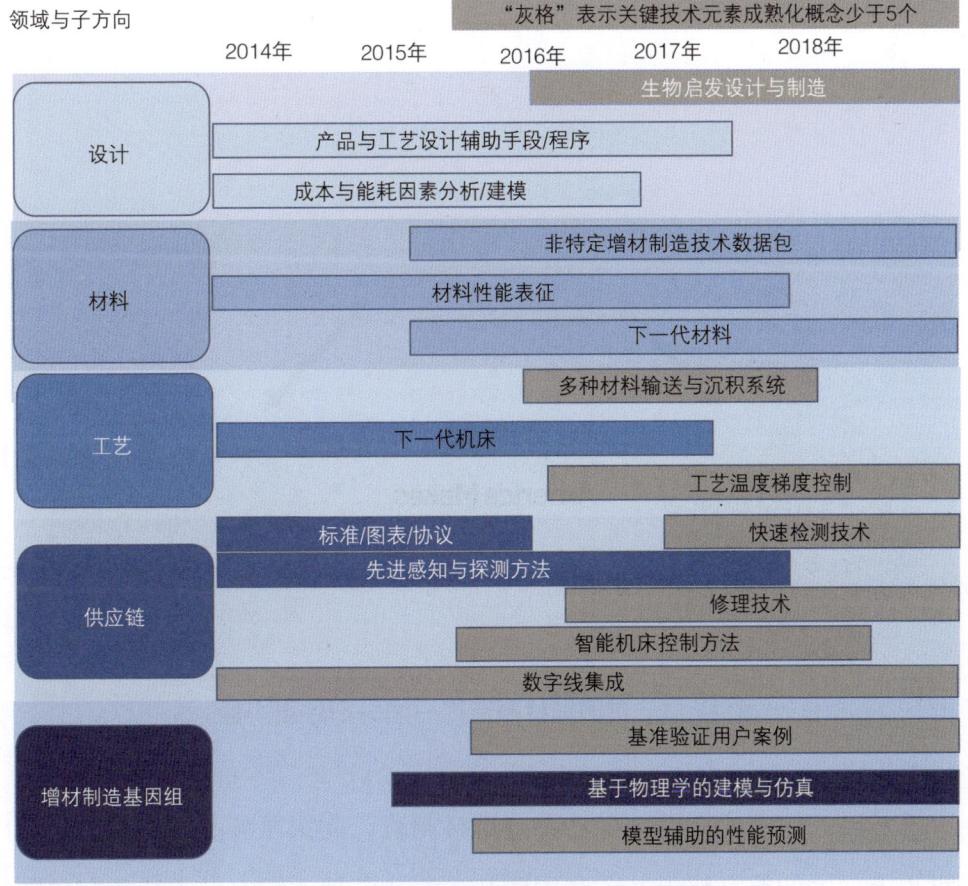

图1-10 美国国家增材制造技术路线

二是庞大的研究力量是美国增材制造产业快速发展的不竭动力。美国增材制造创新研究所阵容庞大,顶尖院校、国家实验室及企业等学术研究和商业力量形成一体,相辅相成。首先,麻省理工学院、西北大学、斯坦福大学、宾夕法尼亚大学等顶尖院校均全力进军增材制造领域,研发了大量的原创性成果。其次,橡树岭国家实验室、劳伦斯伯克利国家实验室、阿贡国家实验室、国家航空航天局等设有专门的增材制造团队。另外,美国很多大型公司研究和生产相结合的模式也日臻成熟,典型代表为波音公司和通用电气公司(图1-11)。

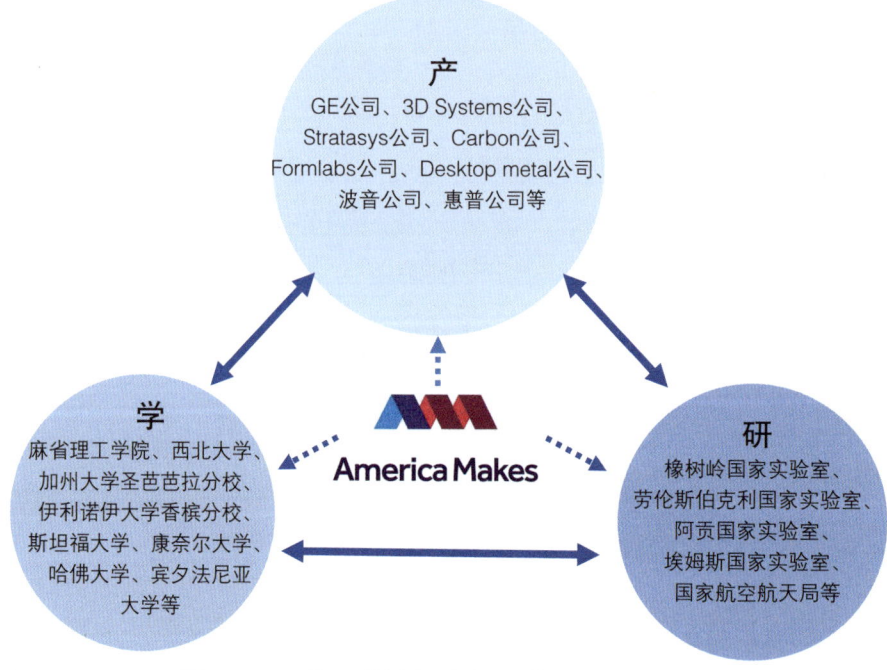

图 1-11　美国增材制造产—学—研主要力量

三是巨大的市场需求是推动美国增材制造产业快速崛起的驱动力。美国是世界上最大的航空航天装备和国防装备制造基地,航空航天装备和国防装备的快速更新换代极大地推动了增材制造技术的发展。另外，美国先进的医疗保健、教育和消费品行业的强劲需求也驱动了增材制造技术的发展。

四是健全的技术标准为美国增材制造技术的产业化应用保驾护航。2009年，美国测试和材料协会设立了F42委员会，专门针对增材制造技术完善3D打印的技术标准。2017年和2018年，美国造—国家增材制造创新机构和美国国家标准化研究院公布了增材制造标准化路线图1.0版和2.0版，提供了当前增材制造标准全景，列出了相关标准或正在编制的标准，针对需要额外标准化活动的地方提出了优先领域的建议。

五是发达的金融系统为美国增材制造持续发展注入了强大动力。风险投资基金和金融支持是美国创新的重要组成部分，也是推动3D打印产业不断发展和壮大的重要原因。Stratasys、Carbon 3D、Desktop Metal等美国著名的增材制造商的形成和发展都得到了美国风险投资基金的大力支持。

六是完善的产业配套为美国增材制造技术和产业发展提供了重要保障。美国3D打印的配套产业非常发达，不仅能够提供3D打印机元器件，而且CAD专业软件产业及3D打印材料都比较发达，为美国3D打印企业提供了有力的支撑。

七是龙头企业的快速形成和带动作用是美国增材制造技术创新和产业发展的关键力量。美国已诞生多家增材制造龙头企业，主要包括GE公司、3D Systems公司、Stratasys公司、Carbon公司等。其中，GE是制造业的百年巨头，较早布局3D打印技术和产业，已成为全球3D打印产业发展的引领者。3D Systems是全球3D打印行业中3D打印设备、3D扫描设备、服务、材料的提供商和领先者，能够提供基于SLA、SLS、DM、MJP等技术在内的各种类型桌面及工业3D打印机，同时提供相应的材料及软件服务。

（二）欧洲地区

以德国、英国、法国等国为代表的欧洲是全球增材制造产业的第二大市场，据赛迪顾问数据统计，2019年欧洲占据全球增材制造产业产值的28.8%。据《Wholers Report 2020》统计，从1988—2019年，欧洲向全球销售增材制造设备系统的总数占全球销售总量的21.3%。

欧洲各国高度重视增材制造技术的发展，大力支持增材制造技术和产业发展，出台了一系列的政策，包括欧盟2014年启动的《地平线2020》和2015年发表的《3D打印标准化路线图》、英国制定的《2018—2025英国增材制造国家战略》、德国2019年发布的《国家工业战略2030》等。欧盟自从《第一研发框架计划》开始便对增材制造项目给予资助，推动其在各领域中持续发展（图1–12）。

欧洲各国注重发展金属增材制造技术，产业发展和技术应用走在世界前列，产业主要分布在尖端领域，普及应用环节则借助每年一度的法兰克福展。同时，欧洲各主要国家结合本国产业基础，着重部署增材制造产业链各个关键环节。其中，德国以增材制造设备为主，如EOS、SLM Solutions及通快等公司。英国以高质量激光器为主，如BAE Systems、HiETA Technologies等公司。法国以电子束近净成型为主，如AddUp group、Prodways Group等。比利时以增材制造前处理软件为主，如Materialize。但欧洲增材制造区域化明显，西欧和东欧形成鲜明的对比，主要增材制造技术和产业发展集中在西欧地区和俄罗斯。其中，德国、英国、俄罗斯、法国等国已经在增材制造的几个领域内成为全球领导者，是欧洲增材制造技术和产业发展的关键力量。然而东欧地区仍处于比较早期的阶段。

第一章　全球激光与增材制造产业发展状况

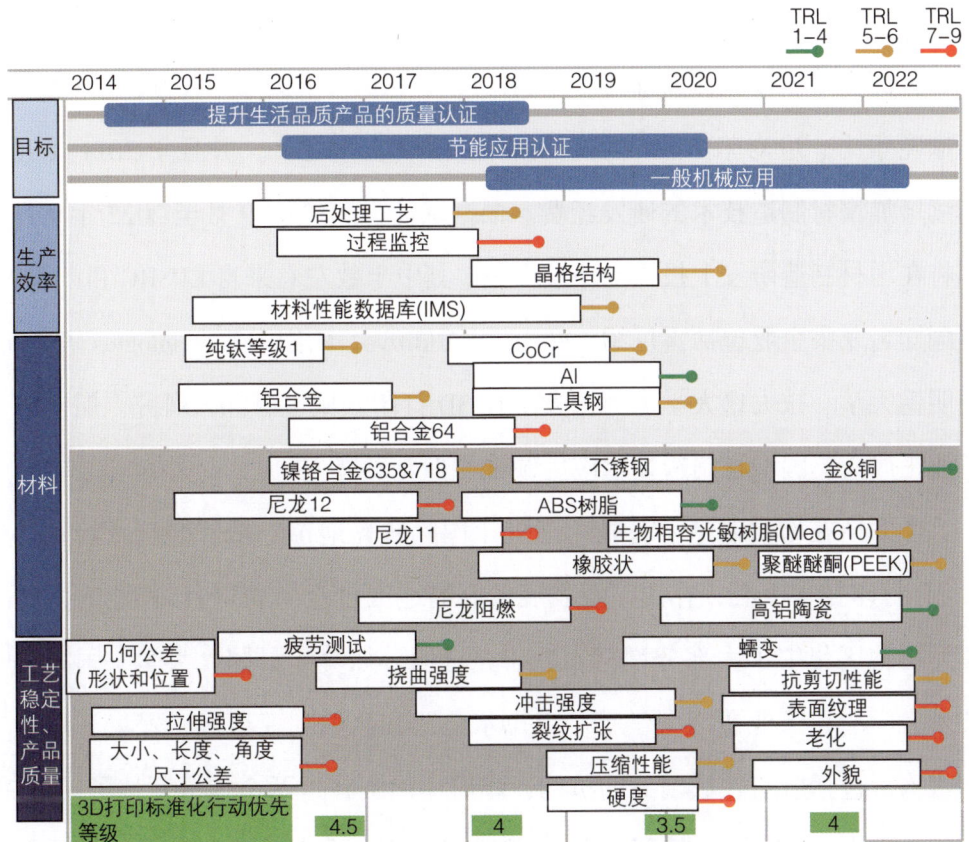

图1-12　欧盟《3D打印标准化路线图》

德国在3D打印领域处于全球领先地位，也是欧洲增材制造技术和产业的核心。2019年，德国是世界第二大3D打印设备供应商、打印材料和服务的提供者，拥有众多从事增材制造技术相关的服务商和设备商，如EOS、Concept Laser、SLM Solutions等在行业内国际领先企业。在增材制造技术开发方面，主要由德国快速成型制造领域内的"科研航母"弗劳恩霍夫应用研究促进协会和德国亥姆霍兹国家研究中心联合会承担。另外，亚琛工业大学、德国柏林工业大学、鲁尔大学等诸多大学为3D打印技术提供了专业高水平的研发平台。增材制造技术在德国已成功应用于生物医疗、建筑、工业、汽车、航空航天等领域。

英国在《未来高附加值制造技术展望》报告中把增材制造技术作为提升国家竞争力、应对未来挑战亟须发展的 22 项技术之一，并且于 2011 年开始持续增加增材制造技术的研发经费。根据统计，2012 年 9 月至 2022 年 9 月英国将在增材制造研发上投入 1.15 亿英镑，其中半数左右来自 EPSRC 和产业界。英国知名龙头企业包括雷尼绍、Wayland Additive、HiETA Technologies 等公司，伯明翰大学、拉夫堡大学等英国大学在 3D 打印领域也有深入研究。航空航天工业正成为英国增材制造技术应用领域的重要发展方向。

俄罗斯在增材制造部分技术上处于国际领先地位。俄罗斯已开始支持建设 3D 打印技术中心，在重工业发展较好的地区也推动 3D 打印产业的发展。莫斯科地区集中了大部分增材制造研究机构，如莫斯科国立大学、国家科学技术大学、核工业研究大学等。乌拉尔地区和西伯利亚地区，聚集了许多应用机构，包括航空领域顶尖的机构，政府还出资在这两个地区新建了一批 3D 打印技术中心。此外，俄罗斯在 3D 打印应用领域如航空、核能、军事等领域具有明显进展。例如，俄罗斯国家原子能公司 Rosatom 计划将先进 3D 打印技术作为其非核心业务战略的一部分。俄罗斯国有企业——联合仪器制造业公司打造出了一款全 3D 打印的无人机。俄罗斯研发团队正在研发能在国际空间站使用的 3D 打印机。

法国政府于 2016 年发布的"未来工业"计划中对增材制造领域给予了高度重视，并成立法国国家性质的增材制造联盟，每年投入数百万欧元用于扶持中小企业在增材制造方面的发展。法国增材制造的主要研究力量集中于航空航天企业法国赛峰集团建立的增材制造研发部门、法国海军集团与南特中央理工建立的联合实验室、法国东部增材制造联盟等。航空航天领域增材制造产业化应用主要依托空中客车公司和赛峰集团。目前，已开发出快速增材—锻造大型设备、军舰等船舶制造业关键零部件及增材制造专用软件。知名的龙头企业包括 AddUp group、Prodways Group 等公司。法国增材制造将从航空航天、能源产业、船舶、国防制造及专用软件开发等方面进行进一步投资部署。

（三）亚太地区

亚太地区是全球增材制造最具影响力的地区之一，也是全球增长最为迅猛的地区。除中国之外，日本、韩国、澳大利亚、新加坡等国家是亚太地区增材制造技术和产业发展的主要推动力量。

日本全力振兴增材制造产业，力求借助增材制造技术重塑其制造业的国际竞争力。2014 年，日本政府投入 40 亿日元，由经济产业省组织实施"以 3D 打印为核心的制造革命计划"。根据 IDC 日本的统计数据，2019 年日本 3D 打印市场销售额达到 400 多亿日元；根据赛迪顾问发布的《2019 年全球及中国 3D 打印行业数据》，2019 年日本占据全球增材制造产业的 8.2%。

韩国增材制造市场 2017 年、2018 年分别为 2.9 亿美元和 3.66 亿美元。韩国未来创造科学部与产业通商资源部在 2015 年联合成立了智能制造研发路线图促进委员会，制定《制造业创新 3.0 战略》中提出的包括增材制造在内的八大智能制造技术研发路线图。2016 年，韩国贸易工业和能源部计划在 2017—2022 年投资 2000 万美元用于资助船舶与海工装备的增材制造技术。

澳大利亚政府 2012 年发布的《面向更智能的澳大利亚：更智能的制造》研究报告中，将增材制造列为该国未来制造发展的重要方向之一。2014 年，澳大利亚研究理事会与产业合作伙伴共同出资 900 万澳元在莫纳什大学成立了"增材制造协同研究中心"。航空航天领域的应用是澳大利亚增材制造技术和产业的重点发展方向。2018 年，澳大利亚联邦科学与工业研究组织制定了"为澳大利亚释放未来增长机会"的战略。

新加坡贸易与工业部在 2013 年出台了《国家制造发展计划》，增材制造被列为未来技术发展的关键领域之一，且新加坡最大的研究所发布增材制造特别计划，由制造技术研究所领衔，南洋理工大学、材料工程研究所、高性能计算研究所等机构参与，遴选出 6 项关键技术方向。2015 年，南洋理工大学、新加坡国立大学等合作组建了国家增材制造创新集群。目前，新加坡拥有约 100 家增材制造公司。

（四）其他地区

以以色列为核心的中东地区聚集了增材制造领域 4.76% 左右的顶级学者，是不可忽视的力量。例如，以色列开发出了一种基于液态金属的喷墨 3D 打印技术，可实现大尺寸金属部件的定制化制造。以色列已将 3D 打印技术应用到各个领域，尤其是军事和医疗行业，如 3D 打印战斗机的零部件。以色列特拉维夫大学研究人员以患者自身的组织为原材料，3D 打印出全球首颗拥有细胞、血管、心室和心房的"完整"心脏。

第三节 重大事件

一、2015—2020年全球激光领域重大事件

（一）全球激光行业收购、并购事件

海外激光产业并购较为频繁，一是大企业并购小企业，大部分是激光巨头为了完善自己的产品线和技术去把细分专业的小企业并购；二是中游下游企业把上游企业并购，特种光纤、光学模块、光束控制、运动控制、元器件等企业被激光器企业或者设备企业并购（表1-2）。

表1-2 全球激光行业主要收购、并购事件

序号	时间	收购、并购事件
1	2020年10月	瑞士百超全资收购迪能激光
2	2020年8月	比利时激光精密加工设备商Lasea收购超快激光公司Optec
3	2020年7月	业纳Jenoptik收购光学计量公司Trioptics
4	2019年11月	Thorlabs收购飞秒光纤激光器公司KMLabs
5	2019年6月	美国Novanta公司宣布收购德国高端激光扫描头厂家ARGES公司
6	2018年3月	Ⅱ-Ⅵ激光并购Finisar
7	2018年2月	通快集团收购了超短脉冲激光器制造商Amphos
8	2017年10月	通快收购了美国大通激光（Access Laser）
9	2017年3月	NKT公司收购英国的Fianium和瑞士的Onefive

续表

序号	时间	收购、并购事件
10	2016年6月	美国Coherent收购德国Rofin，成为全球最大的激光器公司
11	2016年3月	MKS仪器收购理波公司
12	2015年9月	美国Coherent收购Raydiance公司
13	2015年2月	英国SPI收购了光纤激光器企业JKLasers

（二）全球激光企业IPO情况

由于发达国家激光产业发展较早，很多企业早已完成了上市，并稳居行业前列，一些拥有核心技术、快速发展的激光企业也寻求进入资本市场（表1-3）。

表1-3　全球激光企业IPO情况

序号	IPO年份	公司简称	股票代码	主营业务
1	2020	Luminar	LAZR	激光雷达
2	2018	nLIGHT	LASR	光纤激光器、半导体激光器
3	2018	Ra Medical Systems	RMED	治疗皮肤病和血管疾病的准分子激光器
4	2016	NKT Holding	NKT	超快激光器、光纤放大器、激光模块
5	2014	Lumenis	LMNS	医疗美容的激光设备产品
6	2011	Novanta	NOVT	激光器、医疗激光应用

（三）全球激光企业融资情况

近几年，全球激光行业融资市场较为活跃，特别是激光医疗、激光雷达

第一章 全球激光与增材制造产业发展状况

两大领域备受关注,一些中小企业渴望得到更多资金支持,融资案例频繁出现(表1-4)。

表1-4 全球激光公司主要融资事件

序号	时间	公司简介	融资情况
1	2020年12月	蓝光激光器企业Nuburu	完成了2000万美元的B轮融资
2	2020年11月	英国激光与量子技术公司M-Squared Lasers	公布了一项3250万英镑的债务与融资计划,得到Santander和苏格兰国家投资银行注资
3	2019年7月	共聚焦激光内窥镜(CLE)系统领先企业Mauna Kea	从欧洲投资银行获得1150万欧元投资
4	2018年3月	激光雷达公司Blackmore	从宝马丰田获得1800万美元的B轮融资
5	2017年9月	提供激光用的光纤耦合微透镜阵列的PowerPhotonic公司	从Clydesdale银行融资100万欧元
6	2017年6月	激光雷达公司AEye	从空客与英特尔得到1600万美元A轮融资
7	2017年6月	先进的微创激光消融系统生产商Monteris Medical公司	2660万美元C轮融资
8	2017年6月	提供青光眼激光设备治疗的以色列公司Belkin Laser	获得250万美元融资
9	2017年5月	激光雷达用的半导体激光器生产商的TriLumina公司	获得900万美元融资

(四)全球重大标志性成果

①2020年8月,阿肯色大学展示了第一批用锗锡制成的电注入二极管激光器,可用作电子设备电路的半导体材料,提高微处理速度和效率,激光在高达100开尔文或零华氏温度以下279度的脉冲条件下工作。

②2020年6月，美国利哈伊大学提出了一种用于等离子体激光器的锁相方案，在面发射激光阵列中，行波纵向耦合多个金属微腔。

③2020年5月，瑞士联邦理工学院（洛桑）和IBM欧洲研究中心联合研究发现激光可以对纳米机械振荡器冷却至零点能量，这对量子技术的应用具有十分重要的意义。

④2020年2月，日本松下展示了迄今为止强度最高的蓝光激光系统，借助波长光束合并（WBC）和直接二极管激光器（DDL）等技术，打造出了单体高强度蓝光束。

⑤2019年11月，瑞士科学家研制出一款亚皮秒薄盘激光振荡器，平均输出功率达到创纪录的350 W，成为超短激光脉冲振荡器的新"标杆"。

⑥2019年10月，美国伯克利实验室的研究团队刷新了激光等离子加速器产生能量的世界纪录：在20 cm长的等离子体内产生了能量高达78亿电子伏特（7.8 GeV）的电子束，是以前世界纪录的2倍。

⑦2019年4月，美国罗切斯特理工学院与罗切斯特大学合作，创造了一种利用光悬浮纳米粒子的声子激光器——光镊声子激光器。

⑧2018年3月，Laserline首次推出全球领先的1000 W蓝光半导体激光器样机，用于非铁类金属的加工。

⑨2017年9月，欧洲X射线自由电子激光装置在德国汉堡大都市区正式投入使用。该装置造价约为12亿欧元，延伸3.4 km隧道系统，是全球最大的X射线激光设施。

⑩2017年6月，德国Laserline公司展示了5万W工业用半导体激光器，可用于大型金属部件的熔覆、焊接等。

⑪2017年6月，美国IPG公司展示了12万W的光纤激光器，是当时全

球最高功率的商用激光器。

⑫2017年6月,德国弗劳恩霍夫激光技术研究所和亚琛工业大学的研究者开发出一种超高速激光熔覆技术,并荣获了2017年Fraunhofer创新奖。

⑬2017年5月,汉诺威激光中心(LZH)开发出了水下激光切割工艺技术。

⑭2016年,美国先进光学晶体研制出氟代硼铍酸钾晶体,这种激光晶体能够用于制造深紫外激光器,该晶体在部分关键技术领域超过中国同类材料。

⑮2016年,耶拿大学宣布POLARIS激光系统是目前世界上唯一可生成峰值功率超过200太W激光脉冲的全二极管泵浦固态激光系统。该激光系统目前已能在120飞秒的激光脉冲持续时间内产生能量达50焦耳的激光脉冲。

⑯2016年,通快研发出的TOP Cleave光学配件,搭配上全新高性能的TruMicro 5080超短脉冲激光,激光平均产生150 W以上的能量。可以切割厚达1 mm的玻璃材质,切割速度可达1 m/s,速度提高了百倍。

⑰2016年2月,美国科学家宣布,激光干涉引力波观测平台(LIOG)首次直接探测到了引力波,其分别来自29倍太阳质量与36倍太阳质量的两个黑洞。

二、2015—2020年全球增材制造领域重大事件

(一)全球增材制造行业收购、并购事件

全球范围内的增材制造产业竞争加剧,企业收购、并购频繁发生,行业整合正在进行,全球知名企业通过收购、并购方式布局增材制造行业,部分重大事件如表1-5所示。

表 1-5　全球增材制造企业主要收购、并购事件

序号	时间	收购、并购事件
1	2020 年 12 月	全球领先的 3D 打印老牌巨头 Stratasys 以 1 亿美元收购光固化 3D 打印技术美国初创公司 Origin
2	2020 年 10 月	德国聚合物公司 Covestro AG（科思创）以 16 亿欧元（约 127 亿人民币）收购皇家帝斯曼的树脂和功能材料业务
3	2020 年 8 月	瑞典 3D 生物打印开发商 CELLINK 以 8000 万欧元（约合 6.5 亿元人民币）收购精密点胶 3D 打印公司 Scienion
4	2020 年 3 月	Align 隐适美公司以约 3.76 亿欧元（4.19 亿美元）现金收购德国牙科软件公司 Exocad Global Holdings GmbH
5	2019 年 8 月	Materialise 收购了骨科和颅颌面（CMF）植入物和器械的制造商 Engimplan 公司
6	2018 年 10 月	美国特种合金和金属粉末生产商 Carpenter 以 8100 万美元收购英国 3D 打印金属粉末制造商 LPW
7	2018 年 9 月	美国 500 强医疗公司史赛克公司以 14 亿美元收购 3D 打印骨科植入体制造公司 K2M
8	2017 年 4 月	日本工业机械制造商住友重工以 3300 万美元收购美国增材制造开发商 Persimmon Technologies
9	2017 年 2 月	德马吉森精机 DMG MORI 收购了德国金属 3D 打印公司 Realizer 50.1% 的股份
10	2016 年 9 月	美国 GE 公司成功收购两大增材制造巨头 Concept Laser 和 Arcam 公司

（二）全球增材制造企业 IPO 情况

为了扩大发展规模，通过上市的方式进一步融资发展，目前全球知名的增材制造企业均已上市，已上市的部分全球增材制造知名企业如表 1-6 所示。

第一章
全球激光与增材制造产业发展状况

表 1-6 增材制造领域上市公司

序号	IPO 年份	公司简称	股票代码	企业性质
1	2020	Desktop Metal	DM	桌面金属 3D 打印独角兽企业
2	2020	Zortrax	COR1	波兰 3D 打印机制造商
3	2020	AML3D	ASX	澳大利亚电弧金属 3D 打印公司
4	2020	Meat-Tech	MEAT	以色列 3D 生物打印肉类公司
5	2018	Cellink	CLNKb	生物 3D 打印市场的全球领导者
6	2018	Voxeljet	VJET	砂型 3D 打印厂商
7	2017	Prodways	PWGp	知名 3D 打印机制造商
8	2016	Organovo	ONVO	生物 3D 打印企业
9	2016	Nano Dimension	NNDM	3D 打印机及打印电子线路板
10	2014	Materialise	MTLS	3D 打印服务和软件顶级供应商

（三）全球增材制造企业融资情况

随着增材制造技术的日趋成熟，受到来自资本机构和行业人士的全面支持，资本活跃度和融资热度持续提升，融资贯穿早期到后期的种子轮、天使轮及 A-E 轮，涵盖增材制造产业链的上、中、下游。基于专业垂直领域的 3D 打印技术应用，得到了市场和资本的双重认可；金属 3D 打印融资金额较大，产业已逐步发展成熟；美国成为全球增材制造融资最活跃的国家。部分融资事件如表 1-7 所示。

表 1-7 全球增材制造公司主要融资事件

序号	时间	公司简介	融资情况
1	2020 年 11 月	美国 3D 打印火箭制造商 Relativity Space	5 亿美元 D 轮融资
2	2020 年 9 月	美国 3D 打印软件创业公司 nTopology	4000 万美元 C 轮融资

续表

序号	时间	公司简介	融资情况
3	2020年8月	美国大面积快速（HARP）3D打印商Azul	1250万美元种子轮融资
4	2020年8月	美国房屋建筑3D打印商美国Mighty Buildings	3000万美元A轮融资
5	2020年4月	美国高性能碳纤维3D打印商Arris Composites	4850万美元B轮融资
6	2020年4月	加拿大金属3D打印粉末企业Equispheres	3000万美元B轮融资
7	2019年6月	美国3D打印初创企业Carbon 3D	2.6亿美元E轮融资
8	2019年1月	3D打印金属初创公司Desktop Metal	1.6亿美元E轮融资
9	2018年4月	美国3D打印定制平台Shapeways	3000万美元E轮融资
10	2017年7月	3D打印金属初创公司Desktop Metal	1.15亿美元D轮融资

（四）全球重大标志性成果

近几年，全球增材制造新技术不断涌现，形成了大量标志性成果，部分标志性成果如下。

①2020年12月，德国勃兰登堡科技大学与德国柏林洪堡大学学者在 *Nature* 公开了一种实现快速、高分辨率的X射线摄影的体相双色3D打印技术，分辨率约为计算机轴向平版印刷技术的10倍，并且体积生成速率比双光子光聚合高出4～5个数量。

②2020年9月，瑞士联邦材料实验室在 *Nature* 公开了其全球首次利用3D打印技术成功制备出了微型二氧化硅气凝胶。

③2020年6月，马普研究所在 *Nature* 公开了一种受刀剑顶级用钢制造启发的3D打印1.3 GPa强度、10%延伸率的新型钢材。

④2020年5月，*Science* 公开了美国劳伦斯利弗莫尔国家实验室使用数值模拟和同步X射线扫描实验，揭示金属3D打印溅射缺陷新机制。

⑤2019年12月，皇家墨尔本理工大学等在 *Nature* 公开了一种新型超细完全等轴晶粒高强度钛—铜合金3D打印材料。

⑥2019年11月，哈佛大学在 *Nature* 公开了一种多材料3D打印技术，可实现体素级的多材料功能结构的快速打印。

⑦2019年11月，迄今为止全球最大的3D打印钛火箭（长约5.5 m）现身德国法兰克福3D打印专业展会，由澳大利亚公司Titomic花了不到28小时采用冷喷涂固态增材制造技术制造。

⑧2019年10月，美国西北大学发表于 *Science* 上的文章宣布开发出一种HARP的高速大尺寸3D打印技术，具有超高生产效率，可一小时内打印半米高的零件，实现高产能制造。

⑨2019年8月，*Science* 报道了美国卡耐基梅隆大学开发的一种FRESH生物3D打印技术，可打印人类心脏等功能性部件，实现了前所未有的分辨率和保真度。

⑩2019年5月，*Science* 刊登了莱斯大学等机构的科学家通过一种立体光刻3D打印技术，只需数分钟就可在透明光聚合水凝胶中制备具有3D内部功能结构的血管系统。

⑪2019年5月，EOS联合戴姆勒汽车、Premium Aerotec发起并成功完成了名为"NextGenAM"的新一代增材制造试验性生产线项目。

⑫2019年1月，美国劳伦斯利弗莫尔国家实验室等机构的研究人员于 *Science* 公开其采用多激光轴向旋转实现不同角度同时曝光，使材料从模型"内核"逐渐向外部固化的立体3D打印新技术。

⑬2018年，西门子制造的世界上第一个3D打印燃烧室在意昂集团联合循环发电厂的SGT-700工业燃气轮机上成功运行8000小时。

⑭2017年9月，*Nature*刊登了一项有关金属3D打印技术的重大突破：美国HRL实验室通过添加纳米成核剂的方法，成功3D打印制备了无热裂缺陷的Al7075、Al6061等高强铝合金。

⑮2016年8月，麻省理工学院和新加坡科技与设计大学的研究人员开发出一种新的4D打印技术，可以让打印出来的物体在几秒钟之内，由一种形状"自动"转变成另外一种形状。

⑯2016年1月，*Science*上首次公开了美国HRL实验室开发出的一种可3D打印的陶瓷聚合物前体，打印后再加热变成陶瓷，可打印高复杂度陶瓷物体，速度比传统激光打印方法快100～1000倍，强度高达商用泡沫陶瓷的10倍。

（五）其他增材制造产业重大事件

①2020年，全球爆发新冠病毒疫情，3D打印有效助力疫情防控，Carbon每周生产鼻咽拭子和防护面罩分别超过100万支和18 000个，英国Photocentric公司采用光固化技术每周生产4万个呼吸器。

②2020年6月，总投资1500万欧元（1亿多元）的宝马增材制造中心正式开业，该中心汇集了当今市场范围内几乎所有最为先进的3D打印装备和最广泛的技术门类。

③2019年12月，Stratasys公司和英国领先的火车租赁专家Angel Trains公司的强强合作是增材制造行业的重要里程碑——他们在英国旅客列车上部署了首批3D打印组件。

④2019年10月,在德国慕尼黑,GE Additive、欧瑞康、林德和慕尼黑工业大学一起组建了一个巴伐利亚州的开放式增材制造集群。

⑤2019年8月,意大利液压设备供应商Aidro Hydraulics与EOS建立战略合作伙伴关系,共同推动增材制造技术在石油和天然气行业的应用。

⑥2019年2月,Carbon宣布与意大利超级跑车及超级运动型多功能车制造商兰博基尼建立战略合作关系,将通过Carbon的数字光合成3D打印技术为SUV汽车生产轻质高质最终零部件。

⑦2019年2月,美国亨廷顿·英格尔斯工业公司纽波特纽斯造船事业部向美国海军交付了将安装在一艘核动力航空母舰上的第一个3D打印金属件。

⑧2018年,GE航空3D打印燃油喷嘴超过30 000个。

⑨2018年12月,福特投资4500万美元开设先进制造中心,与包括HP、EOS、Stratasys在内的10家增材制造公司展开合作。

⑩2018年11月,美国将3D打印列为限制性出口技术。

⑪2016年3月,NASA将其第二代便携式机载3D打印机成功送上国际空间站。

⑫2016年2月,德国工业巨头西门子公司宣布在瑞典Finspng开设一间大规模制造金属3D打印部件的工厂,标志着西门子首度正式进军金属3D打印部件的工业生产领域,总投资约为2亿瑞典克朗。

⑬2015年,米其林、惠普、佳能、理光、东芝、欧特克、微软和苹果等跨国企业纷纷涉足3D打印机市场。

⑭2015年,3D打印技术正式突破其原型技术应用局限,开始进入航空航天直接制造领域,美国宇航局、空中客车、GE等开始使用增材制造技术生产可最终使用的机械部件,NASA投资16亿美元为其RS-25火箭发动机采购

3D 打印的改进部件，SpaceX 公司的龙货运飞船将国际空间站上的 3D 打印部件带回了地球。

第四节　发展趋势

一、全球激光产业发展趋势

技术方面，激光基本上围绕更高功率、更快速、新型激光等方向发展。目前，IPG 已经攻克 20 万 W 的光纤激光器，德国通快公司研发出 1 kW 以上的商用超快激光器，弗劳恩霍夫激光研究所正在研发 5 kW 的超快激光器，最终目标是达到 20 kW。通快公司开发了全球领先的 1 kW 绿光激光器，以及 3.2 万 W 商用碟片激光器等。近些年，高速激光微打孔、高速激光熔覆技术、三维柔性激光加工等成为全球激光加工技术的热点。紫外超快光纤激光器、蓝光半导体激光器、阿秒激光等成为新型激光器的重点研发方向。

市场方面，近年主要的激光产业国家的发展放缓，中国逆势而上，已经成为全球激光应用的中心。未来全球激光产业市场将会呈现以下 3 个特点。

①激光应用扩展到更多发展中国家。目前尽管激光核心技术大部分由欧洲、美国、日本等国掌握，但是激光应用已经拓展到包括中国在内的发展中国家，包括印度、土耳其、巴西、南非、印尼、越南等，当地开始出现了本土激光企业。激光制造技术将会继续渗透到发展中国家的工业制造中，全球激光还会有很大的发展空间。

②市场对一站式装备系统提出更大需求。未来激光制造趋向于更加人性

化、更加省事高效，要求激光设备配备更多的功能，如自动上下料、自动抓取对准、自动分拣料，多维度、多平台、多头激光加工等，工件能实现工作一站式加工，一定程度取代以往普通激光单机单平台加工的模式。

③新兴激光应用市场更加多样化。在工艺上以往应用规模不大的激光焊接、熔覆、清洗等将会挖掘出更多的适用场景。在下游终端将不仅仅局限于传统几个激光应用领域，将会有更多的新兴应用出现，如半导体、生物医疗、新能源汽车等领域会有更多的激光加工应用。

二、全球增材制造产业发展趋势

从全球角度来看，增材制造技术是对传统制造工艺的革命性变革，给全球制造业带来了全新的理念，已逐渐成长为全球产业发展强有力的新增长点，受到世界各国的高度重视和大力支持。近年来，增材制造不管是技术研究还是产业规模都取得了显著成果，并且随着全球制造改革和消费模式重塑，增材制造产业将迎来更大的发展机遇，未来具有巨大的市场潜能。全球增材制造发展趋势主要包括以下几点。

①全球制造强国均强化增材制造产业布局，积极抢占增材制造产业竞争制高点。发达国家将增材制造作为"再工业化""重新夺回制造业""重振经济"等国家战略的关键技术。例如，美国率先将增材制造产业上升到国家战略发展高度，引领技术创新和产业化。欧盟注重布局金属增材制造技术，产业发展和技术应用走在世界前列。俄罗斯在激光领域具备技术优势，大力推动激光增材制造技术研发和应用。日本全力振兴增材制造产业，借助增材制造技术重塑制造业国际竞争力。

②全球范围内的增材制造产业竞争加剧，欧美各行业大型企业跨界介入，

正在以有史以来最快速度布局增材制造。主要通过自主研发、产学研联合研发、收并购、行业联盟等方式积极前进，特别是龙头企业将通过收购、并购打造完整产业链条。3D Systems 通过多年的全球并购，打造形成完整产业链条。2016 年，GE 公司成功收购瑞典 Arcam 公司和德国 Concept Laser 公司，成为金属增材制造领域的佼佼者。

③增材制造技术正向着多材料、多激光、多工艺（复合热源、增减材等）、大尺寸、微纳化、新热源、4D/5D 打印、生物 3D 打印等方向发展，新型材料和装备不断涌现。自 2017 年 9 月 Nature 刊登了美国 HRL 实验室通过添加纳米陶瓷形核剂的方法成功实现了 Al7075、Al6061 等高强度铝合金的 3D 打印以来，3D 打印陶瓷相和金属复合多材料的研发已成为增材制造领域的研究热点之一。国外 NASA、Stratasy 和 SLM-Solution 等公司开发出多种材料直接成型的增材设备，材料包括金属、非金属和生物，冷喷涂固态、LED 光源等。新型增材制造设备一体化研究也不断涌现日本榎本工业、德玛吉森精机和软件巨头 Autodesk 等公司，其中 Autodesk 联合 10 家企业和机构研发了世界最大的增减材一体化设备。

④增材制造技术正在从研发应用向制造产业化过渡，逐渐成为产品个性化定制及关键部件批量化制造的利器。国际汽车知名生产商如福特、奔驰、宝马、丰田等均已在汽车研发阶段大量使用增材制造技术，且逐渐成立增材制造生产线，用于关键部件的直接批量化制造。美国 GE 公司、NASA、欧洲空中客车公司等国内外知名航空航天机构已成功将增材制造技术应用于飞机、导弹、卫星、载人飞船关键零部件的制造。

第二章 中国激光与增材制造产业发展状况

第一节 政策分析

一、激光制造政策

进入 21 世纪，我国充分认识到激光技术与应用的作用和潜力，为更好地解决制约激光产业发展的困难与瓶颈，相继出台了多项政策扶持和推动激光产业发展。

（一）国家和部委政策

国家和部委高度重视激光技术发展，出台了多项有针对性的扶持政策，特别是把扶持激光技术发展明确列入了"十一五""十二五""十三五"规划。国家和部委对激光的扶持从原来注重激光科研、激光材料、激光器，逐渐转变为更加重视激光加工技术、激光装备及激光应用方案的发展。自 2011 年以来，国家和部委出台的关于激光技术与产业发展相关的扶持政策超过 12 项（表 2-1）。

表 2-1 国家和部委激光制造相关政策

名称	年份	资金支持	技术支持	人才培养	目标规划	金融支持	法规规范	产权保护	应用示范
《国家中长期科学和技术发展规划纲要（2006—2020年）》	2006	√	√	√	√	√	√	√	√
《国家"十一五"科学技术发展规划》	2006	√	√	√	√	√	√	√	√
《电子信息产业调整和振兴规划》	2009	√	√	√	√	√			√
《国家火炬计划优先发展技术领域》	2009	√	√		√				√
《当前优先发展的高技术产业化重点领域指南（2011年度）》	2011	√	√	√	√			√	√
《关于加快培育和发展战略性新兴产业的决定》	2011	√	√	√	√	√	√	√	√
《国家"十二五"科学和技术发展规划》	2011	√	√	√	√	√	√	√	√
《"十二五"国家战略性新兴产业发展规划》	2012	√	√	√	√	√	√	√	√
《关于加快发展节能环保产业的意见》	2013	√	√	√	√	√	√	√	√
《中国制造2025》	2015	√	√	√	√	√	√	√	√
《"十三五"国家科技创新规划》	2016	√	√	√	√	√	√	√	√
《"十三五"国家战略性新兴产业发展规划》	2016			√	√		√		√
《"十三五"先进制造技术领域科技创新专项规划》	2017			√	√		√		√
《高端智能再制造行动计划（2018—2020年）》	2017	√	√	√	√	√			√

续表

名称	年份	资金支持	技术支持	人才培养	目标规划	金融支持	法规规范	产权保护	应用示范
《国家支持发展的重大技术装备和产品目录（2017年修订）》	2017	√					√		
《知识产权重点支持产业目录（2018年本）》	2018							√	

我国早在《国家中长期科学和技术发展规划纲要（2006—2020年）》中，就明确将激光技术与生物、信息、新材料、先进制造等技术并列为发展的前沿技术，在科技投入、金融资产、税收等方面提供政策支持。

2006年10月，科技部发布的《国家"十一五"科学技术发展规划》中，提出光电子与激光领域是我国在高新技术产业化重点发展的领域之一。

2007年2月，《国务院关于印发〈国家中长期科学和技术发展规划纲要（2006—2020年）〉若干配套政策的通知》中再次明确对包括激光技术在内的多种前沿技术在科技投入、金融支持、税收等多方面提供政策支持。

2009年10月，科技部发布的《国家火炬计划优先发展技术领域》中，将激光加工快速成型技术、新型激光技术、激光器、激光晶体材料、激光器模块等划为优先发展技术。

2011年6月，发展改革委、科技部、工业和信息化部、商务部及知识产权局发布《当前优先发展的高技术产业化重点领域指南（2011年度）》，将"激光加工技术及设备"列入先进制造领域，进行优先、重点发展。

2011年7月，科技部会同发展改革委、财政部、教育部、中科院、工程院、自然基金会、中国科协、国防科工局等有关部门和单位，编制完成了《国家"十二五"科学和技术发展规划》，将激光产业、激光显示产业作为重点发展领域。

2012 年 7 月，国务院印发《"十二五"国家战略性新兴产业发展规划》，对发展高端装备制造产业、智能制造装备产业提出要求，并加快推进有机发光二极管（OLED）、三维立体（3D）、激光显示等新一代显示技术研发和产业化。

2015 年 5 月，由国务院总理李克强签发的《中国制造 2025》发展战略中提出，以智能制造为突破口和主攻方向，推进制造过程智能化。在 2015 年 9 月发布的《中国制造 2025》重点领域技术路线图中，将激光车载雷达系统、激光遥感探测技术、激光微孔成型、激光复合焊接、激光搅拌摩擦焊等新技术、新产品列入国家战略计划。

2016 年 8 月，国务院印发的《"十三五"国家科技创新规划》中明确要求，要重点开展超快脉冲、超大功率激光制造等理论研究，突破激光制造关键技术，研发高可靠长寿命的激光器核心功能部件、国产先进激光器及高端激光制造工艺装备，开发先进激光制造应用技术和装备。

2016 年 11 月，国务院印发并实施的《"十三五"国家战略性新兴产业发展规划》中，提出要研制推广使用激光、电子束、离子束及其他能源驱动的主流增材制造工艺装备，加快研制高功率光纤激光器、扫描振镜、动态聚焦镜及高性能电子枪等配套核心器件和嵌入式软件系统。

2017 年 4 月，科技部印发的《"十三五"先进制造技术领域科技创新专项规划》中，研究激光器动力学，掌握激光晶体/光学晶体、半导体激光芯片等激光器关键功能部件的国产化，针对高端制造用激光器的迫切需求，开展工业化光纤/半导体大功率激光器制造技术、工业化超快（飞秒、皮秒）

激光器制造技术、工业化短（紫外、深紫外）波长激光器制造技术等方面的研究，开展激光器标准建设，实现高性能激光器及核心关键部件的国产化与产业化。

2017年10月，工业和信息化部印发《高端智能再制造行动计划（2018—2020年）》，鼓励应用激光、电子束等高技术含量的再制造技术，面向大型机电装备开展专业化、个性化再制造技术服务，培育一批服务型高端智能再制造企业。

（二）重点省市政策

为了推动激光制造技术和产业发展，湖北、江苏、辽宁、吉林、上海、浙江、福建、四川、陕西等各省市也相继出台了40多项相关政策（表2-2）。

表2-2 重点省市激光制造相关政策

省市	年份	名称
吉林	2012	《长春光电和智能制造装备产业园发展规划》
辽宁	2015	《辽宁省传统工业转型升级实施方案》
辽宁	2012	《鞍山激光科技产业发展规划》
成都	2017	《成都市促进激光产业加快发展实施方案》
湖北	2016	《湖北省国民经济和社会发展第十三个五年规划纲要》
湖北	2013	《武汉光谷加快发展光电子信息产业实施方案》
浙江	2013	《浙江省高端装备制造业发展规划（2014—2020年）》
浙江	2011	《中国（温州）激光与光电产业集群激光应用专项规划（2012—2020年）》
福建	2016	《福建省"十三五"工业转型升级专项规划》
陕西	2010	《陕西省激光产业发展专项规划（2010年—2015年）》

二、增材制造政策

增材制造已成为我国先进制造业的重要组成部分,是我国制造业结构调整与转型升级的关键技术,国家、部委和重点省市在2010—2019年出台了一系列增材制造技术和产业发展政策,以促进其快速发展。

(一)国家和部委政策

国家和部委发布的增材制造政策主要分为两个阶段:2005—2014年为萌发阶段,2015—2019年为密集阶段。据统计,2017年以来各部委发布涉及增材制造的政策多达21项。政策重点在资金支持、人才培养、技术支持、目标规划、金融支持、法规规范、产权保护等方面进行全面布局,用于引领和促进增材制造技术和产业发展,相关政策如表2-3所示。

表2-3 国家和部委增材制造相关政策

名称	年份	资金支持	技术支持	人才培养	目标规划	金融支持	法规规范	产权保护	应用示范
《国家中长期科学和技术发展规划纲要(2006—2020年)》	2005	√	√	√	√	√	√	√	√
《关于加快培育和发展战略性新兴产业的决定》	2010	√	√	√	√	√	√		√
《"十二五"国家战略性新兴产业发展规划》	2012	√	√	√	√	√	√		√
《国家增材制造产业发展推进计划(2015—2016年)》	2015	√	√	√	√	√	√		√
《中国制造2025》	2015	√	√	√	√	√			√

第二章 中国激光与增材制造产业发展状况

续表

名称	年份	资金支持	技术支持	人才培养	目标规划	金融支持	法规规范	产权保护	应用示范
《"十三五"国家战略性新兴产业发展规划》	2016			√	√		√		√
《"十三五"先进制造技术领域科技创新专项规划》	2017			√	√		√		√
《高端智能再制造行动计划（2018—2020年）》	2017	√	√	√	√	√	√		√
《国家支持发展的重大技术装备和产品目录（2017年修订）》	2017	√					√		
《"增材制造与激光制造"重点专项》	2017	√		√	√				
《增材制造（3D打印）产业发展行动计划（2017—2020年）》	2017	√	√	√	√	√			√
《知识产权重点支持产业目录（2018年本）》	2018							√	

2005—2014年为增材制造政策的萌发阶段，尚未单独针对增材制造技术和产业出台政策，而是在总体规划中将其作为高新技术和战略性新兴产业的一部分。《国家中长期科学和技术发展规划纲要（2006—2020年）》《关于加快培育和发展战略性新兴产业的决定（2010年）》、国家高技术研究发展计划（863计划）等国家和部委政策均着重部署了增材制造技术，发挥科技引领未来发展的先导作用。

2015—2019年为增材制造政策的密集阶段，国家和部委专门针对增材制造产业出台了一系列政策，包括《国家增材制造产业发展推进计划（2015—

2016年)》《中国制造2025》《"十三五"国家战略性新兴产业发展规划》《增材制造产业发展行动计划（2017—2020年）》等，对增材制造技术产业的发展做出了明确的部署，提出了相应的配套和保障措施。

2015年2月，发展改革委、工业和信息化部、财政部研究制定并正式发布了《国家增材制造产业发展推进计划（2015—2016年）》，着力突破增材制造专用材料，加快提升增材制造工艺技术水平，加速发展增材制造装备及核心器件，建立和完善产业标准体系，大力推进应用示范。力求到2016年，初步建立较为完善的增材制造产业体系，整体技术水平保持与国际同步。

2017年12月，工业和信息化部联合发展改革委、教育部、公安部、财政部、商务部等11部门印发《增材制造产业发展行动计划（2017—2020年）》，提出了五大重点任务，分别是提高创新能力、提升供给质量、推进示范应用、培育龙头企业和完善支撑体系。目标是到2020年，增材制造技术提高、行业深化、生态体系基本完善，实现初步全球布局。产业年销售收入超过200亿元，年均增速在30%以上。

2018年，知识产权局官网发布关于印发《知识产权重点支持产业目录（2018年本）》的通知，确定了10个重点产业，有3个都提到3D打印产业的发展。

（二）重点省市政策

为了推动增材制造技术和产业发展，北京、上海、江苏、湖北、浙江、陕西等省市也相继出台了40多项相关政策（表2-4）。

表 2-4　重点省市增材制造相关政策

省市	年份	名称
北京市	2014	《促进北京市增材制造（3D打印）科技创新与产业培育的工作意见》
	2017	《北京市加快科技创新发展智能装备产业的指导意见》
上海市	2016	《"中国制造2025"上海行动纲要》
江苏省	2013	《江苏省三维打印技术发展及产业化推进方案（2013—2015年）》
	2017	《江苏省"十三五"智能制造发展规划》
	2018	《江苏省增材制造产业发展三年行动计划（2018—2020年）》
湖北省	2015	《中国制造2025湖北行动纲要》
	2017	《湖北省智能制造装备"十三五"发展规划》
浙江省	2013	《关于加强三维打印技术攻关加快产业化的实施意见》
	2014	《杭州市关于加快推进3D打印产业发展的实施意见》
	2016	《中国制造2025浙江行动纲要》
	2018	《浙江省智能制造行动计划（2018—2020年）》
	2019	《浙江省加快新材料产业发展行动计划（2019—2022年）》
陕西省	2016	《陕西省增材制造产业发展规划（2016年—2020年）》
四川省	2014	《四川省增材制造产业（3D打印）发展路线图（2014—2023）》
福建省	2013	《福建省关于促进3D打印产业发展的若干意见》
	2015	《福建省增材制造产业行动方案（2015—2017年）》
山东省	2018	《山东省高端装备制造业发展规划（2018—2025年）》
辽宁省	2015	《辽宁省人民政府关于优化产业布局和结构调整的指导意见》
吉林省	2017	《吉林省工业转型升级行动计划（2017—2020年）》

第二节 市场规模

一、中国激光市场规模

近几年,国内激光市场规模不断扩大,激光技术应用领域不断拓宽,除了持续深入应用在汽车制造、航空航天、动力和能源等传统重工业领域,也逐步拓展应用在电子制造、集成电路行业、通信、机械微加工,以及医疗、牙科、美容仪器设备制造等精细、微细加工新兴领域。

(一)中国激光产业上游市场规模

激光元器件市场包括激光晶体、非线性晶体、激光电源、激光用光学元件、振镜、各类调制器等。进入 21 世纪以来,随着经济的发展,我国对于新材料市场的需求加大,激光器市场的迅速发展,带动了我国激光元器件如激光晶体、非线性晶体等需求的稳定增加。2019 年我国激光元器件与材料行业产值为 302 亿元(图 2-1)。

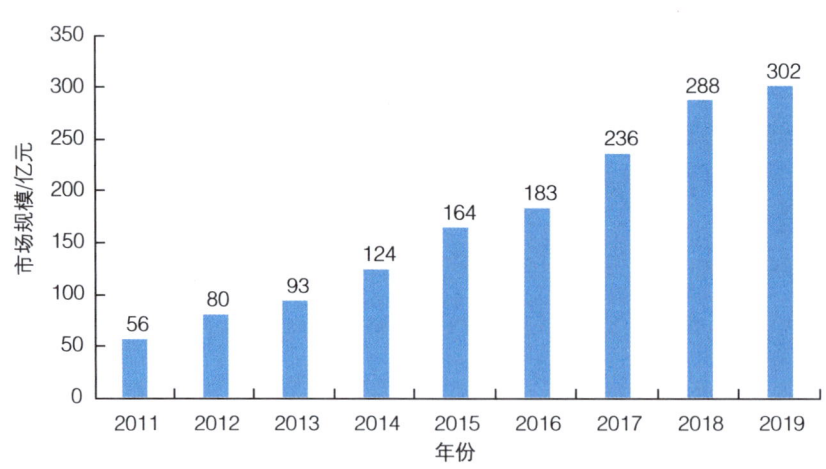

图 2-1　2011—2019 年中国激光元器件市场规模

(数据来源:公开数据整理)

（二）中国激光产业中游市场规模

中国激光市场整体起步较晚，但随着国内企业突破激光器核心技术，实现激光器和核心光学器件的规模化生产，促使光学原材料成本下降，国内激光装备的容量呈现爆发式增长。据统计，2019 年中国激光装备销售收入达到 633 亿元，同比增长 4.6%，占全球激光装备产值的 42.0%（图 2-2）。

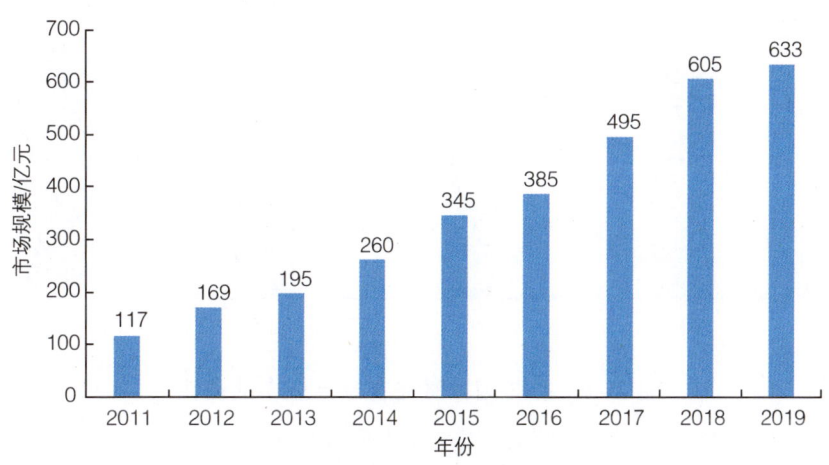

图 2-2　2011—2019 年中国激光装备行业市场规模

（数据来源：公开数据整理）

（三）中国激光产业下游市场规模

我国是制造业大国，然而与世界制造业大国相比，我国激光在制造业尤其是装备制造业中的应用比例偏低，仅为 30%。而美、日、德激光在装备制造业中的应用占比超过 40%，其中德国高达 46.4%。这也是造成我国工业结构升级缓慢的一个原因。与此同时，从激光在制造业的应用比例差距也可以看到我国激光产业的巨大市场潜力。在未来国家一系列产业结构调整及工业结构改造过程中，激光产业拥有广阔的市场前景。随着我国激光应用领域的不断扩展及应用深度的持续加大,未来行业需求前景看好,预计行业规模增速在 20% 左右,到 2025 年我国激光产业下游应用市场规模有望达到数万亿元(图 2-3)。

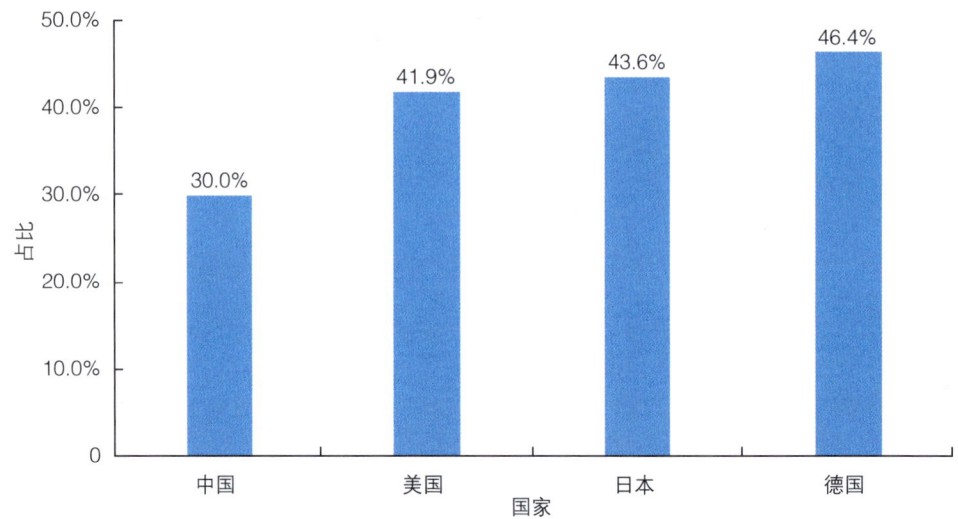

图 2-3　主要国家激光在制造业中的占比

(数据来源:公开数据整理)

二、中国增材制造市场规模

通过一系列政策的引导和支持,我国增材制造产业快速发展,市场规模迅速扩大。据中商产业研究院数据,2016—2019 年,我国增材制造市场年均增速为 28.04%,2019 年突破 33.6 亿美元(157.47 亿元)(图 2-4)。预计 2023 年,我国增材制造行业将超过 700 亿元。我国增材制造市场在全球的占比也逐年提升,2019 年已达到 28.31%(图 2-5)。

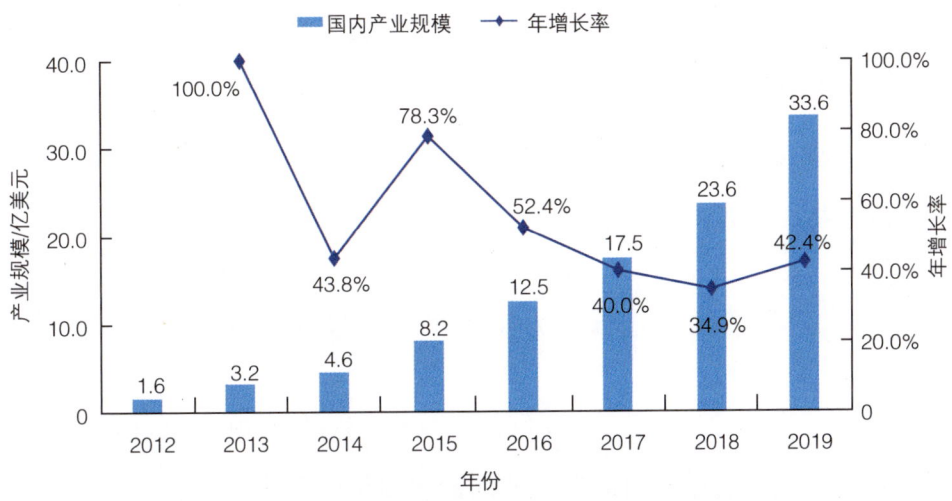

图 2-4 国内增材制造产业规模及年增长率

（数据来源：中商产业研究院）

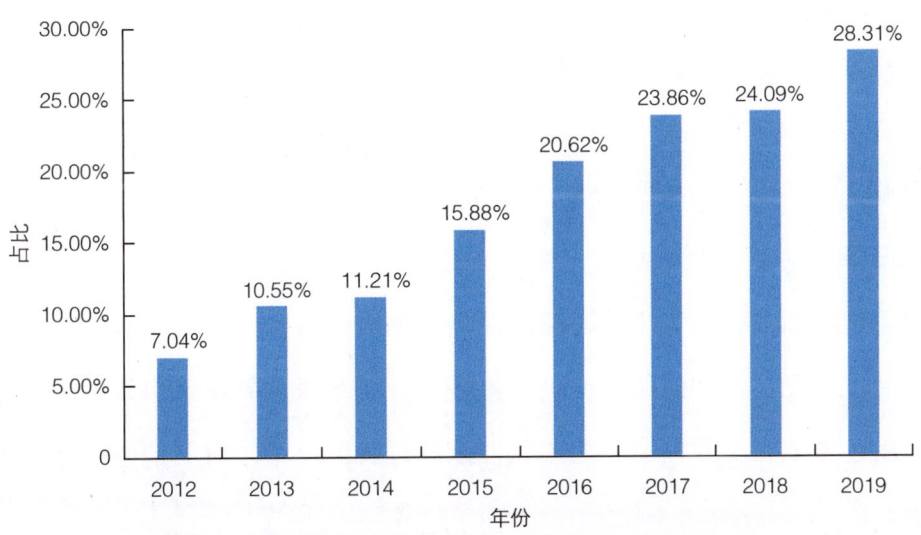

图 2-5 近年来国内增材制造产业规模在全球的占比

（数据来源：中商产业研究院和 Wohlers Report 2020）

（一）全国增材制造专用材料市场规模

2012 年以来，我国增材制造专用材料市场一直维持高速增长态势，近年来产值年均增长 35.0% 以上，2019 年达到 40.9 亿元，占全国增材制造总体市场的 26.0%。目前，国内增材制造专用材料主要企业包括广东银禧科技、瑞熙钛业、飞而康、联泰科技、深圳极光尔沃、闪铸科技、中瑞科技、迅实科技、西安赛隆金属等。材料国产化过程令国内增材制造材料市场迎来巨大发展空间，需求端提出新要求，推动3D打印材料行业市场规模不断发展。

（二）全国增材制造器件/软件和装备市场规模

2019年，全国增材制造器件/软件和装备产值达到70.86亿元，占增材制造总体市场的45%，是增材制造产业的最主要组成部分。其中，SLM、SLS、SLA和DLP设备为主流市场。SLM设备厂商包括铂力特、永年激光等，SLS设备厂商包括广东银禧科技、华曙高科、华科三维等，SLA设备厂商主要有联泰科技、深圳极光尔沃等，DLP设备厂商包括广州黑格科技、大族激光、先临三维等，FDM设备厂商有深圳创必得科技、深圳西通电子、先临三维等，LMD设备厂商代表有煜宸激光、鑫精合等。据前瞻产业研究院数据显示，光固化设备占据中国市场主流，占比为39.8%，其次是SLM设备。但在高端增材制造装备商业化销售市场，美、德仍占据着绝对优势，我国高端增材制造装备的核心元器件和商用软件仍依赖进口，系统级创新设计引领的规模化工业应用还主要在美欧国家，尤其软件依然是我国整个增材制造生态链发展的短板。

（三）全国增材制造应用及技术服务市场规模

近几年，我国增材制造技术应用迎来快速发展期，应用领域逐步扩展到航空航天、生物医疗、汽车、模具、船舶、核工业、教育等行业。2019

年，全国增材制造技术服务产值为 49.67 亿元，占增材制造总体市场比重达到 29%。航空航天领域，西安铂力特采用增材制造技术成功助力国产大飞机 C919 关键零部件研制；中国航天科技集团五院 529 厂已将增材制造技术应用于载人航天、深空探测、遥感、通信等关键设备的样件研制，涉及型号近 20 个。医疗领域，2020 年 1 月，中国食品药品监督管理局发布的《定制医疗器械监督管理条例》正式实施，已申请的 7 个医疗植入物的专利中，有 5 个是与增材制造相关的。核电领域，2018 年，南方增材科技制造研发的压缩空气生产系统制冷剂端盖，在我国首个百万千瓦级大型商业核电站——大亚湾核电站实现工程示范应用。汽车领域，华科三维为玉柴的新产品六缸四气门发动机研发制作砂型。但与发达国家相比，我国增材制造产业尚存在关键技术滞后、创新能力不足、应用广度深度有待提高等问题。

第三节　产业格局

一、国内激光产业格局

我国激光产业的发展相对集中，主要分布在珠江三角洲、长江三角洲、华中地区和环渤海地区。这 4 个产业带的侧重原本有所不同，珠三角以中低功率激光加工设备为主，长三角以高功率激光切割焊接设备为主，环渤海以高功率激光熔覆设备和全固态激光器件为主，以武汉为首的华中地区则覆盖了大多数的高、中、低功率激光加工设备。随着多个地区将光电子产业作为地方重点规划和发展方向，国内激光加工产业带的边界正逐渐变得模糊。目前，这四大区域占据中国激光产业 90% 的份额。另外，成都、重庆、西安、合肥、长春、福州等也有少量激光产业（表 2-5）。

表 2-5 中国激光产业分布

地区	主要省市	代表企业	代表性高校院所
珠三角	深圳、东莞、广州、佛山等	大族激光、光韵达、光大激光、创鑫激光、联赢激光、海目星、杰普特光电、创可激光、宏山激光、东莞盛雄激光、深圳泰德激光、光库科技、深圳迪能激光、东莞力星激光等	中山大学、华南理工大学、广东省科学院、深圳大学、深圳技术大学、深圳先进制造研究院、暨南大学、华南师范大学、南方科技大学、广东工业大学、五邑大学、东莞理工学院等
长三角	上海、江苏苏州/无锡/南京、浙江温州/杭州	煜宸激光、领创激光、庆源激光、天弘激光、德龙激光、普睿玛智能、嘉泰激光、飞博激光、奔腾激光、圣石激光等	中科院上海光机所、中科院上海技术物理研究所、中科院上海应用物理研究所、上海激光技术研究所、上海交大、华东师范大学、复旦大学、南京理工大学、苏州大学、江苏大学、浙江大学、浙江工业大学、温州大学、上海理工大学等
华中	湖北武汉	华工科技、楚天激光、华日激光、金运激光、天琪激光、锐科激光、帝尔激光、高能激光、同兴速达等	华中科技大学、武汉科技大学、武汉邮电科学院、航天三江激光产业技术研究院等
环渤海	北京、天津、山东、河北	大恒科技、邦德激光、镭鸣激光、金威刻、凯普林光电、国科激光、卓镭激光、北京精雕、金橙子、海富光子、瑞兆激光、华光光电等	清华大学、北京大学、北京理工大学、北京工业大学、中科院光电研究院、中科院半导体所、中科院物理所、南开大学、天津大学、山东大学、山东省科学院激光研究所等

续表

地区	主要省市	代表企业	代表性高校院所
其他	福建、辽宁鞍山/沈阳、吉林长春、陕西西安、四川成都、重庆等	大陆激光、锐达激光、长春新产业、科英激光、永利激光、炬光科技、东骏激光、福晶科技、中科光汇等	中科院福建物构所、中科院长春光机所、哈尔滨工业大学、吉林大学、沈阳自动化研究所、东北大学、西安交通大学、西北工业大学、西南交通大学、电子科技大学、中科院西安光机所、中国工程物理研究院、西南技术物理研究所、重庆光学机械研究所、成都光电所等

资料来源：《激光制造商情》。

（一）珠三角地区

珠三角地区有着雄厚的制造业基础，电子信息、汽车、船舶、家电、生物健康等产业较为发达，这些产业在快速发展的过程中对激光技术产生极大的需求，推动了珠三角成为国内激光市场增长最快的地区，现在已经成为全国最大的激光应用市场区域。2019年珠三角地区的激光产业产值和企业数量均居全国首位，已具备构建国际领先产业集群的深厚根基。

（二）长三角地区

长三角地区的激光产业属于市场应用驱动型，过去几年该地区激光企业迅速壮大，迅镭、庆源、煜宸、天弘、领创、嘉泰、奔腾等几家代表性企业实力不俗，在激光打标、中高功率切割/焊接，以及固体激光、CO_2激光等方面取得良好的成效。同时，长三角地区还拥有一批高水平激光高校院所，包括科研实力雄厚的上海光机所等，近年来产学研合作日渐增加，推动激光产业稳步增长。由于上海位处南北沿海之中间位置，很多外国激光公司都把中国子公司设立在上海或者周边，包括通快、罗芬、恩耐、业纳等。

（三）华中地区

华中地区 95% 的激光产业集中在武汉。武汉激光产业走的是以科研技术驱动产业发展的路线。华中科技大学拥有雄厚的激光与光子学科研实力，拥有激光技术国家重点实验室、武汉光电国家实验室等一批高水平研发平台。武汉激光龙头企业华工科技由华中科技大学控股，双方联合进行技术合作，有力推动了激光技术产业化应用。另外，华中地区多年来大力扶持激光产业发展，成功在武汉打造了"中国光谷"。

（四）环渤海地区

环渤海地区激光科研力量强大，拥有清华大学、北京大学、北京理工大学、北京工业大学、中科院光电研究院、中科院半导体所、中科院物理所等一批具有较强创新能力的高校院所，在超快激光、半导体激光等方面形成了许多亮眼的研究成果。激光技术应用在近年来也取得长足进展，目前，环渤海地区在激光医疗应用方面首屈一指，有力带动了相关激光医疗设备及仪器的市场发展；凯普林、国科、金橙子、邦德、金威刻、镭鸣、金强、华光光电等企业迅速崛起，在大功率切割、焊接、熔覆方面市场前景可观。

（五）其他地区

陕西、四川等西部地区具有众多优秀的科研团队，科研力量较强，科研成果较多，已初步形成较为完整的激光产业配套体系，以及较为齐全的产业门类，主要涉及新型显示、光通信、激光、LED照明、光伏、应用类光电终端等领域。

辽宁、吉林等东北地区激光产业近年来发展快速，引进和培育了一批优秀的激光企业，包括大陆激光、金研激光、永利激光等，主要从事激光修复、表面处理、激光器等方面的技术研发与推广应用。

福建拥有全球领先的激光晶体生产企业，包括福晶科技、美扬光电等。其中，福晶科技在中科院物构所的大力支持下，已成为目前世界著名的LBO晶体、BBO晶体、Nd: YVO_4晶体、TGG晶体、精密光学元件、高功率隔离器、声光及电光开关等部件生产商。

二、国内增材制造产业格局

从区域分布来看，我国3D打印产业集聚态势明显，目前已基本形成以长三角、珠三角、环渤海地区为核心，以中西部部分地区为纽带的产业空间发展格局，西北、西南及东三省等地区3D打印产业发展较为缓慢。

（一）长三角地区

长三角地区主要由上海、江苏、浙江和安徽"三省一市"组成，是我国增材制造用户群体最为活跃的地区，已形成包括增材制造材料和设备研究开发、生产、应用服务及相关配套设备的增材制造全产业链。随着2019年长三角一体化新战略的出台，增材制造力量和产业逐渐走向联合，可以预见长三角的增材制造产业发展将更加迅猛。

上海是长三角核心城市，上海市政府大力支持增材制造技术和产业发展，成立了国内第一家专业增材制造协会和增材制造创新中心，成立智慧湾、松江、宁岗、宝山等增材制造产业园区。上海市增材制造相关单位不少于 300 家，包括商飞、上海航天设备制造总厂、上海交大、同济大学、上海材料研究所、光机所、联泰科技、三的部落、欧瑞康、普利生、吉利汽车等。上海在增材制造软件开发、生物医疗、汽车及航空航天应用方面走在全国前列。自 2016 年以来，每年定期举办的 SAMA 国际论坛已成为增材制造行业领域的顶级峰会。

江苏是国内最早响应《增材制造产业发展行动计划（2017—2020 年）》的省份，出台了《江苏省增材制造产业发展三年行动计划（2018—2020 年）》，引领江苏增材制造产业全产业链发展。江苏拥有 3D 打印原材料、零部件、打印设备和打印服务等完整产业链，产品应用涵盖了制造、医疗、教育等多个领域，拥有中科煜宸、飞而康、汉印机电、永年激光、吴江中瑞机电等创新能力较为突出的增材制造企业。江苏也高度注重发挥地方主体作用，平台建设成效明显，无锡拥有全国首个增材制造综合性技术服务平台——国家增材制造产品质量监督检验中心（江苏）。

浙江 2013 年开始推动增材制造产业发展，涌现出了一批在全国具有一定影响力的龙头企业，初步建立了产学研协同创新机制，在工业、医疗、教育等领域加快推广应用，形成了从设备、材料、服务到应用的产业体系。此外，浙江建立了大量 3D 打印推广及示范应用基地，主要集中在工业设计、生物医药、模具制造等 3D 打印发展比较好的领域，加快 3D 技术的生产应用，积极探索 3D 打印设备企业与 3D 打印创新服务中心的合作运行机制。浙江增材制造产业最大的特点是以"企业"为主，形成了以先临三维、捷诺飞等为代表的企业群。

安徽从载体建设、平台建设、人才支撑、产业聚集等方面进行了增材制造产业布局，已成为增材制造产业的重要集聚区。其中，芜湖市繁昌县是安徽增材制造产业发展的典范，该地区春谷3D打印智能设备产业园已成为长三角乃至华东地区最大的3D打印产业集聚区，集聚企业50余家，建立联合研发中心和实验室，推动政产学研用深度合作、协同创新，形成以哈工大高端金属材料研发中心、中科大增材制造实验室等研发平台为代表的增材制造技术研发，以哈特三维等优势企业为代表的3D打印材料，以安徽隆源、芜湖西通等龙头企业为代表的设备生产，以安徽恒利、三维天下等重点企业为代表的应用服务产业链条。

（二）环渤海地区

环渤海地区主要由北京、天津、山东等组成，环渤海地区的增材制造产业发展处于国内领先地位，形成了以北京为核心，多地协同发展，各具特色的产业发展格局。

北京是环渤海地区增材制造产业发展的核心，是中国最早研发3D打印技术和产业化的城市之一，在增材制造技术研发及产业化等方面已形成涵盖材料、设计、关键部件、整机和应用服务的增材制造全产业链。截至2018年，北京市从事3D打印技术研发、生产与服务的企业达70家以上，2018年实现销售收入超6亿元。形成了以清华、北航、北科、航材院等为代表的科研院所团队，以鑫精合、太尔时代、中航天地激光、煜鼎增材制造、爱康医疗等为代表的企业团队。增材制造技术在航空航天大型金属复杂构件应用领域技术水平属国际领先，临床应用研究已处于国际先进水平，在创意设计领域技术水平基本与国外同步，部分装备产品已出口国外。

河北增材制造产业已取得长足进步，主要集中在金属合金粉末原材料和激光制造技术领域。省内增材制造重点监控企业7家，包括敬业增材、威豪镁粉、瑞兆激光等，2019年实现收入36 320.4万元。

山东3D打印企业超过50家，在桌面打印设备、打印材料、打印服务、软件平台等领域打下了一定的基础。形成了以企业需求为主体，基本覆盖全产业链，主要以三迪时空、华天软件、中航前哨为代表，以山东大学、青岛科技大学、中国石油大学（华东）等高校研发团队为主要力量的创新研发体系。

（三）中西部地区

陕西、湖北、湖南等组成的中西部地区是我国增材制造产业化的重要地区。陕西拥有全国领先的增材制造技术科研和产业化实力，2017年年底，3D打印研发生产企业已超过70家，年营业收入超过5亿元。2016年，国家增材制造创新中心落户陕西，形成了国家增材制造创新中心、西安高新区研发示范推广基地、渭南高新区教育培训生产基地和西安医学3D打印示范基地的"一中心三基地"的产学研协同发展格局。陕西拥有西安交大和西工大两所强校、西北院等研究所，以及在科创板上市的中国金属3D打印龙头——西安铂力特增材技术股份有限公司，其2019年营业收入达3.2亿元。

湖北是我国最早研发增材制造技术和产业化的地区之一，技术诞生于华科。湖北省以华科成果为核心转化形成了滨湖机电、华科三维科技、天昱智能制造、因泰莱激光等数十家的增材制造企业。其中，华科三维是以华科快速制造中心国家重点实验室为技术依托，以史玉升教授团队为核心，主要从事选择性激光烧结设备制造和产品加工服务，产品广泛用于航空航天、汽车、医疗等行业。天昱智造以张海鸥教授团队为核心，主营金属 3D 打印、金属部件修复与再制造等业务，已在激光—电弧微熔锻铣复合制造（3D 打印）智能装备研发上取得全球突破性成果，其制造的螺旋桨、飞机主接头、燃机过渡段等，性能质量均达到或优于行业标准，已在航空航天、高铁、船舶、两机、核电等重点支柱产业获得应用。

湖南增材制造产业覆盖了从上游原材料到下游应用的全链条产业，广泛应用在航空航天、国防军工、医疗、汽车制造、文化创意、科研创新等行业。目前，以湖南湘江新区长沙高新区为主，聚集了以华曙高科为代表的一批重点企业（如周边株洲宁乡吉唯信金属粉体有限公司），综合实力居全国前列。2018 年长沙增材制造产值为 3.7 亿元。

第四节　重大事件

一、国内激光行业重大事件

（一）国内激光行业收购、并购事件

中国激光进入了发展的快车道，过去 5 年激光企业并购案常有发生，特别是上市企业为了完善自身的产品线和加强核心技术，对一些专业细分领域的企业发起收购（表 2-6）。

表 2-6　国内激光行业主要收购、并购事件

序号	时间	收购、并购事件
1	2020 年 4 月	SPI 中国公司与通快中国合并
2	2019 年 9 月	北京凯普林光电科技股份有限公司完成了对深圳博锐浦科技有限公司的全资并购
3	2019 年 7 月	亚威股份收购韩国 LIS 公司股权，开展精密激光业务战略合作
4	2019 年 6 月	锐科激光收购国神光电 51% 的股权
5	2017 年 5 月	西安炬光科技股份有限公司斥资 2.2 亿元收购了德国 LIMO Holding GmbH
6	2017 年 4 月	锐科激光收购睿芯光纤 85% 的股权
7	2017 年 4 月	昂纳科技集团以 1920 万美元收购法国创新芯片和激光产品业务
8	2016 年 12 月	杭州巨星科技收购莱卡旗下公司，打造世界级高端激光测量仪器平台
9	2015 年 10 月	苏州天弘激光收购 SPI 公司 CO_2 激光器业务
10	2015 年 7 月	亚威股份 1.4 亿元收购科创源，进入三维激光切割领域
11	2015 年 4 月	华日激光收购加拿大超快激光器公司 Attodyne Inc.

（二）国内激光企业 IPO 情况

2013 年以来国内已有数十家光电子企业登陆新三板，其中部分企业专业从事激光相关产品的研发和生产，包括山东镭之源激光科技股份有限公司、武汉帝尔激光科技股份有限公司等 8 家激光企业于 2015 年在新三板成功挂牌。目前，在主板和新三板上市的激光企业不完全统计（不包括中途退市）如表 2-7 所示。

表 2-7 激光领域主板和新三板主要上市公司

序号	IPO 年份	公司简称	股票代码	主要产品
1	2019	柏楚电子	688188	激光加工软件
2	2018	锐科激光	300747	光纤/半导体激光器
3	2018	瑞兆激光	872562	光机电设备
4	2017	科英激光	871966	激光医疗设备
5	2017	京华激光	603607	激光全息
6	2017	莱赛激光	871263	精密激光测量
7	2016	嘉铭激光	871428	激光切割、打标、测量
8	2016	邦德激光	838249	激光切割机
9	2016	嘉泰激光	835771	激光打标、切割机
10	2016	圣石激光	835890	激光加工
11	2016	羿珩科技	835560	激光加工、太阳能光伏
12	2015	帝尔激光	835053	激光精密加工设备
13	2015	威克曼	833818	激光切割
14	2015	神戎电子	832992	激光夜视
15	2015	镭之源	833611	激光电源
16	2015	徕兹科技	832930	激光测距
17	2015	奇致激光	832861	激光医疗
18	2015	精湛光电	832414	激光测量

（三）国内激光企业融资情况

近年国内激光产业发展迅速，在激光雷达、超快激光器、激光微加工等新兴企业增资扩产需求强烈，资本融资案例频繁发生（表 2-8）。

表 2-8 国内激光公司主要融资事件

序号	时间	公司简介	融资情况
1	2020 年 11 月	精密激光加工设备商德龙激光	完成新一轮 1.5 亿元融资
2	2020 年 6 月	激光芯片生产商长光华芯	完成 1.5 亿元 C 轮融资
3	2020 年 3 月	半导体激光器芯片公司博升光电	完成近亿元 A+ 轮融资
4	2020 年 2 月	光纤激光器制造商光惠（上海）激光科技有限公司	完成近亿元融资
5	2019 年 2 月	超快激光器公司北京卓镭激光技术有限公司	完成近亿元 B 轮融资
6	2018 年 9 月	测风激光雷达公司南京牧镭激光科技	完成数千万元 B 轮融资
7	2018 年 5 月	激光雷达厂商禾赛科技	完成 2.5 亿元 B 轮融资
8	2018 年 4 月	半导体激光芯片公司长光华芯	完成 1.5 亿元 B 轮融资
9	2018 年 1 月	国产激光雷达公司北科天绘	完成过亿元 A+ 轮融资
10	2017 年 7 月	上海激光雷达企业 SLAMTEC（思岚科技）	完成新一轮 1.5 亿元融资

（四）重大标志性成果

①2020 年 9 月，中科院上海光机所微纳光电子功能材料实验室在 3 微米激光晶体研究中取得进展。

②2020 年 7 月，中科院西安光机所光子制造中心采用超快激光在玻璃材料与金属合金、单晶硅等异质材料微焊接方面取得了突破性进展，达到国际先进水平。

③2020 年 3 月，中科院上海光机所激光与红外材料实验室与华东师范大学、南京航空航天大学合作，在耦合双球微腔中获得高品质、稳定的线性偏振单模激光。

④2019 年 12 月，长春光机所国家重大科学仪器设备开发专项"高端全息光栅研发"项目研制出的高精度、高指标、大尺寸的高端全息光栅，达到世界水平，打破了中国民用光谱仪器行业及国家战略高技术领域所需要的高精度光栅受制于人的局面。

⑤2019 年 7 月，南京理工大学研制的万瓦级光闸样机在武汉锐科光纤激光技术股份有限公司通过了样机的性能测试，推动了工业级大功率光纤激光器关键器件的国产化，填补了国内在此领域的空白。

⑥2018 年，"大尺寸高性能激光偏振薄膜元件成套制备工艺技术及应用""飞秒脉冲激光的高对比度放大及精密控制"这两个项目获得了 2018 年度国家技术发明奖二等奖。"复杂零件整体铸造的型（芯）激光烧结材料制备与控形控性技术"获得了 2018 年度国家科学技术进步奖二等奖。

⑦2017 年，中科院半导体研究所的"低发散角半导体光子晶体激光器关键技术及应用"、中科院上海光机所的"大尺寸高性能磷酸盐激光钕玻璃批量制造关键技术及应用"、中科院半导体研究所的"光纤输出高功率全固态激光器关键技术及应用"等 3 个项目获得了 2017 年度国家技术发明奖二等奖。

⑧2016 年 11 月，中科院长春光机所承担的国家重大科研装备研制项目"大型高精度衍射光栅刻划系统"，研制出在 1 mm 划刻 6000 道刻槽并且保持槽型均匀，刻槽间距误差小于一根头发丝的千分之一，成为当时世界上面积最大的高精度中阶梯光栅。

⑨2016 年 9 月，中科院上海光机所—上科大超强激光光源联合实验室在张江综合性国家科学中心超强超短激光实验装置上，成功实现了 5 PW 激光脉冲输出，这是世界上成功输出瞬时功率的最高值，标志着我国在该领域达到了国际领先水平。

⑩2016年9月，由中国科学院大连化学物理研究所和上海应用物理研究所联合研制的极紫外自由电子激光装置——大连光源，发出了世界上最强的极紫外自由电子激光脉冲。单个皮秒激光脉冲可产生140万亿个光子，成为当时世界上最亮且波长完全可调的极紫外自由电子激光光源。

⑪2016年1月，由华中科技大学邵新宇教授领衔，华工激光工程有限责任公司等10余家企业的研发团队共同完成的"汽车制造中的高质高效激光焊接、切割关键工艺及成套装备"项目获得了国家科学技术进步奖一等奖。

二、国内增材制造行业重大事件

（一）国内增材制造行业收购、并购事件

近几年，国内增材制造产业竞争逐渐加剧，企业收购、并购时有发生，相关重大事件如表2-9所示。

表2-9 国内增材制造行业主要收购、并购事件

序号	时间	收购、并购事件
1	2020年4月	爱康医疗附属公司以4020万美元收购骨科植入物及手术器械商北京理贝尔生物工程研究所
2	2018年5月	苏州银禧科技出资3250万元认缴由锂赛尔持有的苏州银禧新能源复合材料有限公司的65%股份
3	2017年2—3月	浙江迅实科技成功并购广东智维，全面实施3D打印市场开发新战略。迅实科技成功控股美国3D打印公司SprintRay Inc.，全面开发齿科3D打印，打开3D打印国际市场
4	2016年11月	华曙高科收购LSS重大股份并建立强有力的战略合作伙伴关系。通过合作，华曙高科与LSS公司将联合各自在增材制造领域的能力、优势来增强提供给客户的技术及服务方案

第二章 中国激光与增材制造产业发展状况

续表

序号	时间	收购、并购事件
5	2014年10月至2016年8月	先临三维先后并购了易加三维、天远三维、云打印、捷诺飞4家专业子公司，形成了以母公司为研发主体，4个专业子公司各有所重的"1+4"架构

（二）国内增材制造企业IPO情况

国内增材制造上市企业较少，但近几年陆续有企业在科创板、新三板上市，近几年上市的企业如表2-10所示。

表2-10 国内增材制造领域科创板和新三板上市公司

序号	IPO年份	公司简称	股票代码	主营业务
1	2019	西安铂力特	688333	金属增材制造
2	2015	三的部落	300022	3D打印应用
3	2015	三维天下	833909	三维数字化技术应用
4	2014	先临三维	830978	数字化3D打印

（三）国内增材制造企业融资情况

融资逐渐成为国内增材制造企业发展的重要方式，近几年国内增材制造企业融资事件众多，整体处于早期融资阶段，相关事件如表2-11所示。

表2-11 国内增材制造企业主要融资事件

序号	时间	公司简介	融资情况
1	2020年12月	全球PLA 3D打印材料龙头深圳光华伟业	定增6800万元
2	2020年11月	微米电子3D打印技术企业西湖未来智造	数千万元天使轮融资

续表

序号	时间	公司简介	融资情况
3	2020年	金属3D打印企业鑫精合	5亿元C轮融资
4	2020年11月	药物3D打印企业南京三迭纪医药	近亿元A+轮融资
5	2020年9月	3D打印高分子材料研发商苏州博理新材料	近亿元A轮融资
6	2020年8月	在线3D打印制造服务平台深圳云工厂	1亿元B轮融资
7	2019年12月	智能3D打印企业广州黑格科技	6000万美元B1轮融资
8	2019年10月	3D打印设备商浙江迅实科技	过亿元B轮融资
9	2019年4月	食品3D打印技术研发商时印科技	千万元Pre-A轮融资
10	2019年3月	隐形牙套3D打印企业上海正雅齿科科技	数亿元C轮融资
11	2019年1月	新材料与3D打印终端应用公司塑成科技	2000万元A轮融资
12	2018年6月	液态金属3D打印研发商北京梦之墨	近亿元A+轮融资

（四）国内重大标志性成果

近几年，国内增材制造技术飞速发展，形成了一些标志性成果，部分标志性成果如下。

①2020年11月，清华大学等在 Science 发布了关于金属激光3D打印匙孔气泡缺陷起源的最新成果。

②2020年5月，我国成功完成首次太空"3D打印"，也是国际上第一次在太空中开展连续纤维增强复合材料的3D打印实验。

③2020年5月，中国航天科技集团空间技术研究院抓总研制的我国新一代载人飞船试验船返回舱，在东风着陆场预定区域成功着陆，实现了我国超大尺寸整体钛框架3D打印制造的首次航天应用。

④2020年3月,华中科技大学张海鸥教授团队的"大型复杂高端零件微铸锻同步超短流程制造技术与装备"提名2020年度国家技术发明奖一等奖,技术达到国际先进水平。

⑤2019年11月,北航侯慧龙副教授在 Science 发表其最新成果——增材制造抗疲劳、高性能镍钛合金应力制冷材料,其材料效率提高了4～7倍,并且在100万次循环中拥有可重复的应力制冷性能。

⑥2019年10月,Science 发表了香港中文大学等机构开发的一种新的纳米级3D打印技术——飞秒投影双光子光刻,可实现100 nm高精度3D打印,1秒打印2000层亚微米结构。

⑦2019年8月,航天一院成功将"千乘一号01星"卫星送入预定轨道,其主结构是目前国际首个基于3D打印点阵材料的整星结构,标志着用于航天器主承力结构的3D打印三维点阵结构技术成熟度达到九级,整星结构尺寸超过500 mm×500 mm×500 mm,也是目前最大的增材制造一体成型卫星结构。

⑧2019年4月,北航大型金属构件增材制造国家工程实验室在王华明院士率领下,成功研制出具有原创核心技术、世界最大的激光增材制造设备(成型能力达7.0 m×4.0 m×3.5 m)及世界最大的3D打印发动机钛合金加强框。

⑨2019年3月,航天一院211厂完成首批长征五号系列运载火箭芯级捆绑支座的批量生产,是我国首个采用全3D打印的米级关键承力构件,产品顺利通过静力试验,试验全面考核了飞行状态下的产品性能,整体综合性能达到锻件水平,较原设计减重30%。

⑩2019年3月,中国长沙新材料产业研究院成功研制出了一种3D打印高强铝合金粉末材料,室温拉伸强度达到535 MPa,屈服强度达到510 MPa,延伸率达到12%,与国外空客公司高强铝合金粉末产品性能相当,已在航空、

航天等领域推广应用。

⑪2019年1月，全球最大规模的混凝土3D打印步行桥在上海宝山智慧湾落成，桥长26.3 m，宽为3.6 m，桥梁结构借取了中国古代赵州桥的结构方式。

⑫2018年12月，在国外Desktop Metal等金属FDM打印机尚未真正在国内落地之际，包括升华三维在内的企业纷纷宣布国产金属FDM打印机及材料研发成功，弥补了国内在该领域发展的技术空白。

⑬2018年8月，香港城大吕坚院士团队在Science Advances首次公开实现了陶瓷4D打印，有望应用于太空探索、电子产品和航空发动机制造等领域。

⑭2017年9月，华曙高科推出其全新增材制造理念：连续增材制造解决方案CAMS，并研发了全球最大打印幅面的尼龙高温增材制造解决方案FS1000P，成型缸尺寸为1000 mm × 500 mm × 500 mm。

⑮2016年12月，重型金属3D打印重大突破，中国首个ACP100反应堆压力容器增材制造试件通过技术鉴定。目前，中国核动力研究设计院与南方增材科技自主研发、设计和建造了国内外最大型电熔增材制造设备（打印最大直径5.6 m，长9.0 m，重300吨），国际领先，可实现包括反应堆压力容器等核电大型金属构件制造。

⑯2016年8月，长征医院成功实施世界首例3D打印一体化假体植入手术。

（五）其他增材制造产业重大事件

①2020年11月，根据国家标准委2020年第26号公告，GB/T 39247—2020、GB/T 39251—2020等8项增材制造国家标准正式发布。

②2020年8月，商务部、科技部调整发布《中国禁止出口限制出口技术目录》，铸锻铣一体化金属3D打印关键技术被列入其中。

③2019年10月，为了更好地推动和规范个性化增材制造医疗器械的创新发展，国家药监局发布《无源植入性骨、关节及口腔硬组织个性化增材制造医疗器械注册技术审查指导原则》。

④2019年6月，为满足临床实践中的罕见特殊个性化需求，规范定制式医疗器械监督管理，保障定制式医疗器械的安全性、有效性，国家药监局和卫生健康委联合发布《关于发布〈定制式医疗器械监督管理规定（试行）〉的公告》。

⑤2019年1月，全国增材制造标准化技术委员会测试方法分技术委员会成立，主要负责增材制造领域的专用材料、装备及成型件的特性、可靠性等测试方法的国家标准制修订工作，秘书处设在无锡市产品质量监督检验院/国家增材制造产品质量监督检验中心（江苏）。

⑥2018年4月，增材制造产业先后通过了《增材制造术语》《增材制造文件格式》《增材制造工艺分类及原材料》等4项标准。

⑦2016年10月，中国增材制造产业联盟成立，中国电子信息产业发展研究院是联盟理事长单位，联盟还包括机科总院、天地激光、西安铂力特等15家副理事长单位，联盟首批成员单位128家。

⑧2016年7月，卢秉恒院士牵头增材制造国家研究院有限公司在西安挂牌，增材制造国家研究院在西安高新区注册成立。

⑨2016年4月，全国增材制造标准化技术委员会成立，挂靠机械总院中机生产力促进中心。

第五节　发展趋势

一、国内激光制造产业发展趋势

从产业发展趋势来看，主要表现在以下 4 个方面。

一是中国激光产业正朝着生产规模化、产品专业化、市场全球化的方向发展，激光产业界并购重组盛行，激光产业"大者恒胜"的局面不会在短期内发生改变。

二是中国的激光产业发展区域化将会更加集中。中国的激光产业将更加集中在广东（珠三角）、北京、江苏、上海、湖北、山东等经济发达省市，这些地区的年销售额将占据全国激光产品市场总额的 90% 以上，形成以上述省市为主体的华中、环渤海、长三角、珠三角四大激光产业群。

三是激光产业国产替代将进一步深化。激光器与核心元器件在我国经历了从无到有的过程，如今激光设备国产化已经取得明显的进步；激光器国产化也取得较大突破，并且从低功率开始逐渐往高功率、高精密发展；镜片、切割头、光纤等核心材料器件也同样出现国产替代，这个过程仍将持续 10 年以上。

四是产业政策支持力度将持续加大。激光加工装备行业是国家政策重点扶持领域，《中国制造 2025》计划将智能制造作为主攻方向，推进制造过程智能化，要求开展先进制造、智能制造、智能装备等创新性研究。此外，近年来国家鼓励自主研发我们自己的创新技术。未来的几年在政策助力下，激光加工装备行业有望迎来快速成长。

从技术发展趋势看，主要表现在以下4个方面。

一是激光器技术开发向高功率、高光束质量、高可靠性、高智能化和低成本方向发展，未来会在高端装备制造中扮演不可或缺的角色。

二是激光器研究向固态方向发展，半导体激光器、半导体泵浦固体激光器和光纤激光器成为激光器发展方向的代表。

三是激光技术与其他学科结合，不断拓展新兴应用领域，如激光化学、激光医疗等，特别是精密和微细加工领域的应用是激光加工的重点应用方向，在高度精密加工的场合得到进一步推广和应用，如电子、半导体、通信、光存储、医疗仪器、微机械制造、生物、环境等行业。同时，激光技术与众多新兴学科相结合，更加贴近人们的日常生活。

四是日益成熟的配套产业为行业发展提供了有力支撑。我国华中、珠三角、长三角、环渤海地区逐步发展成为全球重要的激光产业基地，分布了大量的激光企业、激光研究机构和应用工厂，逐步形成了由激光基础材料、激光光学器件、激光器、激光器配套件、激光应用开发系统、公共服务平台等环节构成的较完整的产业链条。

二、国内增材制造产业发展趋势

我国增材制造技术经过30多年的迅猛发展，在国家政策的大力支持和市场的有力推动下，从增材制造基础理论研究，到关键设备自主研发，再到应用领域等方面均取得突破性进展，已建立较为完善的增材制造产业链。未来几年国内增材制造产业发展趋势如下。

一是我国增材制造产业链条持续完善，生态体系逐步建立，整体处于快速发展阶段，产业规模稳步增长。2019年，中国增材制造产业规模达到

157.47 亿元，预计到 2022 年将达到 348.46 亿元，并保持 28.6% 的快速增长。

二是我国增材制造自主研发能力大幅提升，创新技术不断涌现，工艺装备高质量发展且逐渐自主国产化，甚至部分装备技术达到国际先进水平。例如，大族激光、创鑫激光等企业研制的中低功率的国产激光器可完全满足相应增材制造的技术需求。升华三维等企业纷纷宣布国产金属 FDM 打印机及材料研发成功，填补了国内在该领域发展的技术空白。华中科技大学机械科学与工程学院张海鸥教授团队研发的"智能微铸锻增材制造技术"突破性地解决了传统制造流程长、能耗高、材料利用率低、需要超大型锻机的世界性难题，达到世界领先水平。

三是国内增材制造技术的应用领域持续拓展，重点行业直接制造的应用进程加速。首先是增材制造技术在航空航天领域开始批量化应用，2019 年航天一院"捷龙一号"遥一火箭在酒泉卫星发射中心成功将"千乘一号 01 星"卫星送入预定轨道。"千乘一号"卫星主结构是目前国际首个基于 3D 打印点阵材料的整星结构，标志着用于航天器主承力结构的 3D 打印三维点阵结构技术成熟度达到九级。中国航天科技集团有限公司一院 211 厂完成首批长征五号系列运载火箭芯级捆绑支座的增材制造生产。生物医疗领域已有 4 个增材制造医疗器械获得 CFDA 批准上市。

四是我国增材制造领军企业开始布局国外市场，且国内行业竞争加剧，行业发展面临洗牌。"小、散、弱"且不具备创新能力的微小企业面临淘汰，行业集中度逐步提升。例如，华曙高科已在北美和欧洲成立分公司，加速 3D 打印国际化战略布局。2019—2020 年，光韵达收购通宇航空全部股权，进军航空航天应用领域。

五是在我国推进新一轮高水平对外开放的大背景下，欧美强国的增材制造龙头企业加强了在华布局。2019 年与美国惠普公司合作的惠普 3D 打印全球制造中心落户重庆，将把惠普最先进的 3D 打印系统与重庆乃至全球的产业链结合起来。近几年，Materialise 已经与包括西安铂力特、联泰科技、广州黑格科技等形成合作关系。3D Systems、EOS 等世界增材制造龙头企业均在上海设立分公司。

第三章

广东省激光与增材制造产业发展状况

第一节 产业规模与格局

经过数十年不断发展，广东正在成为国内最大的激光与增材制造产业集聚区，产业规模、企业数量均居全国首位。据统计，2019年广东产业规模和企业数量均占全国30%以上，全省相关企业营业收入超900亿元，拥有10余家上市企业，年营业收入超1亿元的企业90余家，超1000万元的企业1000余家。

从产业布局来看，广东形成以广州、深圳为龙头，以珠海、东莞、佛山、中山等珠三角城市为重要节点，以粤东西北其他城市为补充的发展格局。其中，广州重点布局专用材料、精密激光制造、生物增材制造等领域；深圳重点布局激光器件、激光与增材制造装备等领域。珠海、东莞、佛山等地市积极打造产业链上中下游协同发展企业和配套载体。

从产业链来看，广东激光产业发展势头良好，以深圳为核心，培育出了一批具有较强国际竞争力的本土企业。广东2019年纯粹激光产业产值约340亿元，约占全国34%，较2018年提高了2个百分点，这主要得益于光韵达、海目星、联赢、创鑫、杰普特、宏山、盛雄等大企业业绩的大幅上升。激光应用市场在全国排名第1位，占比超过40%，珠三角名副其实地成为广东激光"大本营"。在上游专用材料领域，涌现出创鑫激光、杰普特光电、联品激光、柠檬光子、英诺激光等一批龙头企业；在中游激光器及系统集成方面，大族激光、光韵达、联赢激光、迪能激光、海目星等企业已成为国内相关领域的标杆；在下游应用端，激光焊接、激光切割、激光微加工、激光显示等高附加值技术在广东强大的制造业加持下，相关企业更是星罗棋布，发展迅速。

在增材制造产业领域，广东依托体量庞大、门类齐全的制造业，为增材制造技术提供了广阔的应用市场。在上游增材制造用材料方面，广东涌现出东莞银禧、珠海天威、广州赛隆、星尘科技等代表性企业；在增材制造装备、核心部件及软件的产业链中游，以大族激光、光韵达、黑格科技、创想三维、汉邦、雷佳、中望龙腾等为代表的本土企业迅猛发展；在产业链下游的应用市场，瑞通生物、恒尚科技、家鸿口腔等公司开疆拓土，不断为增材制造应用推广深耕努力。特别是生物医疗领域，广东在生物3D打印领域处于国内领先水平，包括深圳迈瑞、广州迈普、广东康沃森等企业具有较强竞争优势。

第二节 重大事件

一、广东激光与增材制造行业收购、并购事件

广东作为中国激光与增材制造产业的核心地区之一，行业龙头企业或标杆企业较多，这些企业进行了大量的收购、并购事件，用于完善自身的产品链条（表3-1）。

表 3-1　广东激光与增材制造行业主要收购、并购事件

序号	时间	收购、并购事件
1	2020 年 12 月	珠海光库科技股份有限公司收购了珠海市光辰科技有限公司 48.98% 股权
2	2020 年 9 月	国内砂型 3D 打印龙头厂商峰华卓立被屈志收购
3	2020 年 7 月	纳思达收购国产激光打印龙头奔图电子
4	2020 年 6 月	光韵达收购通宇航空剩余 49% 股权
5	2020 年 1 月	珠海光库科技完成了铌酸锂系列高速调制器产品线资产收购，填补了国内空白
6	2019 年 3 月	光韵达收购成都通宇航空 51% 股权
7	2018 年 11 月	大族激光收购 MUTI-WELL
8	2017 年 4 月	新三板挂牌公司金东唐被上市公司光韵达以 2.2 亿元交易价格收购
9	2017 年 1 月	大族激光并购江苏金帆展宇新能源科技有限公司
10	2016 年 11 月	广东正业科技收购莱卡旗下公司，打造世界级高端激光产品业务
11	2016 年 11 月	大族激光收购加拿大 Coractive 80% 股权

二、广东激光与增材制造企业 IPO 情况

广东是国内激光与增材制造上市企业较多的地区，近几年陆续有激光与增材制造企业在主板、科创板和新三板上市，如表 3-2 所示。

表 3-2　广东激光与增材制造上市企业

序号	年份	公司简称	股票代码	主要产品
1	2020	海目星	688559	激光智能装备
2	2020	联赢激光	688518	激光焊接
3	2020	广州迈普	/	生物 3D 打印
4	2019	杰普特光电	688025	激光器
5	2018	铭钰科技	872699	激光打标机

续表

序号	年份	公司简称	股票代码	主要产品
6	2017	光库科技	300620	激光元器件
7	2017	极光尔沃	871953	桌面 3D 打印机
8	2016	炬光科技	835243	半导体激光器
9	2016	广州爱司凯	300521	3D 打印材料
10	2016	光华伟业	836514	3D 打印材料
11	2015	峰华卓立	834914	砂型 3D 打印

三、广东激光与增材制造企业融资情况

近几年，广东激光与增材制造初创、龙头等企业通过融资方式不断发展和壮大，主要集中于早期融资阶段，相关事件如表 3-3 所示。

表 3-3 广东激光与增材制造企业主要融资事件

序号	时间	公司简介	融资情况
1	2020 年 11 月	短波长光纤激光器生产商公大激光	600 万元天使轮融资
2	2019 年 12 月	智能 3D 打印企业广州黑格科技	6000 万美元 B1 轮融资
3	2019 年 10 月	3D 打印模型设计软件龙头企业广州中望龙腾	第二轮 1.4 亿元融资
4	2019 年 8 月	高精密 3D 打印企业"摩方材料"	1 亿元 A+ 轮融资
5	2019 年 8 月	激光芯片公司深圳瑞波光电子	6500 万元 A 轮融资
6	2019 年 2 月	激光芯片企业深圳柠檬光子	5000 万元 A+ 轮融资
7	2018 年 11 月	智能 3D 打印企业广州黑格科技	3.25 亿元 A 轮融资
8	2018 年 10 月	自动驾驶激光雷达环境感知解决方案提供商速腾聚创	超 3 亿元融资
9	2018 年	3D 打印全产业链企业深圳国千科技	8000 万元融资
10	2018 年	骨科 3D 打印企业广州华钛三维	数千万元 A 轮融资

四、重大标志性成果或事件

①2020年12月,"增材制造"作为一项重要的比赛内容,被列入在广东省广州市举行的中华人民共和国第一届职业技能大赛项目。

②2020年9月,深圳市创鑫激光股份有限公司推出国内功率最高的40 kw光纤激光器。

③2020年8月,创鑫激光结合主流工业以太网EtherCAT技术,推出国内首台搭载EtherCAT总线的万瓦激光器,成为国内首家实现此技术的激光器品牌。

④2020年6月,华南理工大学研发3D打印水凝胶支架实现海绵体修复,成功恢复雄兔生殖能力,发表在 Nature Communications 上。

⑤2020年1月,大族激光智能装备集团申报的"中厚板及难焊材料激光焊接与复杂曲面曲线激光切割技术及装备"项目,荣获2019年国家科学技术进步奖二等奖。

⑥2020年2月,哈工大(深圳)宋清海教授团队在超快调制微激光器领域取得重要突破,成果发表在 Science 上,提出的全光开关新原理,有望突破超短切换时间与超低能耗之间的矛盾,有望带来高效的超快全光调制,并最终革新全光计算领域。

⑦2019年5月,广东国志激光推出3万W多模连续光纤激光器,是我国最早推出3万W级功率的企业,打破了IPG对3万W激光器的垄断。

⑧2019年5月,杰普特光电研发出10～200 W MOPA激光器系列产品,打破了英国SPI激光公司对这一领域的垄断。

⑨2017年,广东汉邦激光科技有限公司与广东工业大学合作,成功制造

了在髋关节置换手术中用来切除髋臼关节软骨面的新型复杂结构髋臼锉,这是国内首次利用金属 3D 打印制造医疗手术刀具。

⑩2017 年,珠海赛纳打印在国内首创全彩多材料的 3D 打印技术——WJP 白墨填充直喷 3D 打印,填补了国内空白。

⑪2017 年,大族激光率先推出了国产 1 万 W 激光切割装备,推动了我国通用激光装备功率水平的提升。

第三节　发展环境与趋势

广东高度重视激光与增材制造产业发展,按照省委、省政府关于推进制造强省建设的工作部署,制定出台了一系列政策措施,以政策红利引领驱动激光与增材制造发展,通过引进与培育一批激光与增材制造产业上中下游企业,已成为国内市场规模最大的激光与增材制造产业集聚区。

一是政策环境不断完善。省级层面,相继制定出台了《广东省智能制造发展规划(2015—2025 年)》《广东省战略性新兴产业发展"十三五"规划》《广东省先进制造业发展"十三五"规划》《加快广东省 3D 打印技术和应用产业发展实施方案》《高端智能再制造行动计划(2018—2020 年)》等政策措施,为全省激光与增材制造产业发展提供了重要政策引领。地市层面,广州、深圳、东莞、江门等地结合当地实际,分别制定出台了《广州制造 2025 战略规划》《深圳市关于进一步加快发展战略性新兴产业的实施方案》等有地方特色的政策措施,有效推动了激光与增材制造产业的发展及应用。

二是生态建设持续优化。平台建设方面,建成了华南理工大学广东省光纤激光材料与应用技术重点实验室等一批研发支撑平台，为广东高端装备制造业快速发展提供了有力支撑。人才引培方面，引进工程院院士范滇元、中科院院士姚建铨以及中科院上海光机所等一批高端人才或团队，共计引进或培育研发人员超5000人，大大提升了领域人才储备水平。知识产权建设方面，开展专利培育与布局工作，从技术、保障、应用领域等多维度构建知识产权保护网，标准和知识产权服务得到逐步提升。国际科技合作方面，举办了第一届世界激光制造大会，吸引了来自德国、法国、立陶宛等国家的专家来粤交流，大大提升了广东在激光与增材制造领域的国际影响力。

三是技术创新取得突破。材料方面，珠海赛纳打印在国内首创全彩多材料的3D打印技术——WJP白墨填充直喷3D打印，填补了国内空白。关键零部件方面，广东国志激光2019年推出3万W多模连续光纤激光器，是我国最早推出3万W级功率的企业，打破了IPG对3万W激光器的垄断；杰普特光电研发出10～200W MOPA激光器系列产品，打破了英国SPI激光公司对这一领域的垄断。整机设备方面，大族激光在精密激光设备、新能源电池激光加工设备等方面均有重大突破，在国内占据重要地位。

广东激光与增材制造产业发展将迎来新的黄金发展期，激光与增材制造技术在汽车、模具、核电、船舶等传统领域，以及新一代信息技术、智能机器人、医疗健康等新兴领域将取得更加深入和广泛的应用。随着广东激光与增材制造产业规模与创新能力迈上新的台阶，产业将不断向价值链高端攀升，为广东加快形成具有国际竞争力的产业集群、推动制造业转型升级、实现经济社会高质量发展奠定坚实的基础。

第二篇

政策篇

本篇主要梳理和分析了近年来广东省激光与增材制造相关的政策动态,并重点对最新出台的行动计划及近几年激光与增材制造重大科技专项的实施情况进行解读。

2015—2019 年,广东省政府及相关部门制定出台了推动激光与增材制造产业发展的相关政策 21 项,重点围绕产业布局、研发支持、成果推广、标准与知识产权、保障支撑等方面进行任务部署。2014—2020 年,广东省科技厅颁布了 6 批激光与增材制造相关的重大科技攻关指南,共立 100 项科技攻关项目。2020 年 9 月,广东省科技厅等 5 家单位联合颁布了《广东省培育激光与增材制造战略性新兴产业集群行动计划(2021—2025 年)》。

第四章 广东省激光与增材制造政策动态分析

第一节 政策分析

2015—2019年,广东省出台推动激光与增材制造产业发展的主要相关政策21项,其中,省政府、省政府办公厅、省工业与信息化厅出台的政策分别有8项、12项和1项。相关政策主要为综合性战略新兴产业发展规划及专项支撑政策,涵盖了产业布局政策4项、研发支持政策4项、成果推广政策4项、标准与知识产权政策2项、保障支撑政策7项。其中,保障支撑政策包括了人才培育、企业扶持、金融财税、土地保障和园区发展等5项重要举措。2020年,为贯彻落实《广东省人民政府关于培育发展战略性支柱产业集群和战略性新兴产业集群的意见》,加快培育激光与增材制造战略性新兴产业集群,相关部门出台了激光与增材制造专项行动计划(本书第五章详细介绍)。表4-1主要列出了2015—2019年出台的21项政策相关信息。

表 4-1　2015—2019 年广东激光与增材制造相关的重点政策及主要举措

政策类别	序号	政策来源文件	文号	落实责任单位	发布时间
产业布局	1	《广东省人民政府办公厅关于印发珠江西岸先进装备制造产业带布局和项目规划（2015—2020年）的通知》	粤府办〔2015〕5号	广东省人民政府办公厅	2015年1月
	2	《广东省人民政府关于印发广东省系统推进全面创新改革试验行动计划的通知》	粤府〔2016〕120号	省发展改革委	2016年11月
	3	《广东省人民政府办公厅关于印发广东省战略性新兴产业发展"十三五"规划的通知》	粤府办〔2017〕56号	省工业与信息化厅、科学技术厅	2017年9月
	4	《广东省人民政府关于印发广东省沿海经济带综合发展规划（2017—2030年）的通知》	粤府〔2017〕119号	省发展改革委	2017年10月
	5	《广东省人民政府关于印发广东省智能制造发展规划（2015—2025年）的通知》	粤府〔2015〕70号	省发展改革委	2015年7月
	6	《广东省人民政府关于印发深化广东省省级财政科技计划（专项、基金等）管理改革实施方案的通知》	粤府〔2016〕14号	省科学技术厅	2016年2月
研发支持	7	《广东省人民政府办公厅关于印发广东省改善消费品供给专项行动方案（2016—2020年）的通知》	粤府办〔2016〕105号	省经济和信息化委	2016年10月
	8	《广东省人民政府办公厅关于促进和规范健康医疗大数据应用发展的实施意见》	粤府办〔2017〕12号	省经济和信息化委员会	2017年2月
成果推广	9	《广东省人民政府办公厅关于进一步促进科技成果转移转化的实施意见》	粤府办〔2016〕118号	省工业与信息化厅	2016年11月

第四章 广东省激光与增材制造政策动态分析

续表

政策类别	序号	政策来源文件	文号	落实责任单位	发布时间
成果推广	10	《广东省人民政府办公厅关于印发广东省促进医药产业健康发展实施方案的通知》	粤府办〔2016〕96号	省科学技术厅、食品药品监管局	2016年9月
	11	《广东省人民政府关于印发广东省降低制造业企业成本支持实体经济发展若干政策措施（修订版）的通知》	粤府〔2018〕79号	省经济和信息化委	2018年11月
	12	《广东省人民政府办公厅关于印发广东省推广第二批支持创新相关改革举措工作方案的通知》	粤府办〔2019〕15号	省人民政府办公厅	2019年8月
标准与知识产权	13	《广东省人民政府关于印发深化标准化工作改革推进广东先进标准体系建设的意见》	粤府〔2016〕127号	省质监局	2016年11月
	14	《广东省人民政府办公厅关于深化产教融合的实施意见》	粤办函〔2019〕79号	省市场监管局	2019年4月
保障支撑	15	《广东省人民政府关于印发广东省促进中小企业知识产权保护和利用的若干政策措施的通知》	粤府〔2018〕40号	省教育厅	2018年8月
	16	《广东省人民政府关于印发广东省降低制造业企业成本支持实体经济发展若干政策措施（修订版）的通知》	粤府〔2018〕79号	省人民政府办公厅	2017年8月
	17	《广东省人民政府办公厅关于促进小微工业企业上规模的实施意见》	粤办函〔2018〕273号	省工业和信息化厅	2018年7月
	18	《广东省人民政府关于创新重点领域投融资机制鼓励社会投资的实施意见》	粤府〔2016〕12号	省发展改革委	2016年2月

续表

政策类别	序号	政策来源文件	文号	落实责任单位	发布时间
成果推广	19	《广东省工业和信息化厅关于发布广东省首台（套）重大技术装备推广应用指导目录（2019年版）的通告》	粤工信装备函〔2019〕1169号	省工业和信息化厅	2019年9月
	20	《广东省人民政府办公厅关于印发推动广东工业投资可持续发展行动计划（2018—2020年）的通知》	粤办函〔2018〕286号	省国土资源厅、省发展改革委	2018年6月
	21	《广东省人民政府关于促进高新技术产业开发区高质量发展的意见》	粤府〔2019〕28号	省人民政府	2019年3月

数据来源：公开资料搜集整理。

第二节　主要政策要点分析

为推动广东省激光与增材制造产业发展，广东省政府相关部门在出台的综合性战略新兴产业发展规划或制造业、医疗健康等专项规划中重点对激光与增材制造相关的材料研发、装备研制、应用推广进行布局，并在相关专项产业扶持政策中加强激光与增材制造等战略性新兴产业发展的保障支撑。

一、产业布局

为加快培育发展先进装备制造业，提升广东省特别是珠江西岸各市产业核心竞争力，广东省人民政府在2015年1月出台了《珠江西岸先进装备制造产业带布局和项目规划（2015—2020年）》，部署了智能制造装备、船舶与海洋工程装备、节能环保装备、轨道交通装备、通用航空装备、新能源装备、汽车制造、卫星及应用、重要基础件、生产服务业等发展重点方向。其中，推动佛山重点发展3D打印等智能制造装备，以及太阳能电池专用生产设备、高端溅射靶材、激光设备等新能源装备。

2016年11月，广东省人民政府办公厅出台了《广东省系统推进全面创新改革试验行动计划》，提出力争通过3年努力，基本构建推进全面创新改革的长效机制，初步构建创新型经济体系框架，率先形成符合创新驱动发展要求的制度环境和政策体系。其中，该计划聚焦把科技创新真正落实到产业发展上，重点部署了构建产业新体系、培育新兴产业创新中心、建设科技创新平台体系、拓展国际创新合作空间和优化创新型经济区域布局等5项主要发展任务。在构建产业新体系的任务中，提出要重点发展战略性新兴产业，着力培育智能机器人、增材制造（3D打印）、可穿戴设备等新兴产业。

2017年8月，广东省人民政府办公厅出台了《广东省战略性新兴产业发展"十三五"规划》（简称《规划》），部署了新一代信息技术产业、生物产业、高端装备与新材料产业、绿色低碳产业、数字创意产业、战略性产业等6项发展重点任务。涉及激光与增材制造产业创新发展的任务主要包括：①面向新一代信息技术产业，加快推动量子点、柔性、超高清（4K及以上）、印刷、激光、3D等显示技术研发和产业化。②面向生物产业，聚焦临床治疗需求推进增材制造（3D打印）等新技术的应用，加快组织器官修复和替代材料及植（介）入医疗器械产品创新和产业化，加速仿生医学、再生医学和组织工程技术发展。③面向高端装备与新材料产业，进一步推进高档数控机床与工业机器人、增材制造装备、智能传感与控制装备、智能检测与装配装备、智能物流与仓储装备等关键技术装备发展；加快金属及高分子增材制造材料等前沿战略材料突破发展，积极做好前沿新材料领域知识产权布局，围绕重点领域开展应用示范，抢占未来新材料产业竞争制高点。④面向数字创意产业，支持建设基于互联网的3D打印创意社区，发展开源共享设计方案，探索个人工厂、社区工厂的商业化运作。同时，《规划》提出加快组织实施增材制造（3D打印）技术、新型印刷显示技术与材料等相关重大科技专项，加快突破一批产业核心技术，培育一批新兴产业技术创新源。

2017年10月，广东省人民政府办公厅出台了《广东省沿海经济带综合发展规划（2017—2030年）》，提出要充分发挥临海资源和产业基础优势，打造沿海高端产业，重点部署了构建全国战略性新兴产业先导发展的重要支点、建设国际领先的高端智造中心、打造优质高效的出口导向型消费工业集群等3项任务。其中，涉及激光与增材制造产业的内容包括：①大力发展以高世代面板、中大尺寸 AM—OLED、全息激光显示等为代表的新显示产业，推进广州、深圳、惠州、汕尾等新型显示产业基地建设。②培育发展石墨烯、超材料、3D 打印材料等前沿新材料，突破新材料制备关键技术和装备，建设广州、深圳新材料国家高技术产业化基地，推进汕头、佛山、东莞、中山、江门新材料产业基地建设等。③大力发展高档数控机床与工业机器人、增材制造装备、智能传感与控制装备等，加快突破相关高端功能部件，重点建设广州、深圳、珠海、佛山、东莞、中山、江门、揭阳等智能制造基地。

二、研发支持

2015 年 7 月，广东省人民政府办公厅出台了《广东省智能制造发展规划（2015—2025 年）》，聚焦全面提升广东省智能制造创新能力、推进制造过程智能化升级改造的目标，部署了构建智能制造自主创新体系、发展智能装备与系统、实施"互联网＋制造业"行动计划、推进制造业智能化改造、提升工业产品智能化水平、完善智能制造服务支撑体系等 6 项主要任务。涉及激光与增材制造产业的内容包括：①发展工程化微米、亚微米加工工艺和封装技术、微纳制造技术、先进激光技术。②重点发展与智能制造相关的功能材料、纳米材料、增材制造材料、稀土材料等，推进关键基础材料升级换代。③推动佛山建设中德工业服务园区和智能制造示范基地，重点发展数控成套加工装备、增材制造设备等。④支持大型工业企业设立互联网型工业设计机构，发展工业设计资源网上共享、网络协同设计、众包设计、虚拟仿真、3D（三维）在线打印等互联网工业设计新技术、新模式；支持建设基于互联网的 3D 打印创意社区，发展开源共享设计方案，探索个人工厂、社区工厂的商业化运作。

2016年2月,广东省人民政府办公厅出台了《深化广东省级财政科技计划(专项、基金等)管理改革实施方案》,提出要围绕增材制造(3D打印)技术等重大科技专项,深化财政科技计划(专项、基金等)管理改革,充分发挥省级科技计划(专项、基金等)在提高区域科技实力、提升综合竞争力、促进产业转型升级、支撑引领经济社会发展的战略支撑作用,推动科技计划(专项、基金等)更加聚焦战略目标、更加符合科技创新规律、更加高效配置创新资源、更加强化科技与经济紧密结合,最大限度地激发科技人员的创新热情。

2016年10月,广东省人民政府办公厅出台了《广东省改善消费品供给专项行动方案(2016—2020年)》,大力推动实施增品种、提品质、创品牌"三品"战略。在"增品种"战略中,部署了加强产品设计创新工业支撑的任务,提出要加大智能制造新产品设计的支撑,加快推广应用3D打印等新技术突破制造工艺设计约束。

2017年2月,广东省人民政府办公厅出台了《关于促进和规范健康医疗大数据应用发展的实施意见》,重点部署了研制推广数字化健康医疗智能设备等任务,支持研发健康医疗相关的生物三维(3D)打印技术,加快研发成果产业化,促进健康医疗智能装备产业升级。

三、成果推广

为加快推动科技成果转化为现实生产力,推动广东省经济转型升级、提质增效,广东省人民政府办公厅在2016年11月发布了《关于进一步促进科技成果转化的实施意见》,制定实施了加强科技成果信息交汇与发布、加强科技成果信息交汇与发布、产学研协同推动科技成果转移转化、强化科技成果转移转化市场化服务、大力发展创新创业孵化平台、建设科技成果转移转化人才队伍、大力推动地方科技成果转移转化、完善促进科技成果转移转化的激励机制等8项举措。其中,在加强科技成果信息交汇与发布任务中,重点提出了加快建立重大科技成果转化数据库,围绕高端装备制造等重点领域建立重大科技成果转化数据库,为科技成果转化提供信息支持。在推动创新资源开放共享任务中,重点提出依托3D打印、大数据、网络制造、开源软硬件等先进技术和手段,支持各类机构为创新创业者提供便捷的创新创业工具。

2016年9月,广东省人民政府办公厅发布了《广东省促进医药产业健康发展实施方案》,部署了"加强技术创新,提高核心竞争能力""加快质量升级,促进绿色安全发展""优化产业结构,提升集约发展水平""发展现代物流,构建医药诚信体系""紧密衔接医改,营造良好市场环境""深化对外合作,拓展国际发展空间""培育新兴业态,推动产业智能化发展"等七大主要任务。为加强增材制造在医药产业的应用,重点在"加强技术创新,提高核心竞争能力"任务中提出加快发展植入、介入、人工器官和组织工程产品制备技术、表面改性技术及相应的生物医学材料,推动生物三维(3D)打印技术、数据芯片等新技术在植介入产品中的应用。

2018年8月,广东省人民政府出台了《广东省降低制造业企业成本支持实体经济发展的若干政策措施(修订版)》,大力支持制造业高质量发展,提出,"要培育制造业新兴支柱产业,2020年前省财政对新一代信息技术、高端装备制造、绿色低碳、生物医药、数字经济、新材料、海洋经济的万亿级制造业新兴支柱产业培育予以重点支持,并对上述制造业新兴支柱产业的标志性重大项目落地、关键核心技术攻关、重大兼并重组、颠覆性创新成果转化等给予优先支持"。

为持续深化全面创新改革试验,进一步优化创新创业环境,为产业发展营造良好氛围，广东省人民政府办公厅在 2019 年 8 月发布了《广东省推广第二批支持创新相关改革举措工作方案》，提出大力推广以事前产权激励为核心的职务科技成果权属改革、技术经理人全程参与的科技成果转化服务模式、技术股与现金股结合激励的科技成果转化相关方利益捆绑机制、创新创业团队回购地方政府产业投资基金所持股权的机制等 11 项改革内容，深化实施"三合一"审判、省级行政区内专利等专业技术性较强的知识产权案件跨市（区）审理、以降低侵权损失为核心的专利保险机制、允许地方高校自主开展人才引进和职称评审等 6 项改革举措。

四、标准与知识产权

进一步提升标准对广东省经济社会发展的支撑力和引领力，广东省人民政府办公厅在 2016 年 11 月出台了《深化标准化工作改革推进广东先进标准体系建设的意见》，提出"十三五"时期建立适应广东经济社会发展需求，具有广东特色、国内领先、与国际接轨的标准化管理体制和标准体系，重点推进高端装备制造等战略性新兴产业标准化建设工程等任务，加快制定、完善和实施有关战略性新兴产业标准体系的规划和路线图，加快推动重点产业技术创新成果向标准转化，形成核心竞争力，以标准引领战略性新兴产业发展壮大。

加快推进实施中小企业知识产权战略，进一步提升中小企业知识产权保护和利用水平，广东省人民政府办公厅在 2017 年 4 月出台了《广东省促进中小企业知识产权保护和利用的若干政策措施》，制定实施了提高知识产权纠纷解决效率、加大知识产权侵权惩处力度、加强知识产权海外维权、推进知识产权质押融资、促进知识产权交易运营、降低知识产权创造和应用成本、提升知识产权服务能力、强化知识产权人才培养等 8 项主要政策措施。促进中小企业知识产权保护和利用的若干政策措施的实施，有力支撑了广东省激光与增材制造等新兴产业领域的中小企业创新发展和提质增效。

五、保障支撑

人才培育方面，广东省人民政府办公厅在 2018 年 8 月出台了《关于深化产教融合的实施意见》，部署了构建教育和产业统筹融合发展格局、推动学科专业与产业需求精准对接、推进产教协同育人、加强产教融合师资队伍建设、完善招生考试配套改革、推进教育"放管服"改革、发挥企业的重要主体作用、推进产教协同创新、加强平台载体建设、推动粤港澳大湾区产教融合发展、开展产教融合建设试点、完善政策支持体系等 12 项主要任务，促进教育链、人才链与产业链、创新链有机衔接。统筹用好现有省级教育发展、产业发展、科技发展类专项资金，支持对接产业链的学科专业体系、实习实训平台等项目建设和产教融合试点工作，为广东省激光与增材制造专业人才培养提供了政策支撑。

企业扶持方面，广东省人民政府在 2018 年 8 月出台了《广东省降低制造业企业成本支持实体经济发展的若干政策措施（修订版）》，重点部署了降低企业税收负担、降低企业用地成本、降低企业社会保险成本、降低企业用电成本、降低企业运输成本、降低企业融资成本、降低企业制度性交易成本、支持工业企业盘活土地资源提高利用率、支持制造业高质量发展、加大重大产业项目支持力度等 10 项举措，进一步降低制造业企业成本，支持实体经济发展，加快制造强省建设。2018 年 7 月，广东省人民政府办公厅出台了《关于促进小微工业企业上规模的实施意见》，着力推动全省 2018 年 1 万家小微工业企业转型升级为规模以上企业（简称"小升规"），部署了建立小升规重点企业培育库、进一步减轻新升规企业的负担、强化对新升规企业的融资支持、强化对新升规企业的用地支持、支持新升规企业人才的子女入学、强化对新升规企业的公共服务等任务，力争到2020年全省规模以上工业企业总量和发展质量位居全国前列。

金融财税方面，广东省人民政府在2016年2月发布了《关于创新重点领域投融资机制鼓励社会投资的实施意见》，为创新重点领域投融资机制，部署了鼓励社会资本参与和扩大重点领域投资、建立健全政府和社会资本合作机制、创新融资方式拓宽融资渠道、改进重点领域价格形成与调控机制、完善重点领域社会投资用地政策等5项重要举措。同时，进一步推进广东省首台（套）重大技术装备推广应用，提升重大技术装备的创新水平，广东省工业和信息化厅发布《广东省首台（套）重大技术装备推广应用指导目录（2019年版）》，提出要完善智能制造装备首台（套）保险补偿机制，积极鼓励区域内符合《首台（套）重大技术装备推广应用指导目录（2016年版）》且于2018年1月1日至2018年1月26日期间首次投保，或符合《首台（套）重大技术装备推广应用指导目录（2017年版）》且于2018年1月27日至2018年12月31日期间首次投保，并于2019年3月31日前交付用户、保单正式生效的装备，由装备制造企业在累计保费满20万元后提出新保保险补偿申请。已获得保险补偿且连续投保，但补偿未满3年的装备，由装备制造企业提出续保保险补偿申请。

土地保障方面，广东省人民政府办公厅在2018年8月发布了《推动广东工业投资可持续发展行动计划（2018—2020年）》，着力推进新兴产业在招商引资和加快培育、先进制造业在重大项目建设、传统产业在结构优化升级上取得新进展，重点部署了大力推动简政放权、大力推动招商引资、强化用地保障、狠抓重点项目和重大产业基地建设、加大政策支持力度等重大举措。其中，在强化用地保障举措中，重点提出优先保障重大工业项目用地，对省政府明确的重大工业项目，优先给予项目用地支持，对符合投资规模和强度要求的战略性新兴产业和先进制造业项目，按规定每年安排一定数量的新增建设用地计划指标；提升土地利用率，规整零散土地，加快规划片区式土地供应，强化工业园区规划管控和项目入园合同约束，建立扶持政策与企业投资强度等相挂钩的制度体系，防止土地闲置及低效利用。

在园区发展方面，广东省人民政府在2019年3月发布了《关于促进高新技术产业开发区高质量发展的意见》，进一步壮大高端装备制造等重点战略性新兴产业，全面提升科技创新能力，打造国际一流的产业发展生态和创新创业生态，重点部署了优化高新区布局、提升高新区创新能力、壮大高新技术产业、深化高新区体制改革、优化高新区资源配置、加强高新区组织管理等重要举措。在优化高新区布局中，提出要加大政策和资金的支持力度，促进区域创新资源和新兴产业加速汇聚，提升高新区支撑区域经济社会发展能力；在提升高新区创新能力中，提出支持沿海经济带高新区广泛集聚高端创新资源，积极打造区域创新发展特色园、专业园，壮大并推进制造业向高端发展；在壮大高新技术产业中，提出支持高新区围绕主导产业打造高新技术企业集群，鼓励骨干龙头企业平台化转型，构建大企业创新创业生态圈，孵化培育产业链上下游高新技术企业。同时，完善园区管理体制和土地利用政策，加强高新区公共配套服务、基础设施建设等。

第五章

《广东省培育激光与增材制造战略性新兴产业集群行动计划（2021—2025年）》解读

第一节　编制背景

广东省是国内最大的激光与增材制造产业集聚区，产业规模、企业数量、有效专利量等均居全国首位，但也存在部分领域高度依赖进口、技术应用有待深化等问题。为落实《广东省人民政府关于培育发展战略性支柱产业集群和战略性新兴产业集群的意见》（粤府函〔2020〕82号）等文件的精神，加快培育激光与增材制造战略性新兴产业集群，促进产业由中低端向中高端转型，省科技厅、发展改革委、工业和信息化厅、商务厅、市场监管局等5家单位联合印发了《广东省培育激光与增材制造战略性新兴产业集群行动计划（2021—2025年）》（简称《行动计划》）。

第二节 主要内容

《行动计划》主要包括五大部分，重点对广东省激光与增材制造产业的现状与问题进行梳理和分析，提出了"四大发展目标"，围绕目标统筹制定了"六大重点任务""七大重点工程""四大保障措施"，确保"行动计划"的落实、落细、落地。

一、四大发展目标

一是产业规模保持全国领先。在执行期内，产业营收年均增长超15%，到2025年，超过1800亿元，培育形成年营收超50亿元的龙头骨干企业5家以上，超10亿元的企业30家以上。二是产业创新能力大幅提升。在执行期内，专利授权量年均增长8%，到2025年，有效发明专利量超1万件，制定标准超200项，重点龙头骨干企业研发投入强度超8%；基础与专用材料、核心零部件、高端装备与系统等关键环节取得重大突破。三是产业布局持续优化。打造以广州、深圳为核心，以珠海、佛山等地为重要节点的产业发展格局，建成产业园区或基地15个以上。四是产业生态更加完善。打造激光与增材制造全流程产业链，基本形成产学研协同、开放创新、安全有序的产业发展生态。

二、主要举措

（一）推进六大重点任务

一是优化区域布局，促进产业协同发展。广州重点布局专用材料、精密激光制造、生物增材制造等领域；深圳重点布局激光器件、激光与增材制造装备等领域；珠海、佛山、东莞等地积极打造一批支撑产业链上中下游协同发展的企业和配套载体，推进与其他领域的创新融合应用。二是培育优势企业，加速产业集群发展。统筹建设产业园区，引导重点企业和重大项目落户广东省。培育行业龙头企业，构建以链主企业引领、大中小企业融通发展的产业形态。鼓励省内龙头骨干企业加强技术研发、人才引进和重大研发平台建设，提升核心竞争力。三是强化创新驱动，推动技术跨越发展。积极开展激光与增材制造领域的前沿性、原创性技术研究，提升"基础与专用材料—关键零部件—高端装备与系统—应用与服务"的链式创新能力。四是加强应用推广，助力产业深度发展。积极建设一批重大产业应用示范项目和示范平台，大力推进激光与增材制造技术在重要场景的应用示范。五是建设平台载体，支撑产业全面发展。建设创新研究院等创新平台，提升原始创新能力。建设中试试验基地等，促进重大成果转化和应用。建设专业孵化器、加速器等，支持初创小微企业发展。六是深化开放合作，构建全球创新网络。积极参与"一带一路"和粤港澳大湾区国际科技创新中心建设，推进技术、人才、资金等资源互融互通。鼓励企业开展跨地域并购、创业投资，做大做强产业链条，逐步推动激光与增材制造产业基础高级化和产业链现代化。

第五章
《广东省培育激光与增材制造战略性新兴产业集群行动计划(2021—2025年)》解读

（二）实施七大重点工程

一是强链补链工程。围绕产业重点环节，加强重大产业化项目建设，推进产业集群"强筋壮骨"。针对产业短板，着力招引一批有助于引领突破产业核心"瓶颈"的重大项目和龙头企业分支机构；打造一批"专精特新"的"小巨人""单项冠军""瞪羚"企业。二是园区增效工程。省市联动建设15个以上的激光与增材制造专用材料、零部件、器件、整机装备等产业特色园区（基地）或综合性园区（基地），重点支持园区成建制引进机构、平台、团队等高端创新资源。三是创新领航工程。组织实施省重点领域研发计划"激光与增材制造"重大专项，形成若干重大标志性科技成果，提升自主可控能力；鼓励企业、高校院所联合省外机构申报国家项目，推动关键及核心技术的突破。四是应用示范工程。围绕各地区产业发展特色和重点应用领域，建立100个以上的典型产业应用示范场景，推动其在传统产业和新型产业的深度应用与推广。五是平台聚势工程。推动重大科技基础设施建设，强化大科学装置的科技牵引作用和产业集聚效应。推动建设各类创新平台，提升原始创新能力。推动建立公共检测服务平台，发挥各类创新资源优势，打造共生环境。六是质量品牌培育工程。加强制造工艺研究和应用，提升产品质量设计能力。鼓励标准制定与修订工作，提升国际话语权与影响力。举办或参加各类国际交流活动，打造行业知名品牌，提升国际知名度和产业影响力。七是知识产权提升工程。支持开展高价值专利培育，深入开展领域专利导航，建立细分领域专利数据库。开展关键技术领域发明专利优先审查和专利快速预审、确权、维权和协同保护工作。完善专利、商标、软件保护机制，建立各类知识产权公共服务平台。鼓励开展知识产权国际注册申请，加强海外维权援助服务。

（三）强化四大保障措施

一是加强纵横向联动协同。横向协同研究部署全省产业发展方向，优化布局政策、资金、项目、人才等创新要素，集中力量解决发展中的重点、难点问题。纵向协同强化区域一体，形成共识、共建、共享、共赢的良好氛围和机制，共同构建优质高效的产业服务体系。二是加大政策扶持与引导。加大对重大专项、重大平台、产业园区等方面的政策扶持力度，"一事一议"对具有较大影响力及产业带动作用的重大项目予以支持。有效应用金融工具，扩大对重点项目、企业等的扶持力度。落实各项税收或用地优惠政策。三是加快人才培养与引进。通过多措并举的方式，靶向引进一批有产业背景的高端领军人才、创新团队，培育一批具有国际竞争力的专业型技术和管理人才，培养一批具有职业资格的技能型人才，打造一支中青年高级技术专家队伍。四是建立健全跟踪考评机制。建立健全的动态跟踪服务体系，制订2021—2025年重点工作计划，完善考核与评价机制，充分发挥《行动计划》的激励、支持作用。

第三节 主要特点

一是首次出台专题支持激光与增材制造产业发展的政策。首次针对激光与增材制造产业提出四大发展目标，围绕发展目标制定六大重点任务，依据重点任务提出了推动产业发展的七大重点工程，并用四大保障措施来抓落地落实。

第五章
《广东省培育激光与增材制造战略性新兴产业集群行动计划（2021—2025年）》解读

二是系统部署广东激光与增材制造全产业链技术发展重点。上游产业发展重点主要包括大模场光纤、高品质晶体、高端增材制造材料等专用材料和高功率合束器、光纤光栅、光隔离器、扫描振镜、高亮度芯片、激光加工头等核心零部件；中游产业发展重点主要包括半导体激光器、万瓦级工业用光纤激光器、超短脉冲激光器、高亮度泵浦源、大功率电子枪、3D打印头等关键器件和数据处理、工艺规划与控制等专用软件，以及生产设备等；下游产业发展重点主要包括精密激光智能装备、增材制造高端装备等重大装备和应用产品研制，推动与传统产业、战略性新兴产业的深度融合与创新应用。

三是优化规划广东省激光与增材制造产业园区。广州重点建设广州市3D打印产业园，深圳重点建设深圳激光谷产业园等，构建全省科技创新和市场应用核心区和引领区；珠海、佛山、东莞、中山、江门等地市重点建设激光打印机高端装备智能制造产业园、佛山南海3D打印产业基地、华南高能激光产业园、东莞激光谷产业园、中山科技创新园、华南激光谷产业园等，构建支撑产业链延伸及完善的重要基地。

四是大力支持核心技术攻关和产学研合作。支持企业、高校院所加强核心技术攻关，鼓励申报省重点领域研发计划"激光与增材制造"重大专项项目和国家激光与增材制造技术攻关项目；鼓励企业加强技术研发、人才引进和重大研发平台建设，提升核心竞争力。加强产学研合作，推动激光与增材制造技术与电子信息、汽车、模具、核电、船舶等传统产业创新应用与融合，推进与新一代信息技术、超高清视频显示、智能机器人、量子信息、新能源等新兴产业深度融合，推动广东省光通信、光传感、光制造、光诊疗、光显示、光存储、科研与国防等产业的快速发展。

第六章 广东省激光与增材制造科技项目攻关情况分析

第一节 实施背景

2014—2017年，为贯彻落实《中共广东省委 广东省人民政府关于全面深化科技体制改革加快创新驱动发展的决定》《广东省人民政府关于加快科技创新的若干政策意见》等文件的精神，有效提升广东省自主创新能力和产业竞争力，支撑引领经济社会全面转型升级，广东省科学技术厅先后发布了《广东省科学技术厅 广东省财政厅关于组织申报2014年省前沿与关键技术创新专项资金（省重大科技专项）项目的通知》《广东省科学技术厅 广东省财政厅关于组织申报2015年省前沿与关键技术创新专项资金（省重大科技专项）项目的通知》《广东省科学技术厅关于组织申报2016年省前沿与关键技术创新专项资金（省重大科技专项）项目的通知》《广东省科学技术厅关于组织申报2017年度省科技发展专项资金项目（第三批）的通知》等文件。其中，专门设置了"增材制造（3D打印）技术"专题，重点围绕增材制造（3D打印）工艺装备、材料、应用、软件等共性关键技术，结合生物、医疗、模具、家电、

第六章 广东省激光与增材制造科技项目攻关情况分析

汽车、创意设计等产业发展需求,组织实施了一批科技攻关项目。

2018年,为全面贯彻落实党的十九大和习近平总书记关于加强关键核心技术攻关的重要讲话精神,按照省委、省政府关于加快科技创新的相关部署,围绕重点领域加强技术研发,加快解决产业发展"一些核心技术、关键零部件、重大装备受制于人"等瓶颈问题,推动广东加快建成国家科技产业创新中心和科技创新强省,广东省科学技术厅组织实施了"广东省重点领域研发计划"。激光与增材制造正广泛渗入新能源、电子信息、生物医疗等多个新兴产业,推动航空航天、交通、电子、医疗等高端制造领域从"中国制造"向"中国创造"迈进。加快激光与增材制造技术的创新与应用,可以有效解决广东省制造业创新能力不足的问题,推动广东产业结构升级与优化。为此,广东省科学技术厅将"激光与增材制造"作为重大专项列入"广东省重点领域研发计划"。

第二节 组织实施情况

一、发布指南

(一)指南总体情况

2014—2020年,共发布涉及激光与增材制造的重大科技专项申报指南6批,如表6-1所示。

表6-1 2014—2019年广东省激光与增材制造相关的科技计划攻关指南情况

序号	年份	发文单位及文件	指南名称	专题	支持资金
1	2014	广东省科学技术厅 广东省财政厅关于组织申报2014年省前沿与关键技术创新专项（省重大科技专项）项目的通知	2014年广东省重大科技专项申报指南	增材制造（3D打印）技术 1. 高性能3D打印材料； 2. 3D打印软件平台开发与应用； 3. 精密金属零件3D打印技术装备及产业化； 4. 非金属3D打印工艺装备及产品研发； 5. 生物医疗3D打印技术和产品研发	300万~500万元
2	2015	广东省科学技术厅 广东省财政厅发布了关于组织申报2015年省前沿与关键技术创新专项资金（省重大科技专项）项目的通知	2015年广东省重大科技专项申报指南	增材制造（3D打印）技术 1. 高性能3D打印材料； 2. 金属3D打印装备及产业化； 3. 非金属3D打印装备及产品研发和产业化； 4. 生物医疗3D打印技术和产品研发； 5. 面向3D打印的共性技术研究	300万~500万元
3	2016	广东省科学技术厅关于组织申报2016年省前沿与关键技术创新专项资金（重大科技专项）申报指南的通知	2016年省前沿与关键技术创新专项资金（重大科技专项）申报指南	增材制造（3D打印）技术 1. 高性能3D打印材料及其制备； 2. 金属3D打印装备及产业化； 3. 非金属3D打印装备及产品研发和产业化； 4. 生物医疗3D打印技术和产品研发； 5. 面向3D打印的应用示范基地和技术支持中心建设	500万~800万元
4	2017	广东省科学技术厅关于组织申报2017年度省科技发展专项资金项目（第三批）的通知	2017年度广东省科技发展专项资金项目（第三批）申报指南	增材制造（3D打印）技术 1. 3D打印技术在先进制造中的应用； 2. 增材制造基础、应用软件及行业解决方案	300万元

第六章 广东省激光与增材制造科技项目攻关情况分析

续表

序号	年份	发文单位及文件	指南名称	专题	支持资金
5	2018—2019	广东省科学技术厅发布《关于组织申报"激光与增材制造"重大科技专项项目的通知》	广东省重点领域研发计划 2018—2019 年度"激光与增材制造"重大科技专项申报指南	激光与增材制造	1. 高性能器件、关键部件； 2. 重大装备与应用系统； 3. 重大应用示范； 4. 开放性课题	不超过3000万元，具体额度根据预算财务评审确定
6	2019—2020	广东省科学技术厅关于组织申报广东省重点领域研发计划 2018—2019 年度"激光与增材制造"重大科技专项项目的通知	广东省重点领域研发计划 2019—2020 年度"激光与增材制造"重大科技专项申报指南	激光与增材制造	1. 关键器件部件； 2. 重大关键技术； 3. 重大装备与应用	不超过3000万元，具体额度根据预算财务评审确定

107

（二）指南分析

从指南发布形式看，2014—2017 年设置了"增材制造（3D 打印）技术"专题，与其他领域专题共同在广东省重大科技专项指南中发布；2018 年之后，将激光和增材制造技术领域合并为"激光与增材制造"进行专项扶持，每年发布《广东省重点领域研发计划"激光与增材制造"重大科技专项申报指南》。

从指南部署专题看，激光与增材制造专题方向集中在高性能材料、关键及核心技术、重大装备及应用等方向。指南实施的目标是充分发挥政府的统筹和引导作用，聚焦产业发展、科技创新的重点领域和关键环节，着力突破一批关键及核心技术，推动重大科技成果转化，提升广东省自主创新能力和产业竞争力。

从指南支持强度看，2014—2017 年的指南主要聚焦增材制造领域，单个项目支持力度普遍在 300 万～800 万元；2018—2020 年，单个项目支持强度大幅提升，财政资助经费基本超过 1000 万元，具体资助额度根据预算财务评审确定。

从指南考核指标看，考核指标重点放在尺寸/精度/性能等技术指标、销售产值等经济效益指标、专利和标准等知识产权成果指标三大方面，三方面指标都有量化要求。2018—2020 年考核指标对技术指标有了更高和更细的量化要求，更强调技术先进性和经济效益指标。

从申报要求看，在申报单位资质方面，2014—2017 年申报单位要求是广东省内符合条件的企、事业单位，省外单位不得申报，而 2018—2020 年将省外地区申报单位纳入支持范围，但要求申报单位要注册落户广东、项目知识产权在广东申报、项目成果在广东转化等。同时，对于企业作为牵头申报单位普遍设置较高的标准，2017 年开始明确牵头企业应在国家高新技术企业、

第六章
广东省激光与增材制造科技项目攻关情况分析

省高新技术企业培育资质、研发机构、创新平台、领军人物等方面符合具体的要求。在经费方面,相对高校院所,对企业牵头的项目经费投入设置了更高的标准,基本要求项目总投入中自筹经费一般不少于70%。

在评审、立项方面,2018年开始明确由第三方专业机构组织评审,对申报项目的背景、依据、技术路线、科研能力、时间进度、经费预算、绩效目标等进行评审论证,并进行技术就绪度、技术先进性和知识产权等专业化评估。同一指南中的同一项目方向(或子方向),原则上只支持1项(指南有特殊说明的除外),在申报项目评审结果相近且技术路线明显不同时,可予以并行支持。相关指南申报要求如表6-2所示。

表6-2 2014—2020年广东省激光与增材制造攻关指南申报要求情况

年份	申报单位要求	经费及其他要求
2014	1. 在广东境内符合条件的企、事业单位。 2. 企业作为牵头单位,要具备较强的经济实力、研发工作基础和产学研合作能力	企业牵头申报的项目,省级财政资金资助额度不超过项目总投资的30%
2015	1. 在广东境内符合条件的企、事业单位。 2. 鼓励产学研联合申报,项目产业化生产及应用地点应在广东省内。企业牵头申报的,牵头企业须具备较强的经济实力、研发工作基础和产学研合作能力	1. 高校院所等非营利性机构申报的,申请金额可适当低于指南规定的支持强度(不得高于),但最少不得低于支持强度的60%。 2. 企业牵头申报的,申请金额应等于指南规定的支持强度,且省级财政资金资助额度不超过项目总投资的30%
2016	1. 在广东境内符合条件的企、事业单位。 2. 鼓励产学研联合申报,项目产业化生产及应用地点应在广东省内。企业牵头申报的,牵头企业须具备较强的经济实力、研发工作基础和产学研合作能力	1. 高校院所等非营利性机构申报的,申请金额可适当低于指南规定的支持强度(不得高于),但最少不得低于支持强度的60%。 2. 企业牵头申报的,申请金额应等于指南规定的支持强度,且省级财政资金资助额度不超过项目总投资的30%

续表

年份	申报单位要求	经费及其他要求
2017	1. 原则上为广东省内注册的高校院所、企事业单位和行业组织等，应具有独立法人资格。 2. 牵头单位是企业的，一般应具有国家高新技术企业、省高新技术企业培育资质；是规上企业的，应建有研发机构	1. 高校院所等非营利性机构申报的，申请金额可适当低于指南规定的支持强度（不得高于），但最少不得低于支持强度的60%。 2. 企业牵头申报的，申请金额应等于指南规定的支持强度，且省级财政资金资助额度不超过项目总投资的30%。 3. 优先支持技术就绪度达到较高等级的项目
2018	1. 申报单位主要为广东省内注册的创新主体，包括高校院所、企事业单位和行业组织等；鼓励港澳地区高校院所作为牵头单位或独立申报。 2. 全国具备相应条件和能力的企事业单位申报，项目评审与立项过程按照相关规定与广东省内单位平等对待。 3. 企业作为牵头单位，必须是高新技术企业或大型龙头骨干企业，建有研发机构，在本领域拥有国家级、省部级重大创新平台，且以本领域领军人物作为项目负责人	1. 企业牵头申报的，项目总投入中自筹经费一般不少于70%。 2. 省外单位入库的项目需符合吸纳广东单位参与到项目研发中（承担的工作量不少于30%）、在广东注册落户或团队加入广东省内单位、科研成果向广东单位转移转化等条件之一。 3. 评审及立项要求。由第三方专业机构组织评审，对申报项目的背景、依据、技术路线、科研能力、时间进度、经费预算、绩效目标等进行评审论证，并进行技术就绪度与先进性评估、查重分析、知识产权分析评议
2019	1. 申报单位包括高校院所、企业、其他事业单位和行业组织等，应注重产学研结合，整合省内外优势资源。 2. 申报单位为省外地区的，项目评审与广东省内单位平等对待。	1. 企业牵头申报的，项目总投入中自筹经费原则上不少于70%。 2. 非企业牵头申报的，项目总投入中自筹经费原则上不少于50%（自筹经费主要由参与申报的企业出资）。 3. 省外单位申报项目入库后需满足科研机构、科研活动、主要团队到广东落地，且项目知识产权在广东申报、项目成果在广东转化等条件。

续表

年份	申报单位要求	经费及其他要求
2019	3.鼓励企业牵头申报,牵头企业原则上应为高新技术企业或龙头骨干企业,建有研发机构,在本领域拥有国家级、省部级重大创新平台,且以本领域领军人物或中青年创新人才作为项目负责人	4.评审及立项要求。由第三方专业机构组织评审,对申报项目的背景、依据、技术路线、科研能力、时间进度、经费预算、绩效目标等进行评审论证,并进行技术就绪度与先进性评估、查重及技术先进性分析、知识产权分析评议

二、项目立项情况

2014—2020年,6批重大科技专项中涉及"激光与增材制造"的项目立项100个,财政投入6.93亿元,带动社会投入15.16亿元。年均立项14.3个,年均立项金额9894万元,单个项目平均立项金额693万元。

(一)按时间分类

2014—2017年立项70个,财政投入2.81亿元,带动社会投入5.11亿元。2018—2020年立项30个(表6-3),财政投入4.12亿元,带动社会投入10.05亿元。其中,2018年财政投入金额最高,达到1.98亿元。

表6-3 2014—2020年广东省激光与增材制造立项项目总体情况

年份	2014	2015	2016	2017	2018	2019	2020	合计
项目数量/项	13	21	14	22	13	3	14	100

(二)按承担主体分类

2014—2020年企业牵头承担项目37个,财政投入2.33亿元,带动社会投入7.93亿元；高校院所牵头承担项目63个，财政投入4.60亿元，带动社会投入7.23亿元。其中，2014—2017年企业牵头承担项目27个，财政投入1.05亿元，带动社会投入3.67亿元；高校院所牵头承担项目43个，财政投入1.76亿元，带动社会投入1.44亿元。2018—2020年企业牵头承担项目10个，财政投入1.28亿元，带动社会投入4.26亿元；高校院所牵头承担项目20个，财政投入2.84亿元，带动社会投入5.79亿元（图6-1、表6-4）。

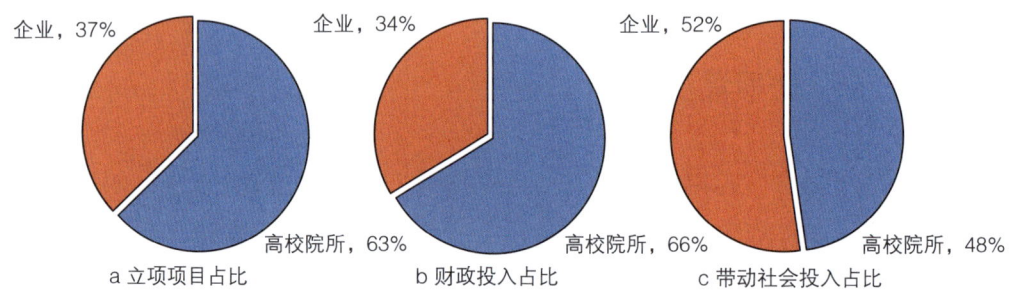

图6-1 2014—2020年企业与高校院所牵头广东省激光与增材制造项目对比情况

表6-4 2014—2020年广东省激光与增材制造项目牵头单位立项情况

年份	2014	2015	2016	2017	2018	2019	2020	合计
企业牵头项目数量/个	9	9	4	5	2	1	7	37
高校院所牵头项目数量/个	4	12	10	17	11	2	7	63

（三）按项目研究领域分类

主要分为激光领域和增材制造（3D打印）领域。如表6-5所示，2014—2020年激光项目12个，财政投入1.84亿元，带动社会投入4.10亿元；增材制造项目88个，财政投入5.09亿元，带动社会投入11.06亿元。其中，2014—2017年增材制造项目70个，财政投入2.81亿元，带动社会投入5.11亿元。2018—2020年激光项目12个，财政投入1.84亿元，带动社会投入4.10

亿元；增材制造项目 18 个，财政投入 2.28 亿元，带动社会投入 5.95 亿元。

表 6-5　2014—2020 年广东省激光与增材制造专项各领域分布情况

年份	2014	2015	2016	2017	2018	2019	2020	合计
激光领域 / 个	0	0	0	0	5	0	7	12
增材制造领域 / 个	13	21	14	22	8	3	7	88

（四）按项目主要研究内容在产业链上分布分类

2014—2020 年，广东激光与增材制造专项在原材料、器件、软件等产业链上中游相关研究项目 26 个，财政投入 2.34 亿元，带动社会投入 4.95 亿元；装备、设备等产业链中游相关研究项目 34 个，财政投入 2.40 亿元，带动社会投入 6.96 亿元；应用等产业链下游相关研究项目 40 个，财政投入 2.19 亿元，带动社会投入 3.24 亿元。

其中，2014—2017 年原材料、器件、软件等产业链中上游相关研究项目 10 个，财政投入 0.29 亿元，带动社会投入 0.44 亿元；装备、设备等产业链中游相关研究项目 25 个，财政投入 1.07 亿元，带动社会投入 2.87 亿元；应用等产业链下游相关研究项目 35 个，财政投入 1.45 亿元，带动社会投入 1.80 亿元。2018—2020 年，原材料、器件、软件等产业链上中游相关研究项目 16 个，财政投入 2.05 亿元，带动社会投入 4.51 亿元；装备、设备等产业链中游相关研究项目 9 个，财政投入 1.33 亿元，带动社会投入 4.09 亿元；应用等产业链下游相关研究项目 5 个，财政投入 0.74 亿元，带动社会投入 1.44 亿元。

总体来看，在从上游、中游到下游应用布局的项目数量依次增加，财政金额总数依次上升（图 6-2、表 6-6），可见省重大科技专项在产业链的布局重点更倾向产业链的中下游，对于项目研究成果产业的应用示范和产业化成效更为看重，强调科技成果的转化和实用性。

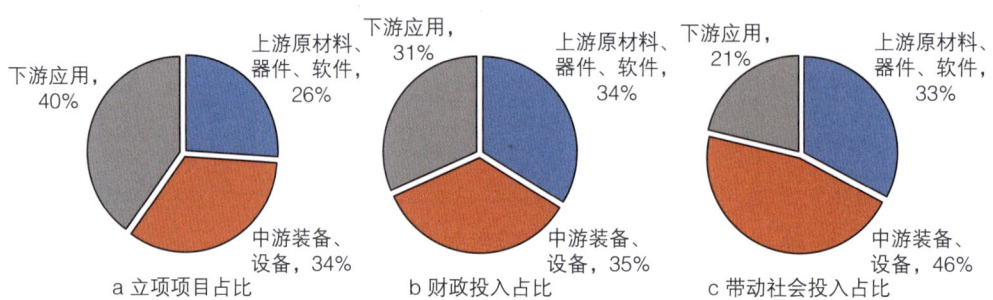

图 6-2　2014—2020 年广东省激光与增材制造立项项目在产业链上的对比情况

表 6-6　2014—2020 年广东省激光与增材制造立项项目在产业链上的分布情况

年份	原材料、器件、软件 / 个	装备、设备 / 个	应用 / 个
2014	4	5	4
2015	4	8	9
2016	0	7	7
2017	2	5	15
2018	5	4	4
2019	3	0	0
2020	8	5	1
合计	26	34	40

第三节　实施成效

一、突破核心技术，取得一批科技创新成果

通过实施重大科技专项，部分项目在关键及核心技术攻关方面取得重要

突破，形成大量知识产权成果。截至 2020 年 12 月，已发表论文 499 篇，申请专利 830 件，制定标准 74 项；平均每个项目产出论文 5.8 篇，申请专利 9.7 件，制定标准 0.9 项。

（一）原材料、器件、软件攻关领域

一是特种光纤。"复杂构件激光清洗/刻蚀/抛光智能制造装备研发"项目采用独特工艺成功研制出芯径超过 100 μm 的特种有源光纤（高能量脉冲光纤激光器最核心的材料），实现高能量光纤国产化，在此基础上研制出高性能大功率纳秒脉冲光纤激光器，整机成本降低超过 30%，帮助我国在特种光纤和激光器产业建立国际竞争力。

二是 3D 打印粉体材料。3D 打印技术在航空航天、武器装备、生物医疗等行业有极大的关注和需求，因此，研制和生产 3D 打印用金属球形粉末具有重大的意义和市场潜力。"3D 打印用金属球形粉末雾化法制备工艺及设备"项目开发了高品质电极感应熔炼气体雾化系统，突破粉末卫星球比例、雾化粉体空心球率、粉体粒度分布等控制关键技术，满足了激光 3D 制造对高品质粉末的要求，部分技术已达到国内领先、国际先进技术水平。

三是激光器。"工业化大功率光纤激光器研发与应用示范"项目目前已进行功率 200 瓦量级的窄线宽、单模光纤激光器的小试生产，实现了单频光纤激光种子源的小批量化销售，并开始在相关国防装备项目中应用。

四是 3D 打印机部件。"面向高精度光栅制造的柔性材料微纳三维打印装备研发与应用"项目避开了传统光刻和机械刻划等传统工艺的缺陷，创新性地引入近场电纺直写技术作为核心方法，将微纳 3D 打印技术融入光栅尺制造领域，形成新型光栅尺的制造方案，缩短了我国光栅尺与国外光栅尺的差距，可以极大地降低设备、制造成本,同时使光栅加工精度、生产效率和制造的可控性进一步提升,已达到国际先进水平,增强了我国 3D 打印产业竞争力。"无热源多喷头 3D 打印复合制造系统"项目在打印喷头开发方面,研制出大墨滴 35 pl 的 M4、M5 压电喷墨头,对比国外同类产品,性价比大幅提升,已在印刷、条码扫描、印花等领域取得应用。

五是 3D 打印工业软件。"设计—制造一体化的 3D 打印数据处理软件平台开发与应用"项目在 3D 打印制造过程方面,统一了 3D 打印数据传递格式和硬件接口层,建立了多工艺参数数据库,完成 SLA 制造系统软件,为增材制造装备厂商提供了低门槛、高可靠、可复用的控制软件平台,项目成果已经走出实验室,实现产业化。

(二)关键装备、设备攻关领域

"多种材料激光选区熔化增材制造装备研发及其产业化"项目研发的新型多种材料激光选区熔化增材制造装备,单激光单振镜协同工作,能完成不锈钢、铜合金、模具钢、钴铬合金等任意两种及两种以上金属粉末材料的直接成型,将成型零件的尺寸精度和表面质量提升到铸造、整机加工零件的水平。该成果应用于精密零件的直接制造,具有划时代意义,可直接提高我国众多制造业企业的产品设计和开发能力,缩短研发周期,大幅降低设备成本,相比国外金属增材制造装备具有极大的市场竞争力。

"基于 DLP 和 FDM 原理的聚合物高性高效 3D 打印成型装备研发及产业化"项目在打印耗材、成型工艺原理和 3D 打印设备等方面开展产学研联合攻关,具体包括材料研发、成型特性研究、3D 打印设备研发和驱动控制软件研发等。项目突破了目前 FDM、SLA 等聚合物 3D 打印成型技术表面粗糙、打印效率低、材料种类单一等系列技术难题和瓶颈，研发具有自主知识产权的高性能、高效率 3D 打印成型技术设备并实现产业化，提升我国聚合物 3D 打印核心技术水平。

"适用于高分子复合材料的 3D 打印工艺及设备的研发和产业化项目"申请了 79 件专利（截至目前，在所有 100 个项目中形成专利数量最多），其中，发明专利 39 件；形成一批 3D 打印创新产品，已研制出 10 余款机型，如 FDM 桌面型、工业级全系列 3D 打印设备 9 款、DLP（光源投影）3D 打印机 2 款及 3DP 3D 打印机等；研发了近 20 种 3D 打印耗材，部分耗材已成功实现产业化，解决多项行业关键技术问题，可替代进口 3D 工业打印耗材，目前已上市的 3D 打印设备和耗材均已通过 FCC、EMC、CE、ROHS、WEEE、REACH、CQC 等认证。项目成果同时获得国内首张 3D 打印机 CQC 标志认证证书。

"高性能大型金属构件高效高精度增材制造与应用示范"项目取得重大装备成果，研制完成高效高精复合增材 8.0 m×4.0 m×2.5 m 大型复杂和多维异质异构金属构件的大型增材装备。该装备的结构特征是长距离大跨度双动龙门，可 4 台机器多外部轴协同受控高能电弧 + 激光复合增材，属于国内外首例，意义重大。

"复杂构件表面激光精细制造工艺与装备"项目搭建了面向微结构阵列激光加工装备的五轴跨尺度运动平台，提出了一种高速复合驱动的力位自适应跟踪控制算法，研制了相应的基于光场整形的超快激光玻璃切割装备，形成了 51 件专利，替代了通快、相干、IPG 等西方激光巨头公司产品，打破西方垄断。项目实现相关产品销售 336 台，销售额 1.6 亿元。

"3D 打印专用高强铝合金和金属基复合材料的粉末制备与激光选区熔化

成形关键技术"项目针对高强铝合金和颗粒增强金属基复合材料的粉末制备与 3D 打印关键技术进行集成攻关，依托自主研发的低能球磨组装技术与激光选区熔化成型设备，解决了该类材料在激光选区熔化成型中存在的难成型、易开裂、低性能等共性关键技术难题，采用低能球磨在微米合金粉末表面组装纳米形核剂或陶瓷颗粒以制备微纳复合粉末，调控和优化了激光选区熔化成型工艺参数，正在形成一整套核心技术并初步实现产业化，将推动其在航空航天、交通运输等行业的广泛应用。

二、突出产业化应用，带动行业发展

重大科技专项的实施推动激光与增材制造技术在医疗和传统制造等领域形成一批示范应用，促进相关行业转型升级。

（一）医疗行业个性化创新应用

在齿科、骨科、再生医学等医疗个性化创新应用方面，探索创新诸多应用场景，产生大量创新应用成果，带动医学行业发展。

一是齿科方面应用。"个性化舌侧正畸托槽 3D 打印关键技术与产业化研发""齿科专业 3D 扫描和打印的硬件和处理服务系统研发及行业解决方案应用示范""新型诊间智能化口腔种植 3D 打印关键技术研究及其行业示范应用"3 个项目针对 3D 打印技术在齿科方面的应用场景，瞄准个性化、智能化、自动化方向开发出水平先进、成本优势的软硬件产品，大大提高了个性化医疗服务品质，推动了 3D 打印产业及口腔正畸产业的发展。

其中，"个性化舌侧正畸托槽 3D 打印关键技术与产业化研发"项目研发的个性化舌侧自锁正畸矫治系统是国内此领域的首个自主研发生产产品，其全新的倒凹结构更是全球首创；通过将口腔医学、生物力学、机械学、软件科学等多种学科融合，构建出智能化排牙系统，目前该系统已达到国内先进水平，并已实现产业化，形成了完善的销售网络，产品热销全国26个省、直辖市、自治区，覆盖世界五大洲共36个国家，大幅提升了我国增材制造产业在该细分领域的全球竞争力。

"齿科专业3D扫描和打印的硬件和处理服务系统研发及行业解决方案应用示范"项目针对齿科专业3D打印软件进行攻关研发，团队完成DLP 3D打印机软件1套，能够实现切片、自动支撑、手动支撑调整等功能，相对于国外对应型号，性能相近而价格大幅降低，并已经获得国家权威检测机构的检测认证。

"新型诊间智能化口腔种植3D打印关键技术研究及其行业示范应用"项目完成诊间智能设计软件、种植导板专用3D打印装置，以及数字化牙颌模型信息采集系统的整合搭建，可用于椅旁设计、打印制作种植导板，极大地缩短了设计制作周期，大幅降低了生产成本。

二是骨科方面应用。"降低基于金属3D打印技术的复杂骨盆髋臼骨折个性化接骨板的研发与应用研究"项目研发的个性接骨板运用CAD技术设计个性化接骨板形态，升级金属3D打印设备和打印材料，提高接骨板精度、结构强度，达到良好的生物相容性、力学和机械性能，实现了复杂髋臼骨折治疗的"微创化、精准化、个性化"，临床应用于全国各地30余例患者，全面提高复杂髋臼骨折的临床诊疗效果。

三是再生医学方面应用。"用于组织损伤修复及疾病治疗的生物3D技术及产品的研发"项目成功开发出个性化体外手术模型、软组织修复补片，完成人工硬脑膜的大规模产业化研究。开发出的个性化体外手术模型已在国内外实现临床应用近千例，并在积极推进软组织修复补片产业转化，人工硬脑膜产品在全球50多个国家（地区）实现临床应用，极大地丰富了我国生物3D打印产品线，带动再生医学行业发展，促进了广东省乃至全国健康医药产业的转型升级。

（二）传统制造业转型升级

专项的实施促进了模具制造、五金工具、珠宝首饰加工、汽车制造等行业向高端化、个性化转型升级。

一是模具制造行业应用。"面向复杂结构随形冷却模具的SLM一体化成形及其应用示范""金属3D打印在复杂随形冷却模具制造中的应用示范""高性能复杂结构模具激光3D打印技术研发与应用"等项目针对模具随形冷却结构进行了创新研究和应用，推动传统模具制造行业转型升级。

其中，"金属3D打印在复杂随形冷却模具制造中的应用示范"项目面向复杂随形冷却模具制造，解决一系列关键技术难题，包括面向模具应用的优化金属3D打印装备和S136不锈模具钢专用材料、流道的设计准则及标准制定，针对模具性能的工艺优化与缺陷控制，金属3D打印透气模具关键技术及模具质量检验与标准制定，摆脱材料、设备依赖进口的现状，同时制定了1项透气模具钢3D打印规范，为国内其他相关模具企业提供了相对完整的企业规范，有助于模具行业的发展和产业链的升级。

"高性能复杂结构模具激光3D打印技术研发与应用"项目针对注塑模具冷却系统的特点优化设计了以缩短冷却周期及均匀冷却为最终目标的注塑制品随形冷却水路形成随形水道—排气通道一体化3D打印工艺。实施了一批面向家电等领域模具的3D打印应用示范，对比传统模具工艺，模具冷却周期降低40%，制造周期和成本较传统工艺降低40%，达到国内领先水平。

二是五金工具行业应用。例如,"高端刀具激光增材制造技术及产业化"项目基于先进激光技术和增材制造技术,研究开发刀具激光熔覆增材制造装备和金属增材制造装备,根据刀具使用需求设计不同的激光熔覆材料和熔覆工艺,极致体现了"好钢用在刀刃上",突破了传统刀刃强化方法,开发了配套用材体系及制造工艺,并实现高端、个性产品产业化,成为阳江市促进产业智能化转型升级最为瞩目的项目之一,有力地促进了阳江五金刀剪产业技术升级。

三是珠宝加工行业应用。"个性化珠宝首饰增材制造技术的研发与推广应用"项目成功开发了2套针对贵金属打印的金属3D打印机,首次结合DLP和SLM技术成功打印了氧化锆陶瓷-铜合金手链,实现了陶瓷和金属首饰的无缝拼接,首次实现3D打印陶瓷珠宝的多颜色梯度化陶瓷浆料的配制与打印工艺。

四是汽车制造行业应用。"汽车专用金属及金属基复合材料关键零部件3D打印设备及工艺的研发与产业化"项目针对汽车水泵转子及尾气净化过滤器基体3D打印的核心共性技术,深入展开打印材料及SLM打印设备和工艺研发,系统构建了SLM打印工艺规范及数据库平台。采用优化的SLM打印工艺成功制备汽车水泵转子及尾气净化过滤器基体,并进行了结构和力学性能测试,汽车水泵转子专用铝合金打印件的致密度已经超过98%,汽车尾气净化过滤器基体打印件的致密度也超过98%。

三、汇聚一批创新资源,推动区域创新能力体系建设

省重大科技专项吸引和集聚省内外激光与增材制造领域相关顶尖科研团队、龙头企业共同开展项目研究和技术攻关,包括大族激光、格力、中广核、华南理工、香港城市大学深圳研究生院等省内企业和高校院所,西光所广东

粤港澳大湾区硬科技创新研究院、苏州纳米所广东（佛山）研究院、广州赛隆等一批在广东新落户的单位，以及西北有色院、哈工大、西安交大、华中科大、中科院西安光机所、上海光机所、长春光机所、沈阳自动化所、苏州纳米所、中电三十八所、中国工程物理院、国防科大等省外行业龙头企业和一流高校院所。据不完全统计，国内顶尖的激光领域研究团队基本都参与了项目，包括两院院士超10人，其余高层次人才60人以上。

第三篇
区域篇

本篇详细介绍广州、深圳、珠三角其他地市、粤东西北地区四大区域的激光与增材制造产业发展状况和技术创新能力。

经过多年发展，广东已成为国内领先的激光与增材制造产业聚集地，正在形成以广州及深圳为龙头、以珠三角其他地市为支撑、以粤东西北地区为补充的产业发展格局。广州拥有规模较大且涵盖增材制造全产业链的企业群体；深圳拥有全省最多的激光企业，产业化能力全国领先。通过论文和专利定量分析，广州和深圳总体技术创新能力在国内位居前列，珠三角其他地市及粤东西北地区创新能力潜力巨大。

第七章 广州市

第一节 激光产业发展状况

一、发展概况

广州市激光产业发展较早，目前拥有激光相关产品生产企业约 50 家，主要分布在黄埔、白云和番禺等地，其中，年产值超 2000 万元的成规模激光企业 15 家。广州激光产业主要集中在激光显示、激光加工设备和激光医疗等领域，其中，激光显示是广州目前重点打造的细分产业，已在黄埔形成一定的产业集聚规模；激光加工设备主要以中小功率的打标机、雕刻机与切割机为主。广州激光产业链布局目前尚不完善，但具备良好的科研基础条件和市场应用规模优势，在补全产业链上有着很大的发展空间。

未来，广州在激光显示领域，如新型显示、3D 立体显示和触摸显示在市场的带动下有望取得进一步发展；在工业激光加工领域，随着汽车、3C、能源等行业产品对激光制造技术需求的逐步加大，激光焊接、激光切割、激光微加工等高附加值技术将取得更大突破。

二、扶持政策

作为国内激光显示企业聚集地之一,通过资金扶持激光技术在显示领域的应用,是广州推动激光产业发展的重要途径。2019 年广州市出台了《广州市黄埔区、广州开发区促进新型显示产业发展扶持办法》,将激光显示作为新型显示产业的重要发展方向,对符合要求的企业给予一定的鼓励支持,扶持办法包括:①重点扶持新型显示龙头企业;②在企业投试产当年给予一次性奖励 8 亿元;③对当年工业产值首次达到 60 亿元以上的企业,给予一次性奖励 6 亿元;④对满足第③条要求的企业,从次年起工业产值实现正增长并达到 120 亿元以上的,再给予一次性奖励 6 亿元。

三、产业发展能力

广州是综合发展均衡的城市,具备较好的工业基础,也是广东省高校院所最为集中的区域之一,且拥有众多激光应用终端产业,激光产业发展潜力巨大。

广州高校院所激光技术研发实力基础比较扎实,集聚了一批高水平人才和团队。其中,中山大学的光学工程是全国第一批光学博士点和博士后科研流动站,建有"光电材料与技术国家重点实验室""激光与光谱学研究所"等科研平台;华南理工大学的"发光材料与器件国家重点实验室"面向国家重大需求和学科前沿,开展光电功能材料与器件共性基础科学问题与关键技术研究,引进和培养高层次人才;华南师范大学的激光技术学科近些年快速发展,建成全国第一个"激光生命科学教育部重点实验室";暨南大学拥有光学工程一级学科博士点和硕士点,形成了"本科—硕士—博士"完备的人才培养体系,拥有广东省光纤传感与通信技术重点实验室等;广东工业大学是广东省高水平大学重点建设高校，在激光加工技术方面具有较好的基础，拥有"省部共建精密电子制造技术与装备国家重点实验室""广东省微纳加工技术与装备重点实验室"等。广东省科学院已建成"广东省现代控制技术重点实验室""广东省现代控制与光机电技术公共实验室"。

广州是国内汽车、消费电子、生物医药、日用化工等行业的重要生产基地和市场聚集地，如在汽车领域拥有广汽、东风日产、广汽丰田、广汽本田等知名企业。这些行业产能巨大，对激光技术需求旺盛，为广州发展激光产业提供了重要条件。经过多年发展，广州在激光材料器件及配套环节集聚了广州安特激光、宾采尔（广州）焊接、广州特域机电和广州普华环保等重点企业；在集成设备环节培育与集聚了广州新可激光、广州翔声激光、广州瑞通激光、广东铭钰科技、广州汉马激光、广州通锐激光、广州汉牛机械和广州华之尊光电等重点企业。

第二节　增材制造产业发展状况

一、发展概况

广州在3D打印产业布局上起步早、基础好、成长迅速，拥有规模较大且涵盖全产业链的企业群体，并在全省最早规划设立了集群式发展的产业载体。广州3D打印产业正处于蓬勃发展时期，在粤港澳大湾区建设机遇带动下，有望促进广州产业结构的升级转型，催生新兴产业，助力广州在新一轮工业化发展中取得竞争优势，国家主要中心城市地位得到进一步强化，区域辐射带动能力得到进一步提升。

二、扶持政策

为进一步加快制造强市建设，鼓励本地增材制造产业发展，广州市政府在 2016 年 2 月出台了《广州制造 2025 战略规划》，聚焦节能与新能源汽车、新材料与精细化工、生物医药与健康医疗、能源及环保装备、轨道交通、高端船舶与海洋工程装备、航空与卫星应用、都市消费工业、智能装备及机器人、新一代信息技术十大战略领域，重点部署了增材制造关键材料及装备的研发及产业化，如在智能装备及机器人领域加快发展 3D 打印设备等智能成套装备和系统；在新材料与精细化工领域重点突破增材制造材料、新型光电信息材料等前沿新材料技术及生产工艺；在生物医药与健康医疗领域加强生物材料 3D 打印装备等高性能医学检验医疗装备及器械研制；在航空与卫星应用中积极拓展航空航天 3D 打印装备等航空设备及关键元器件制造领域。围绕上述战略领域和方向，规划部署了八大重点任务，其中包括积极推进广州 3D 打印产业园等园区发展。同时，为加快 3D 打印技术产业化、市场化进程，广州市荔湾区制定实施了《荔湾区 3D 打印产业扶持办法》，对落户荔湾区 3D 打印产业园区中的 3D 打印企业及 3D 打印相关制造业和现代服务业企业给予一定落户和物业租金等补助支持，并对带动地方经济社会发展做出突出贡献的企业给予上限为 100 万元的资金扶持。

三、产业发展能力

广州是广东省重要的增材制造产业聚集地，涉及 3D 打印业务的企业 130 家，初步形成涵盖软件、产品设计、材料、关键器件、装备、工业应用的产业链，产品主要应用覆盖模具、生物医疗、软件、文化创意、教育等领域，已形成一定产业规模。广州的高校、企业和研究机构持续开展 3D 打印技术研究，如华南理工大学在金属增材装备研发与制造、广东省科学院在金属专用材料研发与制备、广东工业大学在陶瓷增材制造技术及生物 3D 打印技术等方面已基本实现了与国内外同步发展。

近年来，广州市积极打造的服务型制造业集聚区"3D 打印产业园"荣获 2017 年"国家级科技企业孵化器"，成为全国唯一一家以 3D 打印产业为载体的国家级孵化器，形成了以设备研发制造及耗材、工业设计、机械电子、软件开发等 3D 打印产业上下游为主、大量吸纳高新技术企业落户园区的经济发展格局。

广州市增材制造产业重点企业如表 7-1 所示。

表 7-1 广州市增材制造产业重点企业

类别	重点企业
上游企业	广州金发科技、广州优塑三维、广州阳铭新材料、广州傲趣三维、广州赛隆、广州爱司凯科技、广东星尘科技等
中游企业	广州谦辉信息、广州中望龙腾、广州黑格科技、广州文搏智能、广州奥鑫通讯、广州新可激光、广州雷佳增材、广州捷和电子、广州网能、广州闪创自动化、广州造维科技等
下游企业	广州迈普再生、广州瑞通生物、广州华钛三维、广东康沃森医疗、广东冠昊生物、广州锦冠桥实业、广州黑格科技、广州恒尚科技、广州迪迈智创、广州高捷模型设计、广州形优科技等

在增材制造材料领域，广州金发科技、广州赛隆、广东星尘科技、广州优塑三维、广州阳铭新材料、广州傲趣三维等企业取得了一定的成绩。其中，广州金发科技已成为全球 3D 高分子打印最大生产商，产品远销全球 130 多个国家和地区，为全球 1000 多家知名企业提供服务。广东省科学院孵化的企业

利用真空气雾化、射频等离子体球化、等离子旋转电极雾化等技术，已成功开发出模具钢、钛合金、钨、钼、钽、铌等一系列增材制造专用粉末，并开发出国内首台可量产的丝材等离子雾化制粉系统；同时在电弧增材制造专用金属丝材领域也开展了包括高强钢、模具钢、铝合金、镁合金丝材的研发工作。

在增材制造设备及关键器件方面，广州雷佳增材形成了"高精度、多材料、大尺寸、高效率"系列化金属3D打印设备，成为国内金属3D打印的领航者。广州捷和电子则是全国领先的工业级3D打印设备、快速铸造、解决方案的供应商。广州网能已建立起年产量10 000台的专业化、规模化生产基地。广州还形成了以广州新可激光和广州奥鑫通讯为代表的激光关键器件/部件制造企业。在增材制造软件方面，广州中望龙腾、广州谦辉信息等推出了3D打印控制系统软件、CAD专业软件。

在增材制造应用方面，广州在生物医疗、模具、珠宝首饰、文化创意等领域取得较大进展。广州迈普再生、广东康沃森医疗、广州瑞通生物、广州华钛三维和广东冠昊生物等在生物医疗领域应用方面表现突出，广州迈普再生已成为国内生物3D打印商业化引领者，进入"全球生物3D打印领导者名单"；广东康沃森医疗致力于医学影像和医疗3D打印领域的研究，提供的医疗3D打印整体解决方案处于业界领先水平；广州瑞通生物以3D打印技术为依托，致力于医疗数字化技术发展，是国内高端3D打印装备制造及其产业化应用的开拓者，是个性化舌侧正畸矫治器制造技术的领导者；广州华钛三维与南方医院脊柱骨外科于2018年2月7日成功实施世界第一例3D打印钛合金个性化"人工椎体/椎间盘一体化"产品植入手术；广州黑格科技推出了可穿戴式设备、电子消费品、文创类产品、骨科产品等，覆盖多项牙科、工程与医疗应用；广州迪迈智创以3D打印技术为支点，撬动珠宝首饰的智能生产。

第八章 深圳市

第一节 激光产业发展状况

一、发展概况

深圳激光产业发展20多年来，得益于激光应用市场需求及良好的创新创业氛围，已拥有超过300家激光相关企业，涌现出大族激光、海目星、杰普特、创鑫激光等一批龙头企业，激光产业集聚效应逐渐显现，成为国内第一大激光产业聚集地。2019年，深圳激光产品产值超260亿元，在广东省内排名首位，占全国激光产值比例达27%。未来，深圳激光产业集聚效应将会更加凸显，发展方向是打造全国总部级激光产业集群并辐射周边城市，如大族全球激光制造总部基地、深圳激光谷产业园等。此外，依托活跃的创新创业环境和珠三角庞大的激光应用市场，深圳未来将逐渐补强上游材料、元器件及激光器等关键及核心环节，支撑建立更加完善的激光产业链。

二、扶持政策

深圳是全国最大的激光产业聚集城市，激光产业发展基础较为雄厚，因此，深圳激光产业政策更加聚焦推动产业迈向高端化的发展目标，重视产业发展的整体规划与布局。深圳市人民政府于 2018 年 11 月印发《关于进一步加快发展战略性新兴产业实施方案的通知》，在建设世界级新一代信息技术产业基地的主要任务中，提出加快发展壮大新型显示产业，重点要夯实高世代大尺寸面板制造基地优势，加快突破激光显示关键技术，推动相关技术在消费类电子产品领域的广泛应用，依托行业龙头企业促进资源集聚，构建配套便捷、产业链完整的支撑体系，推动新型显示产业发展成为深圳电子信息产业新的增长极。同时，在优化深圳各区战略性新兴产业空间发展格局任务中，提出支持立新湖片区依托大族激光、洲明科技等重点企业，重点发展机械、汽车、电子、航空、军工等关键领域成套技术装备，打造全国知名的智能装备制造产业基地和全球激光产业高地。

三、产业发展能力

深圳近年来重视激光产业发展，力争建成全国激光产业总部基地。深圳激光企业在市场应用方面形成了较强的市场竞争力，其市场早已辐射珠三角，光纤激光器、激光加工装备等产品畅销全国。2019 年，深圳重点规划打造新桥·深圳激光谷，拟在 3～5 年建成产业链集聚的激光应用产业园区，产值规模达到 100 亿元以上；10 年内实现激光装备研发与应用产业链各环节技术全球领先，产值规模达到 500 亿元以上。

广东省的上市激光企业基本都在深圳，包括大族激光、光韵达、杰普特、联赢激光、海目星等。同时，创鑫激光、英诺激光、深圳光大激光正在申请上市。深圳拥有全省最好的激光产业支撑平台，广东省激光行业协会、深圳市激光智能制造行业协会相继落户宝安，并计划在 2020 年成立宝安区激光产业链技术与应用创新联盟。深圳举办多年的激光智能制造博览会已成为国内外激光行业开展交流与展览的重要平台。在众多平台支持下，深圳激光产业已逐步形成良性发展态势。

深圳市激光产业链主要企业如表 8-1 所示。

表 8-1　深圳市激光产业链主要企业

类别	企业名称
上游企业	创鑫激光、杰普特、深圳活力激光、深圳星汉激光、深圳朗光科技、深圳联品激光、深圳柠檬光子、深圳瑞波光电子、英诺激光、深圳贝尔激光、深圳格镭激光、深圳瑞丰恒激光、深圳华鹏艾伟、深圳鼎鑫盛光学、深圳铭创、深圳欧斯普瑞、深圳万顺兴科技、深圳加沃泰克、深圳东露阳、深圳酷凌时代等
中游企业	大族激光、光韵达、联赢激光、深圳迪能激光、海目星、深圳泰德激光、深圳光大激光、深圳美克激光、深圳铭镭激光、深圳大鹏激光、深圳韵腾激光、深圳火焱激光、深圳锦帛方激光等
下游企业	大族激光、光韵达、联赢激光、深圳迪能激光、速腾聚创、华为等

第二节　增材制造产业发展状况

一、发展概况

在增材制造研发及产业化等方面，深圳已初步形成建模系统、材料、设备、应用服务的增材制造全产业链，增材制造相关企业达 100 多家，主要集中在医疗健康、文化创意、电子信息、航空航天等领域，形成了以深圳惠程信息、深圳维示泰克、深圳光华伟业为代表的增材制造材料研发企业，以杰普特、大族激光、深圳创想三维、深圳圆梦精密、深圳极光尔沃、深圳摩方新材料、深圳诚一信为代表的增材制造设备制造企业，以光韵达、深圳易尚展示为代表的增材制造应用与服务商。

二、扶持政策

深圳市人民政府在《关于进一步加快发展战略性新兴产业实施方案的通知》提出，要加快推动增材制造等先进制造产业发展壮大并成为支柱产业，持续引领产业升级和经济社会高质量发展。其中，方案在培育国内领先的高端装备制造集群的主要任务中，将增材制造列为高端装备制造产业关键领域之一，提出要加快建设3D打印制造业创新中心，面向生物医疗、电子制造、航空航天、汽车、文化创意等领域重大需求，形成覆盖产品设计、材料、关键部件、装备及应用等环节的完整产业链，有力支撑高端制造和精密制造；在优化各区产业布局任务中，重点支持坪山高新区依托国家新能源汽车产业基地、国家生物产业基地、聚龙山新兴产业集聚区（国家新型工业化产业示范基地）和出口加工区，重点发展增材制造、集成电路、人工智能、高端装备、氢燃料电池、石墨烯、精准医疗等方向，打造世界一流的东部高科技园区。

三、产业发展能力

近年来，深圳已在材料、关键器件、装备和工业应用等增材制造产业链各环节聚集了大族激光、光韵达等一批企业，初步形成产业集聚效应。同时，拥有南方科技大学、深圳大学、中科院深圳先进技术研究院等一批创新能力较强的高校院所，较好地为产业创新提供了源头技术保障。为更好地促进产业创新发展，深圳相继成立了3D打印协会和3D打印产业联盟，并借助省、市企业技术中心等创新平台的作用，积极探索建设重点实验室、教育培训中心、推广应用中心等，加强各行业在增材制造关键技术创新研发与应用推广的合作。

深圳市增材制造重点企业如表 8-2 所示。

表 8-2 深圳市增材制造重点企业

类别	重点企业
上游产业	深圳光华伟业、深圳惠程信息、深圳维示泰克、深圳微纳增材、迈特李新材料等
中游产业	大族激光、光韵达、深圳泰德激光、深圳瑞波光电子、深圳朗光科技、深圳惠程信息、杰普特、深圳联品激光、联赢激光、深圳欧凌镭射、深圳铭镭激光、深圳迪能激光、深圳创想三维、深圳摩方新材料、深圳圆梦精密、深圳诚一信、深圳长朗三维、深圳金石三维、深圳极光尔沃、深圳华阳新材料、深圳华阳聚晶、深圳七号科技等
下游产业	深圳倍康美、深圳家鸿口腔、深圳康泰健、洋紫荆牙科器材、富士康、深圳易尚展示、深圳科恒三维、深圳未来工场、深圳汇通三维等

第九章 珠三角其他地市

第一节 激光产业发展状况

一、发展概况

东莞的激光产业起步比较早，目前集聚了激光企业70余家，并拥有下游终端激光加工服务企业上百家，发展较快，势头良好。东莞激光企业主要集中在松山湖，此外在长安、大朗、厚街、东城、万江、常平等多个镇街均有分布。

佛山拥有20余家激光企业，主要分布在顺德、南海、高明等地区。尽管佛山激光产品制造企业数量不多，但是激光产业发展前景好、企业规模越来越大，多数企业从事金属激光加工设备生产。其中，佛山宏石激光规模最大，产值超过12亿元；其次是百盛激光，产值超过6亿元。

自2017年广东省激光行业协会联手江门市蓬江区共同打造广东激光谷以来，江门激光产业快速发展，现已拥有江门海目星激光等激光企业近10家。此外，五邑大学拥有比较齐全的激光加工装备和一定的激光技术研发能力。

中山的激光企业不多，最具代表性的企业是从事超快激光器生产的广东华快光子，同时孵化了广东汉邦激光、中山汉通激光等几家企业。此外，中山正在大力筹建光子科学中心，未来计划研制 200 PW 超强激光装置。

珠海的激光企业不多，但其激光打印产业发达，尤其是纳思达作为全球激光打印行业的领导者，年营业收入超过 230 亿元。另外，珠海光库科技是专门从事光纤激光器件设计和制造的上市公司，2019 年实现营业收入 3.9 亿元，同比增长 35.1%。

惠州近几年陆续在仲恺区引进了几家深圳激光企业生产落地，主要集中在动力电池及电子制造业的激光加工行业，目前拥有数家本土激光企业及深圳激光企业的惠州生产基地。

肇庆目前没有成规模的激光产品制造企业，现有分布的主要是激光加工服务站，以及一些激光设备企业在肇庆设立的销售网点。

未来，珠三角其他城市应抓住粤港湾大湾区建设的契机，重点依托广深激光产业及应用需求的辐射效应，持续推动激光产业技术创新发展及应用推广，助力高端制造产业发展。

二、扶持政策

为加强新兴产业谋篇布局，加快产业转型升级和发展方式转变，东莞市人民政府于 2018 年印发了《东莞市重点新兴产业发展规划（2018—2025 年）》，中提出要重点突破新一代人工智能、新一代信息通信、智能终端、工业机器人、高端智能制造装备、先进材料、新能源汽车、高性能电池、生物医药、高端医疗器械等十大重点产业。在高端智能制造装备重点产业中，专门单列了一项积极布局高端激光装备制造的任务：发展激光加工机床、激光自动焊接设备等精密/超精密加工装备，布局高端激光产业上游核心器件，突破高功率核心技术，提升光纤激光器、固体激光器、半导体激光器、皮秒激光器等的自主研发能力，加速合束器、隔离器、泵源封装、大功率准直器等核心元器件国产化进程，突破高功率半导体芯片和高能掺杂光纤等关键器件自主技术；提倡激光装备产品通用化、标准化生产，加速产业化应用，逐步替代传统加工方式；发展激光增材制造技术，促进3D打印与传统工艺融合。

为促进高端制造业发展，珠海市人民政府于2013年印发了《珠海市高端制造业发展规划和实施意见》，提出在打印设备及耗材领域进行重点布局，力求打造全球最大的打印耗材生产基地。

江门作为广东省的传统工业基地，装备制造业发展基础比较扎实，工业体系及装备制造业比较完整。为推动激光产业发展，江门市蓬江区出台了《江门市蓬江区发展激光产业扶持办法》（简称《扶持办法》），重点围绕激光产业开展招商工作，力争引进一批激光产业相关项目。《扶持办法》通过设立专项资金，重点支持落户江门市蓬江区从事生产激光行业核心配件，包括激光器或具备整机生产及系统集成制造能力的企业。

三、产业发展能力

东莞作为广东加工制造业名城，紧邻拥有规模庞大装备制造业的广州及拥有完整激光产业链的深圳，激光产业发展潜力巨大。另外，东莞近年来大力引进人才和扶持高新产业，如东莞理工学院引进半导体激光专家王立军院士，华中科技大学团队在东莞创立广东国志激光，国内半导体激光器龙头企业西安炬光科技设立东莞分公司，西安光机所超快激光团队落户东莞等，为创新发展提供有力支撑。东莞激光应用市场潜力大，消费电子制造、五金机电、模具、金属零部件对激光应用需求较多。目前初步拥有东莞斯派特激光、广东国志激光、东莞富通尼激光3家激光器企业，以东莞力星激光、东莞盛雄激光、东莞光博士、东莞大族粤铭等大企业为牵引，将进一步推动东莞激光的发展壮大。

佛山拥有华南最庞大的不锈钢制造市场，为激光切割取代刀具切割、大力发展激光高端装备提供了较好的发展市场基础。江门"广东激光谷"正在紧张建设中，未来有望引进更多企业，并打造30亿元以上的产值。中山的华快光子在超快激光器的市场占有率快速增加，提高了中山激光在全国的影响力。珠海依托纳思达公司，正在打造全球激光打印机和耗材制造基地，总投资已达90亿元，将打造国内首个激光打印机智能制造基地，力求年产打印机约400万台，年产值超过200亿元，可带动直接就业人口超过1万人。珠海光库科技凭激光核心器件，掌握关键技术，服务珠三角乃至全国主要的光纤激光器厂家，打破了国外垄断。惠州、肇庆激光产业基础相对薄弱，但拥有大片后备工业土地，未来可成为一些大型激光企业扩产扩厂的首选之地。

珠三角其他城市激光产业链主要企业如表9-1所示。

表9-1 珠三角其他城市激光产业链主要企业

类别	企业名称
上游企业	东莞富通尼激光、珠海光库科技、广东国志激光（东莞）、东莞斯派特激光、广东华快光子（中山）、广东瀚盈激光（江门）等
中游企业	佛山宏石激光、佛山汇百盛科技、佛山隆信激光、广东捷泰克、东莞大族粤铭、东莞合力激光、东莞德尔激光、东莞盛雄激光、东莞力星激光、东莞光博士、东莞大汉激光等
下游企业	珠海纳思达、佛山宏石激光、佛山铭承金属制品、佛山睿辉、东莞华鑫激光、东莞华科激光等

第二节 增材制造产业发展状况

一、发展概况

依托珠三角地域优势及广深带动作用，珠三角其他城市的增材制造产业取得一定发展。目前，珠三角其他地市已引进和培育增材制造相关企业100余家，产品主要应用于模具、礼品、鞋帽等传统优势制造业，形成了珠海赛纳三维科技、广东银禧科技、广东峰华卓立、广东汉邦激光、东莞鸿泰自动化等优势企业。同时，地方政府大力扶持东莞理工学院、松山湖材料实验室、佛山科学技术学院、季华实验室、五邑大学等高校院所，珠三角其他地市的技术创新能力稳步提升。经过多年发展，珠海已形成增材制造非金属材料完整产业链，力求成为"世界打印耗材之都"。当前，东莞市正积极推进3D打印在模具、医疗等行业的应用，佛山正在打造广东省最大的3D打印服务基地，中山正大力推进金属3D打印装备研发及产业化应用，珠三角其他地市未来对广东省增材制造产业发展的推动作用将日益提升。

珠三角其他地市增材制造重点企业如表9-2所示。

表9-2 珠三角其他地市增材制造重点企业

类别	重点企业
上游企业	珠海赛纳三维科技、广东银禧科技（东莞）、珠海西通电子等
中游企业	东莞富通尼激光、珠海光库科技、广东国志激光、广东正业科技、东莞合力激光、佛山宏石激光、佛山汇百盛科技、珠海天威飞马、广东峰华卓立（佛山）、佛山立体易、佛山南方增材科技、东莞松湖塑料机械、广东汉邦激光（中山）等
下游产业	佛山兰湾智能、珠海格力、东莞宜安科技、东莞康铭光电、广东峰华卓立、东莞欧饰实业、东莞思成等

二、扶持政策

东莞市颁布了《东莞市重点新兴产业发展规划（2018—2025年）》，在高端智能制造装备重点产业中，重点部署了增材制造（3D打印）专用设备和高端激光装备的任务；在新材料重点产业中，重点提出要加快布局前沿材料，突破一批金属类、非金属类及医用类等增材制造专用材料，加快建设增材制造应用示范基地；在生命科学和生物技术重点产业中，重点提出发展激光仪器等大型医疗设备的研发与生产。

第十章 粤东西北地区

第一节 激光产业发展状况

一、发展概况

相对于珠三角城市，粤东西北地区的激光产业显得相对薄弱，激光企业很少，粤东西北全部地市激光产业产值不到 5 亿元。其中，阳江目前的激光发展基础较好，拥有阳江市五金刀剪产业技术研究院、阳江科冠激光科技、阳江辉煌激光、阳江东华激光等激光企业，针对刀具、风电装置等开发了金属加工、熔覆、焊接等应用。河源激光产业稳步发展，特别是 2017 年深圳铭镭激光在河源市东源县购地 100 亩，重点建设河源生产基地。汕头、清远、茂名、韶关、湛江等多个地市目前的激光企业不多，零散分布以激光标记、切割、焊接为主的加工服务门店。未来，粤东西北地市可结合当地产业特点和当地市场需求，有针对性地引进激光相关专业团队和企业落户，带动本地区相关产业加速发展，如阳江针对刀具与风电装备发展高功率激光熔覆与焊接，湛江针对船舶与海工装备发展激光清洗，潮汕揭三地针对不锈钢厨具、玩具发展激光切割、打标等。

二、产业发展能力

粤东西北拥有较大规模的传统制造产业,当地激光产业发展具备一定的市场基础,如汕头的纺织、玩具可用到激光非金属切割、打标,揭阳与潮州的不锈钢厨具可用到激光金属切割、打标,湛江的海工装备需要激光清洗、焊接等。目前,粤东西北在中游激光集成设备方面引进与培育了阳江市五金刀剪产业技术研究院、阳江科冠激光科技、阳江东华激光和深圳铭镭激光等,重点布局了高功率激光熔覆和焊接应用、各种类型激光加工机械设备、激光清洗设备和焊接设备等。

第二节 增材制造产业发展状况

由于经济发展原因,粤东西北地区增材制造产业规模与珠三角相比较小。近年来,广东省大力发展粤东、粤西沿海地区,集中布局了一批重大产业项目,在一定程度上推动了该地区的增材制造产业发展。经过多年的发展,粤东西北地区在上游培育集聚了汕头美森塑胶、南雄科达树脂、南雄鼎成新材料等重点企业,在中游培育集聚了揭阳汇宝昌、揭阳巨轮智能、揭阳创越三维、云浮清软海芯、汕头完美打印、茂名森源等企业,在下游培育集聚了清远立宝、清远精锋高精密模具、揭阳中科金属、乐昌鼎丰、乐昌晖焕、河源光神王、揭阳安麦思等企业。

目前,粤港澳大湾区建设为粤东西北地区加快发展创造了难得的历史机遇,是粤东西北地区实现跨越式发展的重大契机。该地区增材制造产业的发展可依托珠三角区域,主动对接广州、深圳的高校院所和龙头企业开展产学研合作。

第十一章 区域技术创新能力对比分析

第一节 激光产业

本节通过文献计量法，对比广东各地市与国内主要城市激光技术领域 SCI 论文发表与专利布局情况，以此分析阐明广东各地市激光产业技术创新能力水平。广东各地市主要分为广州、深圳、珠三角其他地市和粤东西北地区等 4 个区域。论文和专利数据来源分别为 Web of Science 和 Incopat 数据库。

一、论文情况

SCI 论文发表情况能在一定程度上反映一个地区在某领域的基础研究和应用基础研究水平。图 11-1 给出了 2012—2019 年广东各地市及国内主要城市激光技术领域 SCI 论文的发表情况。结果表明，广州、深圳激光技术领域 SCI 论文发文量分别排在全国第七和第十一，数量上与北京、上海等城市有一定差距；珠三角其他地市和粤东西北地区 SCI 论文发文量与广州、深圳及国内主要地市存在较大差距。分析表明，广东在激光领域的基础研究和应用基础研究能力整体上与国内领先地区存在一定差距；省内激光领域的研究力量主要集中在广深两市，其他地区的基础研究或应用基础研究能力较为薄弱。

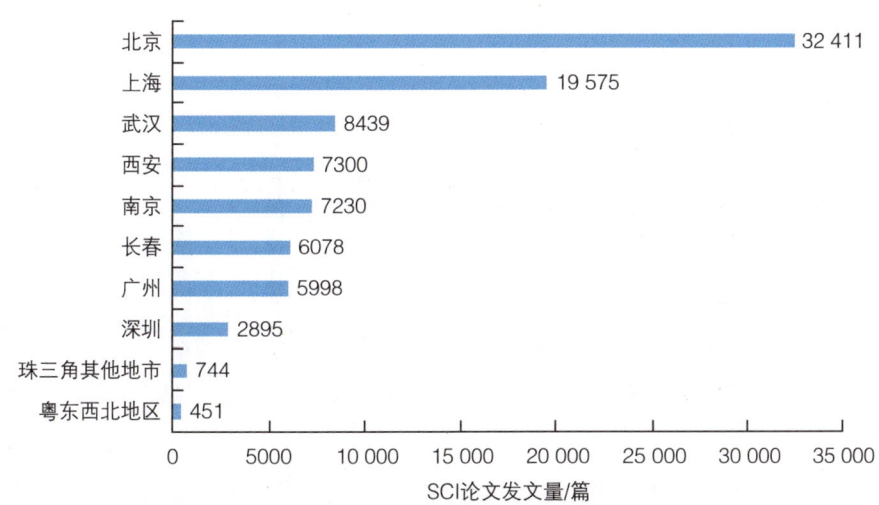

图 11-1　国内主要城市 / 地区激光领域 SCI 论文发文量（2012—2019 年）

除 SCI 论文数量以外，论文质量也是一个重要的评判标准。通过高被引论文[①]数量、h 指数[②]、平均被引频次[③]3 个指标可以相对客观地反映某个地区的论文整体质量。如图 11-2 所示，北京和上海两地的高被引论文数量较多，分别以 198 篇和 92 篇居前两位。在平均被引频次方面，大部分城市的平均被引频次为 11～15。其中，合肥的平均被引频次为 14.82，高于其他地区；广州的平均被引频次为 14.23，全国排名第三；而深圳为 13.02，与 SCI 论文发文量排名前十城市相当。值得注意的是，深圳的论文数量相对较少，但高被引论文数量和 h 指数反而较高，表明深圳在激光领域的高质量成果"产率"较高。

---

① 高被引论文：按照同一年同一个 ESI 学科发表论文的被引频次从高到低排列，前 1% 的论文。
② h 指数：某地区某领域论文被引频次 ≥ n 的 SCI 论文有 n 篇，其 h 指数即为 n。
③ 平均被引频次：某地区某领域论文总被引频次 / 论文总数量。

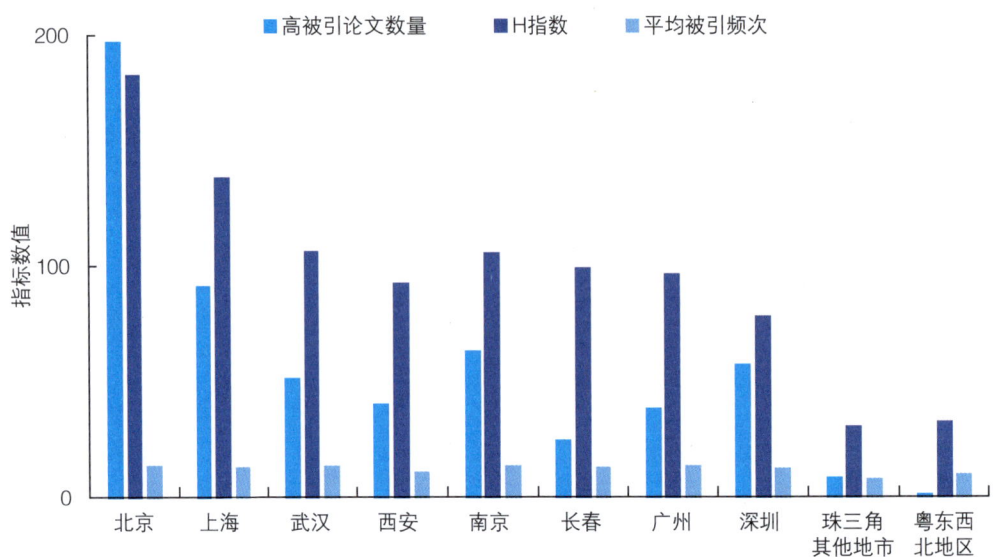

图 11-2　国内主要城市/地区激光领域高被引论文数量、h 指数和平均被引频次

从区域 SCI 论文看，在激光领域的高质量成果和成果影响力方面，广州、深圳两地在国内有一定竞争力，但珠三角其他地市和粤东西北地区的论文质量与国内领先区域差距较大。

二、专利情况

（一）专利总体概况

国内主要城市/地区在激光领域的专利申请量如图 11-3 所示。从专利申请量来看，广州、深圳与珠三角其他地市均排名全国前十，其中，深圳和广州分别位居第三和第八。珠三角其他地市在激光领域的专利申请主要来自东莞（1786 件）、佛山（891 件）和珠海（457 件）三地。粤东西北地区在激光领域的专利申请量与国内一线地区存在明显差距。

第十一章 区域技术创新能力对比分析

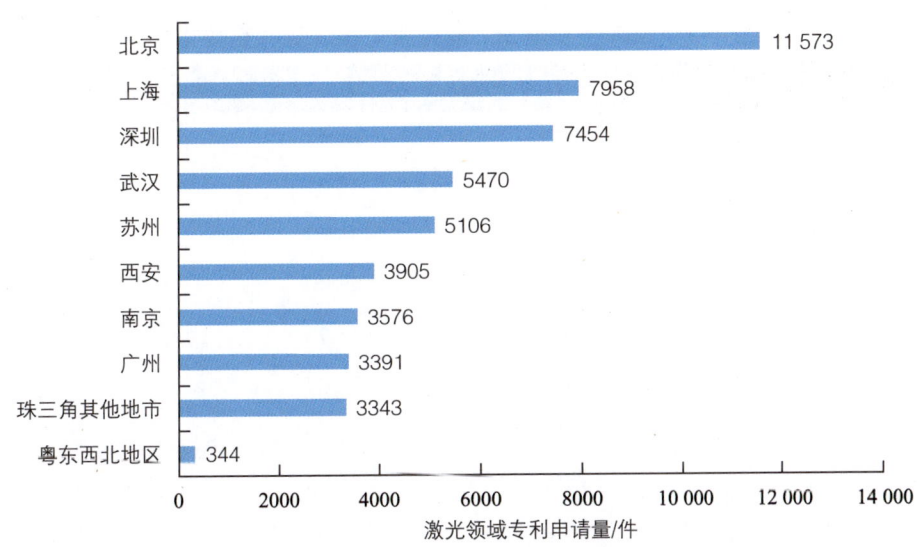

图 11-3 国内主要城市/地区激光领域专利申请量

（二）专利质量分析

表 11-1 从专利有效率[①]、发明专利申请占比[②]、专利累计授权率[③] 3 个指标分析各区域在激光技术领域的专利总体质量。从专利有效率上看，深圳市（82.59%）和珠三角其他地市（79.91%）处于相对较高水平，广州市（75.67%）和粤东西北地区（73.80%）也与其他国内主要城市相当，表明广东省各地市均有较强的专利保护意识。从发明专利申请占比来看，广东省各区域的发明专利申请占比相对较低，整体专利技术含金量相对较低。从专利累计授权率来看，广州、深圳的专利累计授权率基本与国内领先地区水平相当，而珠三角其他地市和粤东西北地区的专利累计授权率与国内其他区域仍有一定差距。

---

① 专利有效率 = 有效专利数量 / 授权专利总量。
② 发明专利申请占比 = 发明专利申请量 / 专利申请总量。
③ 专利累计授权率 = 曾授权发明专利数量 / 结案总量。

表 11-1　国内主要城市/地区激光领域专利重要指标

城市/地区	专利有效率/%	发明专利申请占比/%	专利累计授权率/%
广州	75.67	61.72	63.13
深圳	82.59	55.62	65.18
珠三角其他地市	79.91	48.52	54.61
粤东西北地区	73.80	46.80	52.33
北京	68.97	75.23	69.94
上海	65.11	72.07	62.03
武汉	71.39	61.99	72.17
苏州	76.42	56.38	45.08
西安	68.33	70.63	71.15
南京	72.15	69.35	63.65

广东省各区域在激光技术领域专利上展现出相似的特点，总体的专利有效率较高，但发明专利申请占比较低，表明广东省在激光技术领域具有不错的产业技术创新能力，但高价值创新技术占比有待提升。

（三）专利主体分析

表 11-2 给出了国内主要城市/地区企业、高校及科研单位激光技术专利申请情况。从企业专利上看，深圳激光企业的专利申请量居全国第一，占深圳市激光专利的 87.56%，高于国内其他区域。但合作专利占比 B 较低，表明当地激光企业、高校及科研单位的合作研发程度不高，企业的自主产业技术研发能力强；相反，深圳的高校及科研单位的专利申请量及占比明显低于其他区域，但合作专利占比 A 相对较高，表明深圳的高校及科研单位在激光技术领域的研发能力相对薄弱，但相关技术在企业中的成果转化率较高。

表 11-2 国内主要城市/地区企业、高校及科研单位激光专利申请情况[①]

城市/地区	企业专利申请量/件	企业专利占比/%	高校及科研单位专利申请量/件	高校及科研单位专利占比/%	研企合作专利申请量/件	合作专利占比A/%	合作专利占比B/%
广州	1518	44.77	1730	51.02	77	4.45	5.07
深圳	6527	87.56	667	8.95	73	10.94	1.12
珠三角其他地市	2861	85.58	299	8.94	67	22.41	2.34
粤东西北地区	204	59.30	76	22.09	6	7.89	2.94
北京	4592	39.68	6611	57.12	439	6.64	9.56
上海	3979	50.00	3875	48.69	191	4.93	4.80
武汉	3244	59.31	2094	38.28	133	6.35	4.10
苏州	4284	83.90	735	14.39	62	8.44	1.45
西安	1438	36.82	2312	59.21	81	3.50	5.63
南京	1412	39.49	2039	57.02	68	3.33	4.82

广州高校及科研单位、企业激光技术领域专利占比分别为51.02%、44.77%，各占半壁江山，在全国主要城市中均处于中等水平，表明广州的企业、高校及科研单位均有较强的产业技术研发实力。合作专利占比A和B与国内先进地市存在一定差距，反映出广州高校和科研单位的成果转化率仍有待提高。

珠三角其他地市情况和深圳较为类似，在激光技术领域的专利申请主要以企业为主。粤东西北地区企业、高校及科研单位的专利申请体量均较小，企业专利占比为59.30%，明显高于高校及科研单位专利占比（22.09%），同

[①] 企业专利占比=（该区域申请人为企业的专利数量/该区域专利申请总量）×100%。
高校及科研单位专利占比=（该区域申请人为高校或科研单位的专利数量/该区域专利申请总量）×100%。
合作专利占比A=（该区域高校或科研单位与企业合作的专利申请总量/该区域高校及科研单位专利申请总量）×100%。
合作专利占比B=（该区域高校或科研单位与企业合作的专利申请总量/该区域企业专利申请总量）×100%。

样表现为企业主导。

总体而言，广州在激光技术研发上相对均衡，高校及科研单位具有较强的研发能力，企业也具有一定的技术研发能力，但是产学研合作程度仍有待加强。深圳和珠三角其他地市的专利申请主要以企业为主，激光企业技术自主研发能力较强，但高校及科研单位研发能力有待提升，对企业产业技术有一定依赖性。珠三角其他地市及粤东西北地区在基础研究和技术创新方面均相对薄弱。

（四）专利布局分析

激光产业链分为专用材料、器件/软件、激光器、装备系统、应用产品5个主要环节。通过对广州、深圳和珠三角其他地市三大区域的激光技术专利进行分析，阐明各区域在激光产业链各环节的技术创新能力（表11-3）。

表11-3 广东省主要城市/地区激光专利产业链分布[①]

城市/区域	产业链环节	专利申请量/件	高校及科研单位专利占比/%	企业专利占比/%
广州	专用材料	105	76.19	21.90
	器件/软件	308	47.40	52.27
	激光器	156	82.69	14.10
	装备系统	391	28.64	63.68
	应用产品	521	43.95	47.22
深圳	专用材料	157	21.02	74.52
	器件/软件	724	3.87	93.65
	激光器	513	17.74	83.04
	装备系统	1558	1.93	96.66
	应用产品	1107	4.97	86.54

① 由于存在合著情况，占比之和有可能大于100%。

续表

城市/区域	产业链环节	专利申请量/件	高校及科研单位专利占比/%	企业专利占比/%
珠三角其他地市	专用材料	46	21.74	76.09
	器件/软件	288	14.58	89.24
	激光器	76	22.37	78.95
	装备系统	647	7.42	90.42
	应用产品	718	4.04	86.91

从数量上看，广东省激光专利主要集中在应用产品和装备系统两个环节，专用材料、器件/软件和激光器3个环节的专利申请量相对较少。企业专利申请主要集中在装备系统和应用产品；高校及科研单位专利申请则表现出一定的区域差异性。广州激光专利除了专用材料数量较少外，其他4个环节的专利申请量整体而言比较均衡；深圳的专利申请集中在装备系统和应用产品；珠三角其他地市集中在应用产品和装备系统。

从申请主体上看，高校及科研单位专利占比较高的环节为专用材料和激光器，企业则主要集中在器件/软件、装备系统和应用产品三大环节。值得关注的是，深圳和珠三角其他地市企业的自主研发能力较强，主导优势突出。

第二节　增材制造产业

本节通过文献计量法，对比广东各地市与国内主要城市在增材制造领域SCI论文发表和专利布局情况，以此分析阐明广东增材制造产业上游技术创新能力水平。广东各地市主要分为广州、深圳、珠三角其他地市和粤东西北地区等 4 个区域。论文和专利数据来源分别为 Web of Science 和 Incopat 数据库。

一、论文情况

图 11-4 给出了 2012—2019 年广东各地市及国内主要城市增材制造领域 SCI 论文的发表情况。广州、深圳增材制造领域 SCI 论文发文量分别排在全国第五和第九,在数量上与北京、西安、上海、武汉等先进地市仍有一定的差距。珠三角其他地市和粤东西北地区则和广州、深圳存在较大差距,部分地市基础研究或应用基础研究能力较弱,论文主要依托当地企业与外地高校合作发表。上述情况反映出广东在增材制造领域的基础研究和应用基础研究力量高度集中在广深两市,总体产业技术研发力量与国内先进水平仍有一定差距。

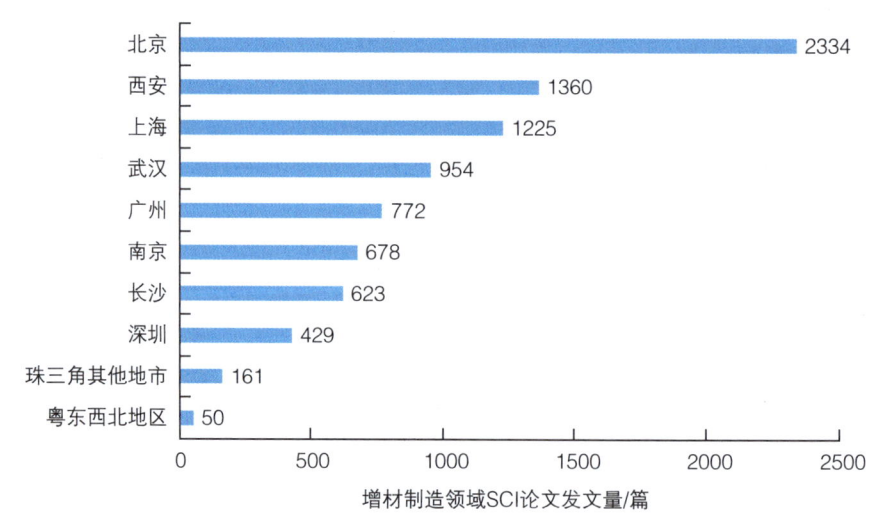

图 11-4　国内主要城市 / 地区增材制造领域 SCI 论文发文量（2012—2019 年）

在论文质量方面,图 11-5 表明北京和长沙两市高被引论文数量较多,分别为 27 篇和 25 篇。结合地区的 SCI 论文总量,可以认为长沙在增材制造领域的研究成果质量较高。值得关注的是，广州总体论文数量较多，高被引论文数量却明显偏低，表明广州在增材制造的基础研究和应用基础研究领域高质量成果"产率"较低。广州在增材制造领域的 SCI 论文 h 指数低于论文总量较少的南京；在平均被引频次方面，大部分城市增材制造领域 SCI 论文的平均被引频次为 11～13。其中，广州和深圳分别为 10.48 和 11.08，与武汉等先进地区存在一定差距。

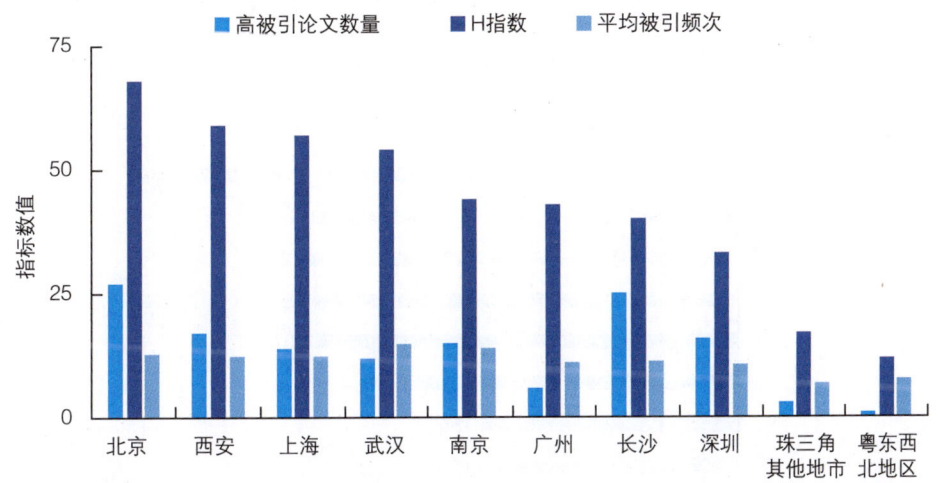

图 11-5　国内主要城市/地区增材制造领域高被引论文数量、h 指数和平均被引频次

从区域 SCI 论文总体质量上看，广州、深圳两市在增材制造领域的高质量成果和成果影响力方面表现出较为明显的短板，粤东西北地区和珠三角其他地市的论文质量则与国内领先区域有较大差距。

二、专利情况

(一)专利总体概况

国内主要城市/地区在增材制造领域的专利申请量如图11-6所示。从专利申请量来看,广州、深圳两市均进入国内(城市)前五。珠三角其他地市在增材制造领域的专利申请总量也与国内一线城市相当,专利主要来自东莞(978件)、佛山(639件)、珠海(522件)、中山(276件)四市。粤东西北地区在专利申请量上仍与其他区域存在明显差距。

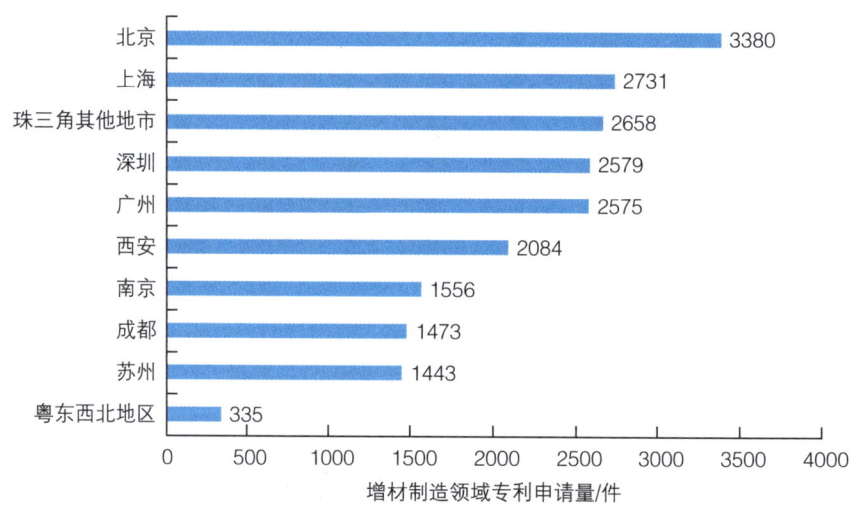

图 11-6 国内主要城市/地区增材制造领域专利申请量

(二)专利质量分析

表11-4给出了国内主要城市/地区增材制造专利申请的总体质量情况。从专利有效率上看,广州(89.50%)和深圳(87.47%)处于相对较高水平,珠三角其他地市与其他国内主要城市相当,说明广东省除粤东西北地区外的

第十一章 区域技术创新能力对比分析

区域专利保护意识较强。从发明专利申请占比来看,广东各区域的发明专利申请占比均较低,专利申请中包含较多的实用新型专利和外观设计专利,说明整体专利含金量较低。从专利累计授权率来看,广州、深圳及珠三角其他地市的专利累计授权率在国内主要城市/地区中排名均不高,相反,粤东西北地区的专利累计授权率达到了72.22%,国内排名靠前(仅次于杭州、武汉)。

总体而言,广州、深圳及珠三角其他地市3个区域在增材制造领域专利上展现出相似特点:专利申请量较大,专利累计授权率处于国内第一梯队,但发明专利申请占比还有待提升。粤东西北地区则相对"小而精":专利申请总量较小,发明专利申请占比低,但专利累计授权率较高。

表11-4 国内主要城市/地区增材制造专利重要指标

城市/地区	专利有效率/%	发明专利申请占比/%	专利累计授权率/%
广州	89.50	51.22	59.20
深圳	87.47	44.74	58.01
珠三角其他地市	85.97	49.34	50.42
粤东西北地区	74.17	32.24	72.22
北京	90.62	68.97	71.17
上海	88.62	62.67	64.51
西安	81.56	70.26	68.03
南京	87.45	63.34	62.07
成都	78.79	65.11	33.65
苏州	87.30	55.97	42.36

第四篇 行业篇

本篇将广东省激光和增材制造产业链从上游到下游分别划分为 5 个和 4 个关键环节，结合专利分析，梳理和分析广东省激光与增材制造行业各个关键环节的发展现状和"瓶颈"问题，并提出相关建议。

广东省激光与增材制造产业发展水平总体处于全国领先地位，但在关键材料、器件和软件等环节仍存在薄弱点。在上游专用材料领域，广东省创新能力相对薄弱，产业集聚效应尚未显现，关键材料仍依赖进口。在器件/软件和激光器方面，广东省近几年发展较快，特别是激光器形成了一定产业规模，但关键核心器件和软件仍与国际先进水平存在差距，关键部件依赖进口。在中下游的装备系统和应用产品及技术服务领域，得益于广东省制造产业规模大、门类齐全等优势，产业发展基础较好，激光与增材制造技术与相关产业结合程度高，已形成了一定的应用规模。产业链各个环节连续多年保持专利申请量全国第一。

第十二章 广东省激光产业链情况

广东省激光产业链如图 12-1 所示。

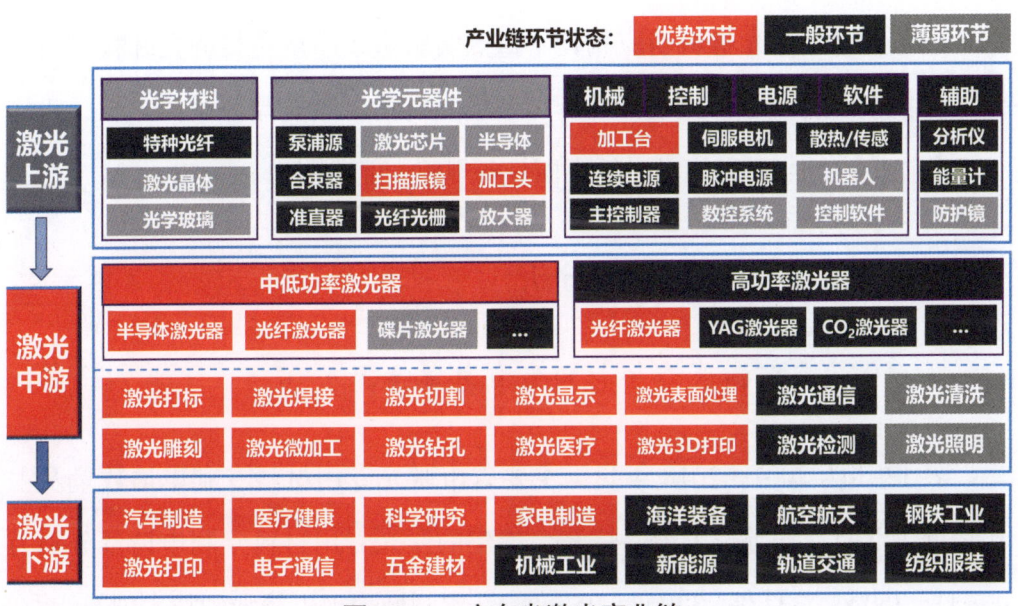

图 12-1　广东省激光产业链

第一节 专用材料

一、发展现状

近年来,广东省相关高校院所和企业针对专用材料进行了技术攻关和产业应用布局。高校院所方面,暨南大学建设了广东省晶体材料和晶体激光技术与应用工程技术研究中心,开展多种激光晶体生长与性能研究工作;华南理工大学物理与光电学院在特种光纤材料研究方面做了很多工作,并牵头创建了广东省光纤激光材料与应用技术重点实验室、广东省特种光纤材料与器件工程技术研发中心。企业方面,广东华晶科技在激光晶体(棒)、广州华仁亿和在传输 CO_2 激光能量光纤方面具备规模产业化能力。

二、激光专用材料专利分析

(一)广东省激光专用材料专利总体情况

表 12-1 为 2001—2018 年我国主要省市激光专用材料专利申请数量及占比情况。北京、江苏、上海、广东、福建的激光专用材料专利申请量分别为 434 件、350 件、322 件、320 件、257 件,在本领域表现出较强的技术创新能力。其中,广东激光专用材料专利申请量位居全国第四,占全国申请量的 9.62%,仅次于北京、江苏和上海。

第十二章 广东省激光产业链情况

表 12-1 国内激光专用材料专利申请数量及占比（排名前十）

申请人省市	专利申请量/件	占比/%
北京	434	13.05
江苏	350	10.53
上海	322	9.68
广东	320	9.62
福建	257	7.73
湖北	170	5.11
吉林	139	4.18
山东	139	4.18
陕西	129	3.88
天津	110	3.31

从图 12-2 可见，2001—2018 年国内激光专用材料专利申请量呈稳步上升趋势。自 2011 年开始，广东、江苏的专利申请量一直保持较大幅度的增长。到 2018 年，广东的激光专用材料专利申请量上升至全国第一，表明广东激光专用材料领域近几年的技术研发成果逐渐增多，市场活跃度较高。

表 12-2 给出了国内主要省市激光专用材料专利的专利有效率、发明专利申请占比、专利累计授权率等几个重要指标。从专利有效率指标看，广东激光专用材料专利的专利有效率为 77.11%，仅次于湖南的 89.47%，但远高于北京（55.87%）和上海（54.12%），略高于江苏（75.9%）。考虑到湖南专利申请总量相对较少，可见广东激光专用材料技术相对其他省市具有更好的保护需求，授权专利总体价值较高。从发明专利申请占比指标看，广东省激光专用材料发明专利申请占比仅为 63.75%，在全国先进省市中处于较低

水平，表明实用新型专利和外观设计专利申请占比较大，专利申请整体含金量较低。从专利累计授权率看，广东激光专用材料专利累计授权率处于主要省市的中上游水平，表明广东发明专利申请整体质量较好，但仍有一定提升空间。

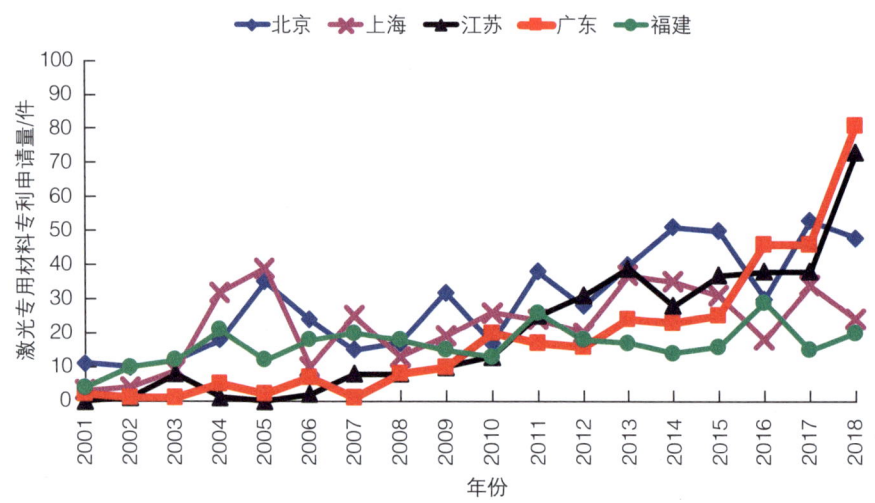

图 12-2　国内主要省市激光专用材料专利申请量（2001—2018 年）[①]

表 12-2　国内主要省市激光专用材料专利指标

省市	专利有效率 /%	发明专利申请占比 /%	专利累计授权率 /%
广东	77.11	63.75	70.83
北京	55.87	88.25	62.42
江苏	75.90	78.92	55.03
上海	54.12	85.45	55.61
湖北	69.16	79.41	77.42
山东	71.26	76.98	72.37

---

① 由于专利从申请到公开的时间为 6～18 个月，2019 年专利数据未完全公开，因此仅统计至 2018 年。

续表

省市	专利有效率 /%	发明专利申请占比 /%	专利累计授权率 /%
福建	55.45	86.77	41.99
陕西	65.00	82.17	83.00
浙江	61.90	72.73	61.40
四川	54.72	82.76	70.37

(二)广东省激光专用材料专利技术领域分布

广东激光专用材料专利技术领域分布及数量如图 12-3 和表 12-3 所示。从专用材料的 IPC 分类（小类）来看，广东激光专用材料技术创新布局重点集中在激光器、半导体器件、焊接器件及光学元件等器件专用材料。

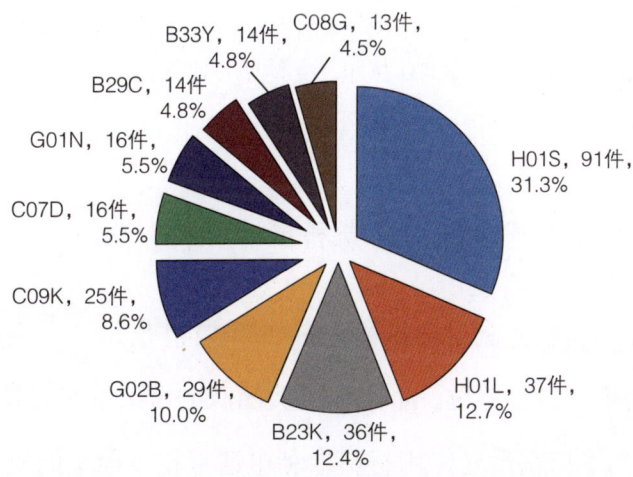

图 12-3　广东省激光专用材料专利技术领域分布

表12-3 广东省激光专用材料专利技术领域分布

IPC分类号	技术领域（小类）	专利数量/件
H01S	利用辐射（激光）受激发射使用光放大过程来放大或产生光的器件；利用除光之外的波范围内的电磁辐射的受激发射器件	91
H01L	半导体器件；其他类目中不包括的电固体器件	37
B23K	钎焊或脱焊；焊接；用钎焊或焊接方法包覆或镀敷；局部加热切割，如火焰切割；用激光束加工	36
G02B	光学元件、系统或仪器	29
C09K	不包含在其他类目中的各种应用材料；不包含在其他类目中材料的各种应用	25
C07D	杂环化合物	16
G01N	借助于测定材料的化学或物理性质来测试或分析材料	16
B29C	塑料的成型或连接；塑性状态材料的成型，不包含在其他类目中的；已成型产品的后处理，如修整	14
B33Y	附加制造，即三维（3D）物品制造，通过附加沉积、附加凝聚或附加分层，如3D打印、立体照片或选择性激光烧结	14
C08G	用碳–碳不饱和键以外的反应得到的高分子化合物	13

（三）广东省激光专用材料专利申请机构分布

广东激光专用材料专利申请机构分布如图12-4所示。专利申请主要以企业及大专院校为主，科研单位、个人和机关团队的申请量相对较少。

图12-5列出了广东激光专用材料专利申请量排名前十的机构，其中6家为大专院校，3家为企业，1家为科研单位。华南理工大学、广东工业大学、暨南大学和深圳大学表现出较强的技术创新能力，位于前四。

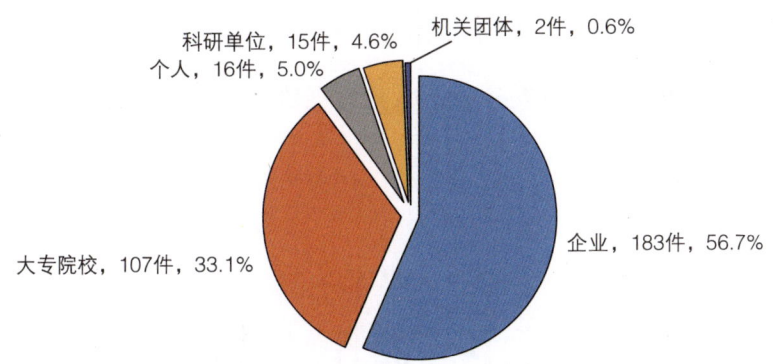

图 12-4　广东省激光专用材料专利申请机构分布

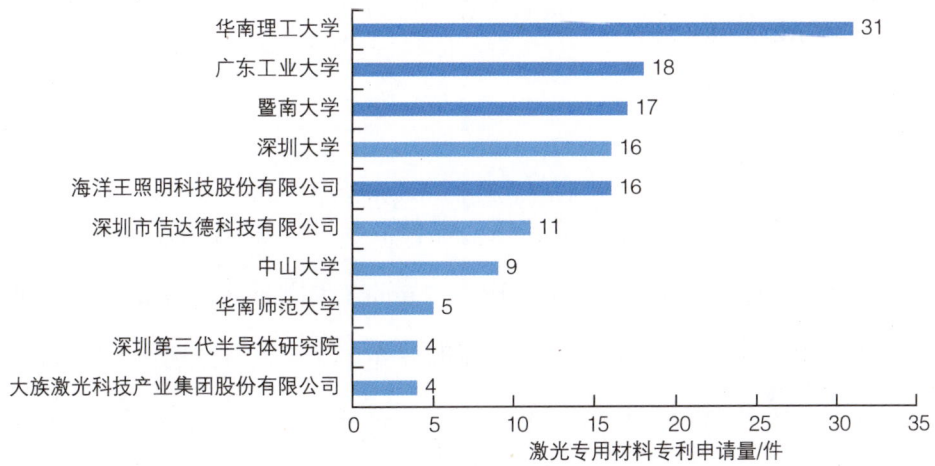

图 12-5　广东省激光专用材料专利申请量排名前十的机构

三、瓶颈与建议

当前，广东在激光专用材料研发和产业化方面相对薄弱，特别是在特种光纤、激光晶体产业化方面与国内外存在较大差距。激光晶体多由国内其他省市企业提供，工业激光用特种光纤产品主要依赖外购。

建议广东省采取"对外引进落地、对内自力更生"的策略。一方面，有针对性地从省外、国外引入优势团队或知名企业，提升技术研发和产业化水平；

另一方面，加强对省内从事激光晶体、特种光纤等专用材料研发的高校院所及企业的支持，提高自主研发能力，成立专项资金进行补助，引导校企合作，推动技术成果加速落地转化和应用。

第二节 器件/软件

一、发展现状

（一）器件

激光芯片与泵浦源是激光器的核心器件。长期以来激光芯片产品核心技术都被 II-VI、Lumemtum、DILAS、IPG、Lumics 等国外企业垄断。直到近年我国出现了华光光电、长光华芯、深圳瑞波光电子、深圳柠檬光子等企业，才逐渐打破了国外垄断。其中，深圳瑞波光电子与深圳柠檬光子是从事激光芯片研发与制造的企业。在泵浦源方面，广东省从事泵浦源研发与制造的企业主要包括深圳星汉激光、深圳活力激光、创鑫激光等，其中，创鑫激光已经实现了包括泵浦源在内的 97% 以上核心器件的自产自用。合束器、光纤、耦合器、隔离器等是激光器的重要组成部分。深圳朗光科技已自主研发出合束器、保偏光纤等；珠海光库科技专注于高功率光无源器件、保偏光无源器件研发与制造，为工业光纤激光器提供众多可靠核心部件；深圳莱特尔科技已实现了耦合器、隔离器、CPS、MFA、QBH、光栅等产品的量产。

激光器件相关的配套主要包括光学镜片、冷却系统、扫描振镜、激光加工头、激光电源、控制软件等。广东省内从事激光光学镜片制造的企业主要包括深圳鼎鑫盛光学、深圳华鹏艾伟、广州安特激光等。从事高功率激光加工头制造的企业主要包括深圳万顺兴科技、深圳慧之光激光、深圳欧斯普瑞、深圳牛顿光学、深圳骐麟激光等。从事扫描振镜制造的企业主要包括深圳大族思特、深圳加沃泰克、深圳智博泰克、深圳欧亚自动化等。从事冷却系统制造的企业则有广州特域机电、深圳东露阳、深圳酷凌时代、东莞蓝企鹅机电等。目前，广东整个激光配套器件产业规模已经超过20亿元。

（二）软件

大族激光、联赢激光等多家广东省企业组建了软件开发团队进行激光软件产品开发，取得了一定的进展。例如，联赢激光开发了一系列焊接应用软件、信息采集软件，拥有超过110项软件著作权；大族激光集团旗下成立了深圳大族彼岸数字控制软件技术有限公司，专门研发各种激光应用控制软件；激光加工头供应商深圳万顺兴科技组建了软件团队，研发出适用于切割头、焊接头等的控制系统；广州创可激光自行开发设计了动态三维激光打标控制系统；深圳睿达科技的软件在视觉打标、CO_2切割、激光雕刻、中小功率非金属材料加工应用领域占据了重要的市场份额。

二、激光器件/软件专利分析

（一）广东省激光器件/软件专利总体情况

表12-4为2001—2018年国内主要省市激光器件/软件专利申请数量及占比情况。广东、江苏、北京、上海和湖北的激光器件/软件专利申请量分别为1381件、1273件、726件、528件和512件，在本领域表现出较强的技术创

新能力。其中,广东激光器件/软件专利申请量占全国申请量的16.74%,与申请量第二的江苏省形成第一梯队,远高于北京、上海、湖北等省市。

表12-4 国内激光器件/软件专利申请数量及占比(排名前十)

申请人省市	专利申请量/件	占比/%
广东	1381	16.74
江苏	1273	15.43
北京	726	8.80
上海	528	6.40
湖北	512	6.21
浙江	482	5.84
山东	355	4.30
陕西	301	3.65
四川	254	3.08
安徽	237	2.87

从图12-6可见,2001—2010年国内主要省市在激光器件/软件领域仅有少量专利申请,但在2011年后专利申请量均呈现快速上升趋势,其中,广东、江苏的专利申请量上涨趋势尤为明显。2018年,广东激光器件/软件专利申请量上升至全国第一,表现出较高的市场活跃度。

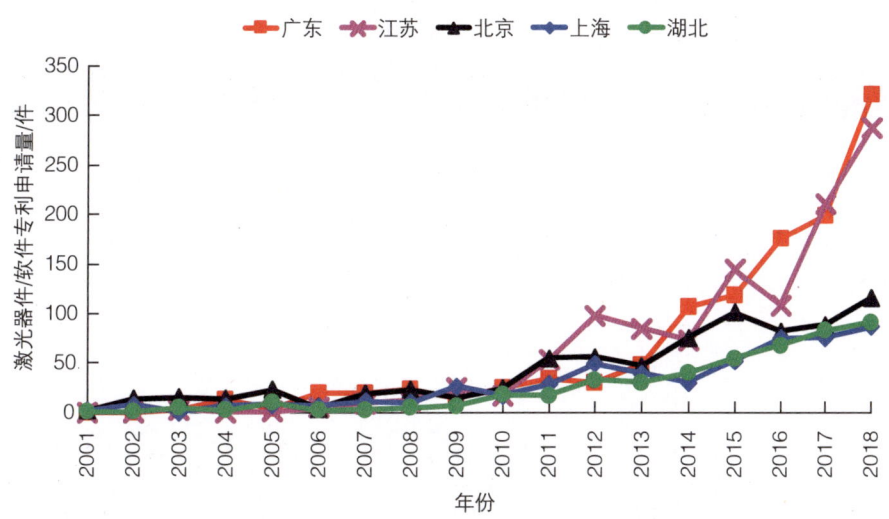

图 12-6　国内主要省市激光器件/软件专利申请量（2001—2018 年）

表 12-5 给出了国内主要省市激光器件/软件专利的专利有效率、发明专利申请占比、专利累计授权率等几个重要指标。从专利有效率指标看，广东激光器件/软件专利的专利有效率达 83.73%，排名全国第一，表明申请人对授权专利保护需求较强，授权专利总体价值较高。从发明专利申请占比指标看，广东激光器件/软件发明专利申请占比仅为 41.77%，在申请量前十五的省市中仅排第十四，表明实用新型专利和外观设计专利相对较多，专利申请总体含金量相对较低。从专利累计授权率指标看，广东激光器件/软件专利累计授权率为 67.47%，处于国内主要省市的中上游水平，仅低于专利申请量相对较少的湖北（73.68%）、浙江（72.54%）、河北（68.75%）和北京（67.62%），发明专利总体质量相对较好。

表 12-5　国内主要省市激光器件/软件专利指标

省市	专利有效率/%	发明专利申请占比/%	专利累计授权率/%
广东	83.73	41.77	67.47
江苏	78.15	50.71	56.70
北京	75.17	68.04	67.62
湖北	76.23	47.66	73.68
上海	68.25	60.00	56.45
浙江	66.88	54.92	72.54
山东	70.25	51.69	66.98
四川	77.18	57.25	59.09
陕西	63.54	63.12	69.31
天津	68.09	48.39	51.72

（二）广东省激光器件/软件专利技术领域分布

广东激光器件/软件专利技术领域分布及数量如图 12-7 和表 12-6 所示。从 IPC 分类（小类）来看，相关专利主要分布在 B23K、G01N 和 G01B 三个技术领域，表明广东激光器件/软件技术创新布局重点集中在焊接等激光加工器件、材料分析器件/软件及与计量相关的器件/软件。

第十二章
广东省激光产业链情况

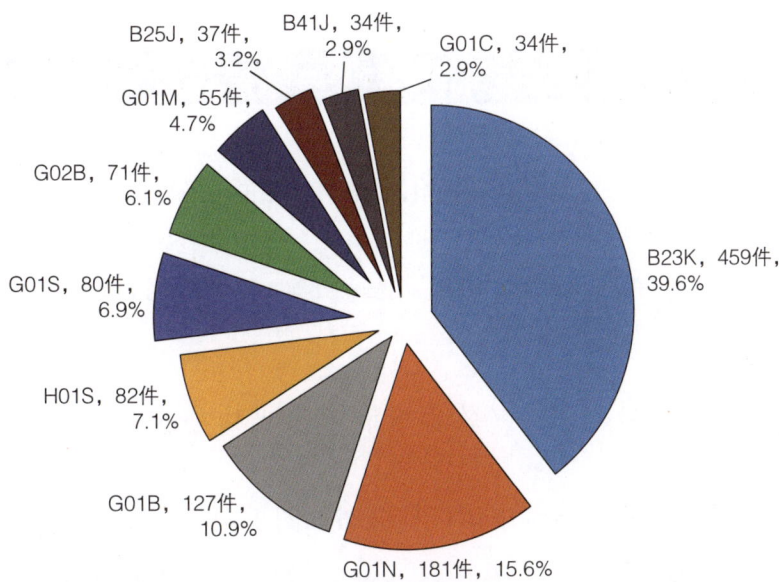

图 12-7　广东省激光器件/软件专利技术领域分布

表 12-6　广东省激光器件/软件专利技术领域分布

IPC 分类号	技术领域（小类）	专利数量/件
B23K	钎焊或脱焊；焊接；用钎焊或焊接方法包覆或镀敷；局部加热切割，如火焰切割；用激光束加工	459
G01N	借助于测定材料的化学或物理性质来测试或分析材料	181
G01B	长度、厚度或类似线性尺寸的计量；角度的计量；面积的计量；不规则的表面或轮廓的计量	127
H01S	利用辐射（激光）受激发射使用光放大过程来放大或产生光的器件；利用除光之外的波范围内的电磁辐射的受激发射器件	82
G01S	无线电定向；无线电导航；采用无线电波测距或测速；采用无线电波的反射或再辐射的定位或存在检测；采用其他波的类似装置	80
G02B	光学元件、系统或仪器	71
G01M	机器或结构部件的静或动平衡的测试；其他类目中不包括的结构部件或设备的测试	55

续表

IPC 分类号	技术领域（小类）	专利数量 / 件
B25J	机械手；装有操纵装置的容器	37
B41J	打字机；选择性印刷机构，即不用印版的印刷机构；排版错误的修正	34
G01C	测量距离、水准或方位；勘测；导航；陀螺仪；摄影测量学或视频测量学	34

（三）广东省激光器件/软件专利申请机构分布

广东激光器件/软件专利申请机构分布如图 12-8 所示，可见超过 3/4 的专利申请来自企业，其次是大专院校，个人、科研单位和机关团体作为申请人的专利占比较小。

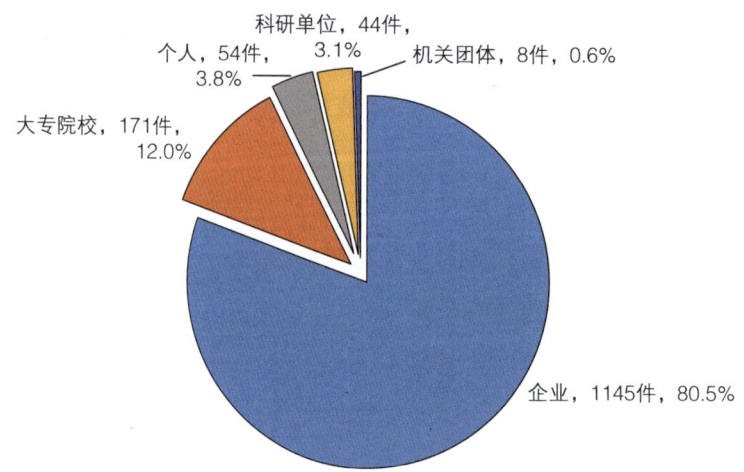

图 12-8　广东省激光器件/软件专利申请机构分布

图 12-9 列出了广东激光器件/软件专利申请量排名前十的机构，申请量前十机构中仅有华南理工大学、广东工业大学两所大专院校，其余均为企业。大族激光的专利申请量遥遥领先。

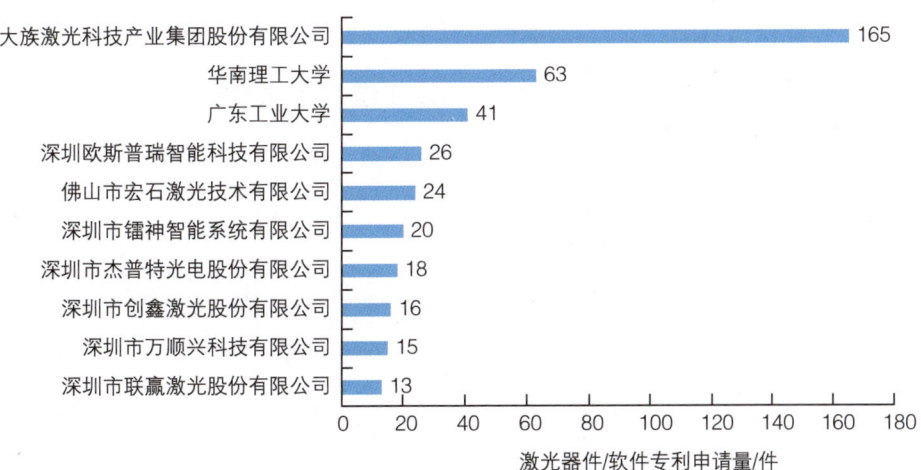

图 12-9　广东省激光器件/软件专利申请量排名前十的机构

三、瓶颈与建议

在激光核心器件方面，尽管广东企业已经初步实现了国产化，但还有一些关键器件，如光纤放大器、光纤光栅、光纤耦合器等仍然依赖进口。在软件方面，广东企业开发的激光软件大多应用于中小功率装备，高端复杂应用较为欠缺。

建议广东省有针对性地扶持激光核心器件/软件研发，对现有较为优秀的光电器件和工业软件企业或高校院所加大支持力度。加强光学器件、激光软件等方向人才的培养，引导相关人才团队创新创业，提升广东省激光技术的"软实力"。

第三节　激光器

一、发展现状

激光器作为产生激光的装置，是所有激光应用产品的"心脏"。目前广东省已基本具备规模化生产各种激光器的能力,各类激光器的年产值超过 20 亿元,5000 W 单模连续光纤激光器、35 000 W 多模连续光纤激光器、脉宽可调高功率脉冲光纤激光器等位于国际先进行列。在气体激光器研发与制造方面,广东主要拥有杰普特、深圳联品激光、东莞斯派特激光、深圳大通激光、大族激光等企业。在固体激光器研发与制造方面,广东主要拥有大族激光、创鑫激光、深圳瑞丰恒激光、英诺激光、深圳格镭激光、深圳贝尔激光、东莞富通尼激光等企业。在半导体激光器研发与制造方面,广东主要拥有深圳活力激光、深圳柠檬光子、深圳瑞波光电子、创鑫激光、联赢激光、深圳星汉激光等企业(表 12-7)。各类激光器企业的核心研发力量主要来自外资企业或人才引进,相关技术来源如表 12-8 所示。

表 12-7 广东省各类激光器主要企业及对应国外厂商

类型	广东主要厂商	国外主要厂商
气体激光器	杰普特、深圳联品激光、东莞斯派特激光、深圳大通激光、大族激光等	德国通快、Rofin,美国 Coherent、PRC、Convergent、Synrad、Iradion,意大利 EL.EN,日本的三菱、东芝、Amada 等
固体激光器	大族激光、创鑫激光、杰普特、深圳联品激光、广东国志激光、深圳瑞丰恒激光、英诺激光、深圳格镭激光、深圳贝尔激光、东莞富通尼激光等	美国 IPG、nLight、JDSU、Convergen,德国 Rofin、Jenoptik,英国 SPI,日本藤仓,韩国 EO 等
半导体激光器	深圳活力激光、深圳柠檬光子、深圳瑞波光电子、创鑫激光、联赢激光、深圳星汉激光等	德国通快、Laserline、Dilas,日本松下,美国 Coherent 等

续表

类型	广东主要厂商	国外主要厂商
超快激光器	英诺激光、广东华快光子、广东瀚盈激光、大族光源事业部、朗研光电东莞分公司、深圳瑞丰恒激光等	美国光谱物理、Coherent，德国通快、EdgeWave，法国 Amplitude，立陶宛 EKSPLA、Light Conversion，丹麦 NKT 等
蓝光激光器	联赢激光、北京大学东莞光电研究院、广东硬科技研究院等	Laserline、Nuburu、Dilas 等
准分子激光器	深圳盛方科技	美国 Cymer，日本 Gigaphoton

表 12-8 部分广东省激光器企业技术来源

广东激光器企业	技术来源
大族激光精密焊接	海外光学团队、上海光机所与广东省重点高校等
东莞斯派特激光	南通斯派特总部
深圳大通激光	美国大通激光总部
杰普特	引进南洋理工大学人才
广东瀚盈激光	引进美国激光人才回国创业
广东华快光子	北京大学超快激光团队
大族光源部	引进德国激光人才
广东国志激光	引进华中科技大学创业团队
东莞富通尼激光	属于美国 Photonics Industries 公司
深圳盛方科技	引进安徽光机所激光人才

二、激光器专利分析

（一）广东省激光器专利总体情况

表 12-9 为 2001—2018 年国内主要省市激光器专利申请数量及占比情况。

北京、广东、江苏、陕西申请的激光器专利均超过 500 件，分别为 906 件、793 件、784 件和 561 件，在本领域表现出较强的技术创新能力。其中，广东激光器专利申请量占全国申请量的 11.89%，排名全国第二，仅次于北京的 13.59%。

表 12-9　国内激光器专利申请数量及占比（排名前十）

申请人省市	专利申请量/件	占比/%
北京	906	13.59
广东	793	11.89
江苏	784	11.76
陕西	561	8.41
湖北	427	6.40
山东	415	6.22
上海	339	5.08
吉林	275	4.12
浙江	265	3.97
四川	250	3.75

从图 12-10 可见，2001—2018 年国内主要省市激光器专利申请量呈现稳步上升态势，其中，北京和江苏专利申请量呈现波动增长。2001—2015 年，广东激光器专利申请量不多，落后于北京、江苏、陕西等省市，2015 年之后则呈现稳定增长的趋势，到 2018 年上升为全国首位。

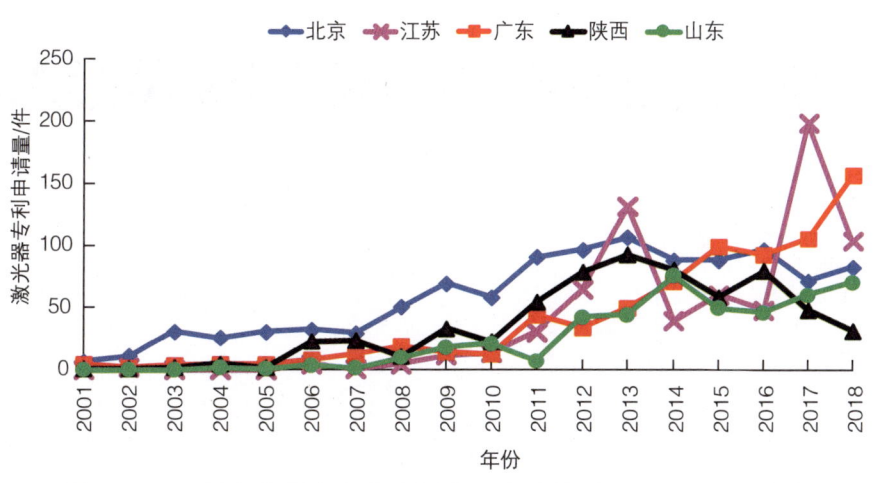

图 12-10　国内主要省市激光器专利申请量（2001—2018 年）

表 12-10 给出了国内主要省市激光器专利的专利有效率、发明专利申请占比、专利累计授权率等几个重要指标。从专利有效率指标看，广东（79.49%）激光器专利的专利有效率较高，远高于申请量最高的北京（58.08%），表明与国内其他主要省市相比，广东激光器专利保护需求较强，授权专利总体价值较高。从发明专利申请占比指标看，广东激光器发明专利申请占比为 53.14%，在主要省市中处于较低水平，申请专利中有相对多的实用新型专利和外观设计专利。从专利累计授权率指标看，广东激光器专利累计授权率为 55.69%，在主要省市中处于中游水平，发明专利整体质量仍有待进一步提高。

表 12-10　国内主要省市激光器专利指标

省市	专利有效率 /%	发明专利申请占比 /%	专利累计授权率 /%
广东	79.49	53.14	55.69
北京	58.08	73.32	56.70
江苏	73.33	65.36	38.24
陕西	63.37	52.75	65.79

续表

省市	专利有效率 /%	发明专利申请占比 /%	专利累计授权率 /%
湖北	78.85	46.73	66.24
山东	71.43	59.95	50.00
上海	51.16	62.83	50.57
四川	70.59	66.80	59.32
吉林	60.69	86.91	57.37
浙江	45.74	51.31	63.83

（二）广东省激光器专利技术领域分布

广东激光器专利技术领域分布及数量如图12-11和表12-11所示。从IPC分类（小类）来看，广东激光器技术创新布局主要集中在光学元件及系统、激光器的结构部件测试等。

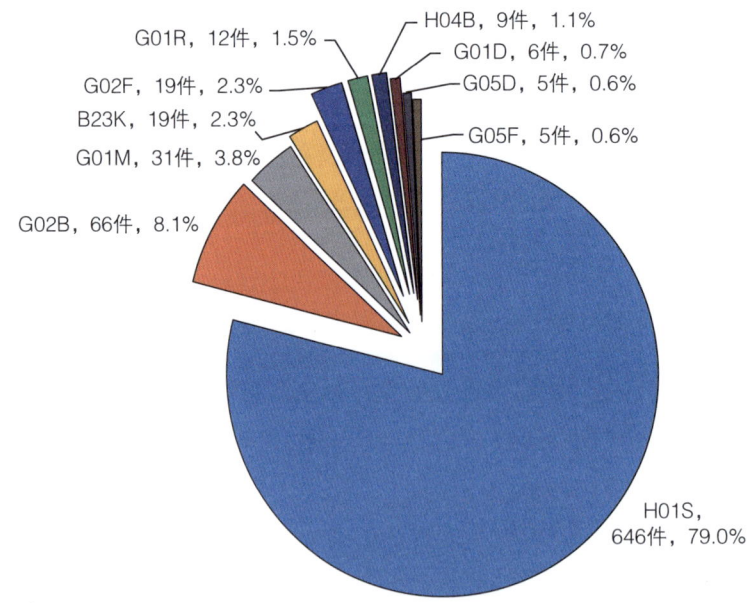

图12-11 广东省激光器专利技术领域分布

表 12-11　广东省激光器专利技术领域分布

IPC 分类号	技术领域（小类）	专利数量 / 件
H01S	利用辐射（激光）受激发射使用光放大过程来放大或产生光的器件；利用除光之外的波范围内的电磁辐射的受激发射器件	646
G02B	光学元件、系统或仪器	66
G01M	机器或结构部件的静或动平衡的测试；其他类目中不包括的结构部件或设备的测试	31
B23K	钎焊或脱焊；焊接；用钎焊或焊接方法包覆或镀敷；局部加热切割，如火焰切割；用激光束加工	19
G02F	用于控制光的强度、颜色、相位、偏振或方向的器件或装置，如转换、选通、调制或解调，上述器件或装置的光学操作是通过改变器件或装置的介质光学性质来修改的；用于上述操作的技术或工艺；变频；非线性光学；光学逻辑元件；光学模拟/数字转换器	19
G01R	测量电变量；测量磁变量	12
H04B	传输	9
G01D	非专用于特定变量的测量；不包含在其他单独小类中的测量两个或多个变量的装置；计费设备；非专用于特定变量的传输或转换装置；未列入其他类目的测量或测试	6
G05D	非电变量的控制或调节系统	5
G05F	调节电变量或磁变量的系统	5

（三）广东省激光器专利申请机构分布

广东激光器专利申请机构分布如图 12-12 所示，可见专利申请主要来自企业，其次是大专院校，科研单位和个人的申请量相对较少。从申请量上看（图 12-13），杰普特、创鑫激光、大族激光等 6 家企业，华南理工大学、深圳大学、广东工业大学和华南师范大学 4 所高校激光器专利申请量进入全省前十。

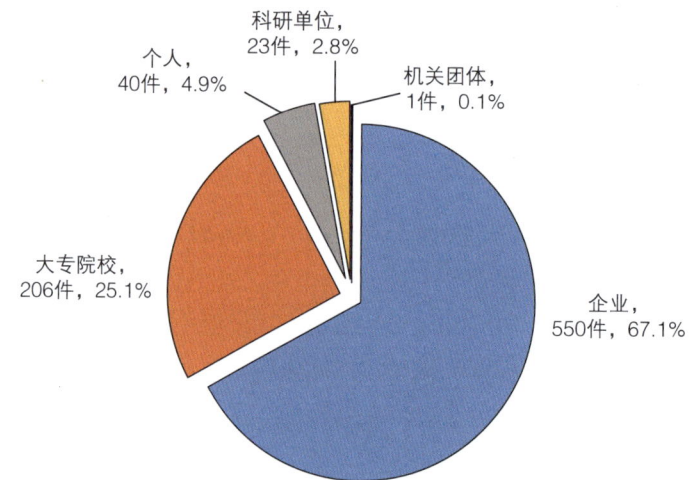

图 12-12　广东省激光器专利申请机构分布

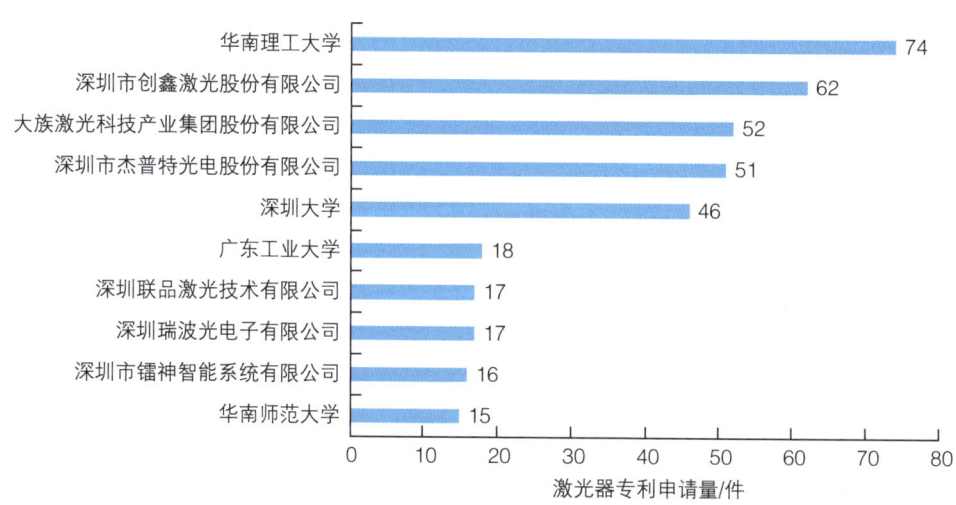

图 12-13　广东省激光器专利申请量排名前十的机构

三、瓶颈与建议

近 10 年来，广东省激光器发展虽然取得较大进展，但仍然面临一些问题。

一是广东省激光器相关基础研究水平仍然落后于北京、湖北和陕西等省市；二是大多数企业主要集中在中低端激光器生产环节，形成了明显的同质化竞争，而涉及高端产品的企业较少；三是激光器的可靠性与国外先进水平仍有较大差距，稳定性、寿命等指标均有待提升。

建议广东省通过本土培养、引进人才、产业技术转移等措施针对性地补齐激光器技术研发及产业化等方面的短板，减少被国外制约的可能性。借助广东省激光行业协会、广东省激光产业技术创新联盟等平台，推动激光器技术创新，引导企业差异化发展，研制高端激光器产品，提升激光器可靠性。

第四节　装备系统

一、发展现状

广东省是全国制造大省和全球重要制造业基地，汽车、半导体、OLED、手机等高附加价值制造业的腾飞带动了激光装备系统的快速发展。近年来，广东省在激光装备系统方面处于全国领先地位，已经培育出大族激光、佛山宏石激光、联赢激光、海目星、百盛、东莞力星激光等一批激光骨干企业，激光装备系统研发、设计和制造能力持续增强，新技术、新产品不断取得突破。例如，国家智能制造试点示范企业大族激光，从特种光纤到激光器，再到激光加工设备，已打通全部激光技术产业链，实现了激光产业垂直一体化发展。广东激光装备典型企业及其产品、特点如表12-12所示。

表 12-12　广东省激光装备典型企业及产品、特点

分类	技术名称	典型企业	典型设备	技术特点
激光钻孔机	激光钻孔机	大族数控	激光钻孔设备：HD650L、UVDRILLER-L650BE、HANS-6M、HANS-F6MH0 等	高精度、高速度、高效率：设计出高刚度机械结构搭配高性能控制系统和优选各高精配件的先进技术方案，X、Y、Z轴定位驱动均采用高性能直线电机，X、Y轴最大移动速度高达 80 m/min，实现了高速度高精度定位，Z轴直线驱动提高了速度转换响应效率，有效地提高了钻孔加工产能，同时具有独立快钻功能，保证了快钻稳定性，并有压脚换功能，有效地提升了钻孔效率。具有压脚切换功能：适合微小孔加工，改善钻孔精度。自动换刀机构：采用高效自动换刀机构，单轴刀库容量 220 支，电容式检测系统具有准确实时监测断刀功能，具有钻盲孔功能，深度控制精度 +25 μm
激光切割机	金属激光切割	深圳铭镭激光	贵金属精密激光切割机	贵金属精密切割机采用深圳铭镭激光独创的双层贵金属回收系统。进口光纤激光器、高配置切割软件、高精度旋转切割头、高精度自动跟随对焦系统、配合专业激光切割控制软件、配套自动跟随随动系统，切割时全自动跟随随工件弯曲起伏调节焦点位置，确保精密切割保证质量。可选配自动送料切割系统和手镯、戒指旋转切割系统
激光切割机	非金属激光切割	广州汉马激光	金属非金属混合激光切割机 NJP1325	高精度：采用高精度双驱动电机，从而达到理想切割效果。稳定性高：采用数控系统控制，可满足精密零件加工，可长时间持续工作。适用范围广泛：切割金属与非金属材料，适合多个行业使用。切割断面效果好：采用机械性切割头随动系统，使切割头可以随金属板材高低随动，切割点位置始终保持不变，使切缝平整光滑，断面清晰，效果好。易操作：支持 CDR、CAD 直接原图输入输出

续表

分类	技术名称	典型企业	典型设备	技术特点
激光切割机	大幅面激光切割	佛山宏石激光	高功率大幅面激光切割机 GF 系列	功率可选 6～20 kW，长期批量稳定切割厚度 20 mm 以上中厚板，极限切割厚度 50 mm 以上。超大幅面，加工宽度大至 3200 mm，长度可根据用户加工需求定制。加工材料类型广，既可加工大尺寸型钢，又可加工板材，可定制加长；单段长 7 m，可定制加长；自主研发专利模组化工作台，轻松拆换，拆装方便，快速投入生产，高效省时，安全维护，床身分段设计，便捷高效。
	超快精密激光切割	海目星	全自动脆性材料皮秒激光切割机	主要应用于手机蓝宝石单/双摄像头保护片切割，可用于蓝宝石切割，也可用于石英等其他脆性材料切割。全自动化上下料切割。采用大理石精密平台，稳定承载，耐腐蚀，稳定性高且使用寿命长。配置自动对位 CCD 及视觉镜头，能精确识别各类 Mark 点。自主研发的切割软件，易学易用，可由客户选择订制功能。进口高功率激光器，加工速度快。
	三维激光切割	大族激光智能装备集团	机器人三维激光切割机	铭锯机器人三维激光切割机是针对钣金行业研发的一款设备，由专用六轴机器人（ABB）、三维光纤激光切割头、光纤激光器等部件组成。利用六轴机器人灵活快速的动作性能，对成型钣金进行切割。其切割方式有轨迹示教和离线编程两种方式，从而实现对钣金成型件的多方位切割，以满足客户的不同要求。高精度电容式随动系统，自主研发的切割软件。

183

续表

分类	技术名称	典型企业	典型设备	技术特点
激光钻孔机		东莞盛雄激光	HDI高速激光微细钻孔系统（SLDR-8070I）、QCW光纤激光微细钻孔机（Super-Drilling 600F）	采用皮秒激光器，超短脉冲加工无热传导，适用于陶瓷薄膜材料的高速钻孔。采用单激光器双光路分光技术，双激光头加工。钻孔速度高达2000 holes/s，最小孔径10 μm，真圆度95%以上，小孔边缘光滑无毛刺。CCD视觉预扫描和自动抓靶定位，最大加工范围650 mm×450 mm，XY平台拼接精度≤3 μm。支持多种视觉定位特征点等如十字、实心圆、空心圆、L型直角边、影像特征点等
激光切割机	动力电池极耳切割系统	海目星	高速激光制片机（立式）、全自动软连接焊接机、全自动方形铝壳电芯超声波焊接机、全自动转接片焊接机、全自动顶盖焊接机等	激光制片机具备锂电池正负极片单边或双边切极耳的功能。用于动力电池的顶盖与铜/铝连接片装配后进行激光焊接焊接机
	OLED/屏幕切割机	大族显示与半导体	HanMicro7615-R光纤激光精密切割机	可应用于手机摄像头/显示面板、蓝宝石、陶瓷等的切割，也可应用于其他金属材料的切割。该设备采用一分三出光模式，切割效率高

续表

分类	技术名称	典型企业	典型设备	技术特点
激光焊接机	精密激光焊接机	大族激光精密焊接	半导体激光器、光纤激光器、QCW激光器、灯泵AG激光器、纳秒激光器、超快激光器、蓝/绿光激光器	大族激光精密焊接专注于尖端激光技术和装备的研发、制造。激光焊接工艺研究与激光领域的自动化应用和系统集成，拥有自主研发的光纤激光器、灯泵浦激光器、半导体激光器、特种激光器、超快激光器、QCW激光器等，根据客户产品特点及个性化需求，致力于为客户提供最佳的激光加工设备与自动化解决方案。其中，自研QCW激光器/纳秒激光器具有高光束质量、高峰值功率、焊接质量优良，可以对精密的摄像头模组、中板、螺柱等构件进行焊接，工件合格率较高；另外，蓝/绿光激光器可以对高反材料的薄板弹片进行焊接，解决了核心市场地位，自主研发的激光行业已经基本高反材料的难题，占据了精密焊接领域的应用场合满足了精密焊接领域的应用场合
	YAG激光焊接机	联赢激光	YAG激光焊接机：UW-300A、UW-301AC、UW-302AC、UW-600AP	光纤传输灯泵YAG激光焊接机产生的激光经过光纤传输到激光焊接头中，激光能量聚焦于工件表面形成熔池使材料熔化实现焊接。光纤传输灯泵YAG激光焊接机具备全球领先的激光焊接能量负反馈技术，使激光能量从始至终保持高度的稳定性，排除因水温波动、电压波动、泵浦氙灯（氪灯）老化等因素引起的不稳定现象，提升焊接产品的一致性，保证焊接良率
	机器人自动化激光焊接	大族激光智能装备	汽车自动化焊接产线	为汽车行业客户提供先进的智能制造装备与系统集成解决方案
	动力电池激光焊接	联赢激光	转接片焊接、超声波焊接、顶盖焊接等	激光焊是超声波焊接后顶盖与转接片的焊接，激光对空气粉尘比较敏感。粉尘大会造成激光能量不稳定，光能量不稳定易引起炸火爆点，激光能量不稳定继而产生爆点，或者引起熔深不稳定而产生爆点与虚焊，爆点产品只能报废处理，而虚焊产品需要二次补焊

续表

分类	技术名称	典型企业	典型设备	技术特点
激光打标机	飞行打标机	大族激光	激光飞行打标机：HANS36K-T、HANS36K、HANS58K、HANS68K、HANS120C、HANS20Y 等	飞行打标是在生产线上（加工对象相对于激光器来说是运动的）使用激光加工物体的加工方式，这种加工方式相对于静止加工大大提高了加工效率，被越来越多的用户使用。飞行打标的控制原理简单就是通过控制振镜运动使加工对象与加工内容（图形或文字）保持和相对静止状态下所能达到的相同加工效果
	三维激光打标	创可激光	三维激光打标机 CK-FB3D	灰尘对光学镜片和激光器的光学系统都有毁灭性的损害，创可激光采用双层全封闭式防尘专利技术，真正做到免维护。源自欧洲的三轴动态系统，带来更大的工作范围，更精细的光斑直径。无须人工调整焦距，对位等复杂过程。通过 CK 独有的控制系统，自动一次标记工作不同高度表面。基于 3DLASER 打标控制软件的强大编辑功能，能根据客户的需求进行深度定制化加工，制造出形形色色的个性定制化产品，适用于多品种、中小批量的产品生产
	激光赋码	广州翔声激光	激光喷码机：CO_2 Vi、CO_2 Vc、FIBRE Di、FIBRE Dc、UV Di、UV Dc	CO_2 系列激光喷码机有着良好的稳定性、性能可靠，主要应用于包装行业，如食品、医药、饮料、日化等；FIBRE 系列激光喷码机结构设计精巧和紧凑，可在狭小的空间方便安装，主要应用于电子、马达、管材、电池等高速多内容的喷码；UV 系列激光喷码机设计精巧紧凑，可在狭小空间安装，主要应用于分子聚乙烯材料，如食品、饮料、食品管材等行业的喷码

第十二章 广东省激光产业链情况

续表

分类	技术名称	典型企业	典型设备	技术特点
激光雕刻机	非金属表面雕刻机	大族粤铭	CMA系列激光雕刻切割机	CMA系列激光雕刻切割机配备升降平台及可选配旋转夹具,适用于各种工艺礼品材料的激光雕刻切割,如木制品、纸张、塑料、玉石、亚克力等,广泛应用于广告行业、创客空间、教育机构、工艺礼品行业等
	激光内雕机	光威激光	GW系列激光内雕机	不挑料,一机多用,同时具有2D、3D功能。Z轴与X、Y轴一体设计。雕刻速度快、打点精细、均匀。无粉尘和任何污染,耐磨损,无法涂改,节能
激光表面处理	激光熔覆设备	兴镭激光	激光熔覆机系列	激光熔覆层与基体为致密冶金结合,结合强度高,不脱落,无咬边。加工过程热影响区和热变形小,不改变基材内部金属性能。可实现工件表面性能的定制,熔覆耐磨损、耐腐蚀、耐高温等特殊功能熔覆层。可制备由底层、中间层及表层组成的各具特点的梯度功能熔覆层。适合的激光熔覆材料广泛,常见的各类钢、合金钢及铸铁件均可加工。加工过程自动化控制,工期短,质量稳定
	轧辊表面毛化设备	广州瑞通激光	轧辊激光毛化专用激光器、轧辊激光毛化专用车床	工作原理:当光脉冲作用停止后,微坑熔池金属在轧辊自身热传导作用下迅速冷却,形成微坑和坑边环形凸台结构的相边强化点。与此同时,激光器与轧辊做轴向相对运动,完成轧辊毛化。通过调节激光毛化工艺参数,如激光功率、脉冲波形、脉冲频率、辅助气体种类、方向和流量、轧辊旋转速度等,可精确控制轧辊表面的毛化坑型及分布

187

续表

分类	技术名称	典型企业	典型设备	技术特点
激光清洗机	机器人自动化清洗机	深圳汇泽激光	自动化激光清洗系统	使用连续/脉冲光纤激光器，可根据客户需求进行定制，为客户提供最高效、最智能、最经济的自动化清洗解决方案和系统
		深圳铭镭激光	200～1000 W 高效在线激光清洗机	深圳铭镭激光所生产的激光清洗设备是新一代表面清洗的高科技产品，易于安装，操控和实现自动化。操作简单，接通电，打开设备，即可进行无化学试剂、无介质、无水的清洗，能够清除物件表面树脂、油污、污渍、污垢、锈蚀、涂层、镀层、油漆
	手持式激光清洗	深圳汇泽激光	1000 W 激光清洗系统、500 W 激光清洗系统	1000 W 高功率清洗系统适合钢板浮锈、轨道交通油漆（<200 μm）、船舶防锈漆（<300 μm）、活塞积碳、高光模具油污、轮胎模具硫化物等的清洗；而 500 W 高功率清洗系统适合轮胎橡胶硫化物、钢板浮锈、轨道交通油漆、光学器件镀膜、模具油污等的清洗
激光医疗美容设备	激光医疗美容装备	东莞允可激光	医用大支架激光切割机、医用针管激光切割机 YC-BSLC300、医用支架激光切割机 YC-NTLC300、精密 YC-SLC300、精密薄壁管五轴激光切割机 YC-TLM500 等	切割缝宽小：20～30 μm；切割精度高：≤5 μm；切割品质好：无毛边、切口光滑；精密切割，设计灵活，适应性强

188

续表

分类	技术名称	典型企业	典型设备	技术特点
激光医疗美容设备	激光美容装备	广州瑞通激光	RITON D-100 金属牙冠种植体基牙冠固定桥种植牙架打印机、3D 激光快速成型设备	RITON D-100 设备成型尺寸大，一次性可打印 200 颗牙冠，同时适用于钢托支架的大幅面加工。激光功率大（500 W），采用德国最先进的激光器和动态聚焦扫描振镜，光斑直径 20～50 μm，独创变速铺粉技术，提高加工效率。设备加工材料广泛，常见的钴铬、钛、镍铬等都可应用。保护气体消耗量行业最低，为 1～3 L/min

二、激光装备系统专利分析

(一)广东省激光装备系统专利总体情况

表 12-13 为 2001—2018 年国内主要省市激光装备系统专利申请数量及占比情况。广东、江苏、湖北和浙江申请的激光装备系统专利分别为 2754 件、2186 件、868 件和 850 件,均超过 800 件,在本领域表现出较强的技术创新能力。其中,广东激光装备系统专利申请量占全国申请量的 23.34%,遥遥领先国内其他省市。

表 12-13　国内激光装备系统专利申请数量及占比(排名前十)

申请人省市	专利申请量/件	占比/%
广东	2754	23.34
江苏	2186	18.53
湖北	868	7.36
浙江	850	7.20
山东	470	3.98
上海	458	3.88
安徽	402	3.41
北京	376	3.19
天津	309	2.62
陕西	231	1.96

从图 12-14 中可见,国内主要省市在激光装备系统领域从 2005 年前后开始有了一定的专利申请量,2010 年之后,各省市专利申请量呈快速上升趋势。其中,广东、江苏专利申请量增速尤为突出,特别是在 2013 年后,和其他省

市拉开了较大差距。2015 年，广东激光装备系统专利申请量超过江苏，升到全国第一。

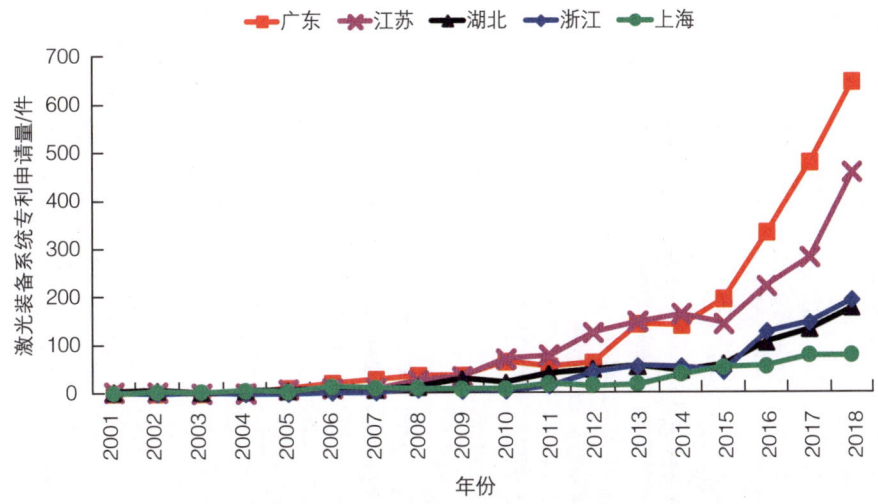

图 12-14　国内主要省市激光装备系统专利申请量（2001—2018 年）

表 12-14 给出了国内主要省市激光装备系统专利的专利有效率、发明专利申请占比、专利累计授权率等几个重要指标。从专利有效率指标看，广东激光装备系统专利的专利有效率为 83.6%，仅次于河北的 87.0% 和湖南的 84.11%，处于国内领先水平，表明广东激光装备系统专利保护需求较强，授权专利总体价值较高。从发明专利申请占比指标看，广东激光装备系统发明专利申请占比为 39.36%，远低于北京的 60.85%，处于相对较低水平，表明实用新型专利和外观设计专利较多，专利申请总体含金量有待提升。从专利累计授权率指标看，广东激光装备系统专利累计授权率为 66.74%，在国内主要省市中处于中上游水平，表明发明专利整体质量较高。

表 12-14　国内主要省市激光装备系统专利指标

省市	专利有效率 /%	发明专利申请占比 /%	专利累计授权率 /%
广东	83.60	39.36	66.74
江苏	74.98	40.06	48.35
湖北	73.86	36.98	59.46
浙江	64.90	43.70	56.21
山东	82.35	30.98	60.00
上海	76.09	45.63	61.34
安徽	78.57	44.36	45.65
北京	66.80	60.85	72.26
福建	80.35	32.88	69.57
天津	60.09	30.32	31.71

（二）广东省激光装备系统专利技术领域分布

广东激光装备系统专利技术领域分布及数量如图 12-15 和表 12-15 所示。从 IPC 分类（小类）来看，专利主要集中在 B23K、B41J、G02B 等技术领域，可见广东激光装备系统技术创新布局主要集中在焊接等激光加工、激光印刷等细分领域。

第十二章 广东省激光产业链情况

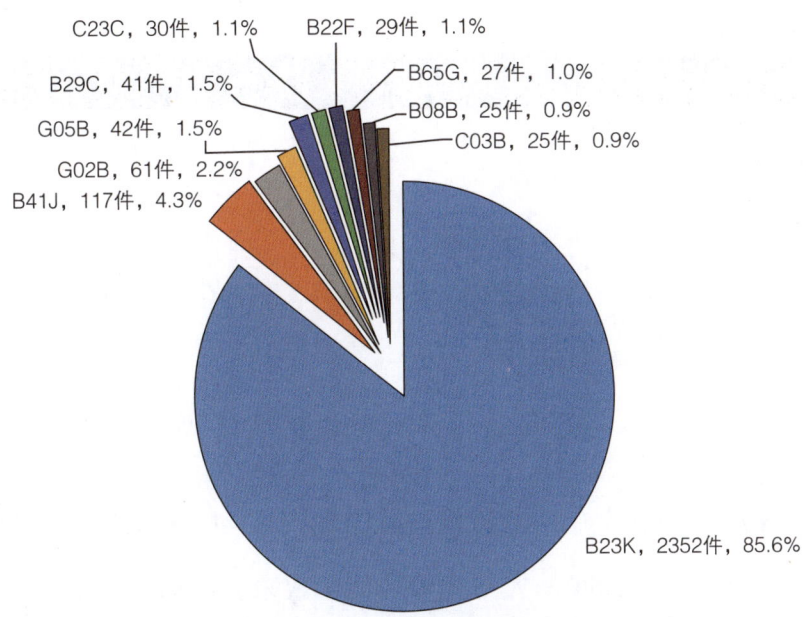

图 12-15　广东省激光装备系统专利技术领域分布

表 12-15　广东省激光装备系统专利技术领域分布

IPC 分类号	技术领域（小类）	专利数量/件
B23K	钎焊或脱焊；焊接；用钎焊或焊接方法包覆或镀敷；局部加热切割，如火焰切割；用激光束加工	2352
B41J	打字机；选择性印刷机构，即不用印版的印刷机构；排版错误的修正	117
G02B	光学元件、系统或仪器	61
G05B	一般的控制或调节系统；这种系统的功能单元；用于这种系统或单元的监视或测试装置	42
B29C	塑料的成型或连接；塑性状态材料的成型，不包含在其他类目中的；已成型产品的后处理，如修整	41
C23C	对金属材料的镀覆；用金属材料对材料的镀覆；表面扩散法、化学转化或置换法的金属材料表面处理；真空蒸发法、溅射法、离子注入法或化学气相沉积法的一般镀覆	30
B22F	金属粉末的加工；由金属粉末制造制品；金属粉末的制造	29

续表

IPC 分类号	技术领域（小类）	专利数量 / 件
B65G	运输或贮存装置，如装载或倾卸用输送机、车间输送机系统或气动管道输送机	27
B08B	一般清洁；一般污垢的防除	25
C03B	玻璃、矿物或渣棉的制造、成型；玻璃、矿物或渣棉的制造、成型的辅助工艺	25

（三）广东省激光装备系统专利申请机构分布

广东激光装备系统专利申请机构分布如图 12-16 所示，可见专利申请绝大部分来自企业，其次是大专院校，极少数来自科研单位和机关团体。图 12-17 列出了广东省激光装备系统专利申请量前十的机构，仅有广东工业大学 1 所高校上榜，其余均为企业。值得注意的是，大族激光在激光装备系统领域的专利申请量遥遥领先，表明其在本领域的技术储备相当雄厚。

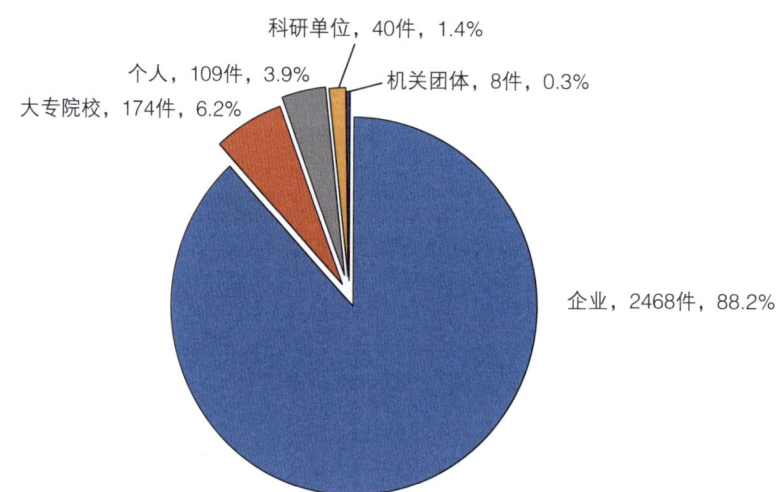

图 12-16　广东省激光装备系统专利申请机构分布

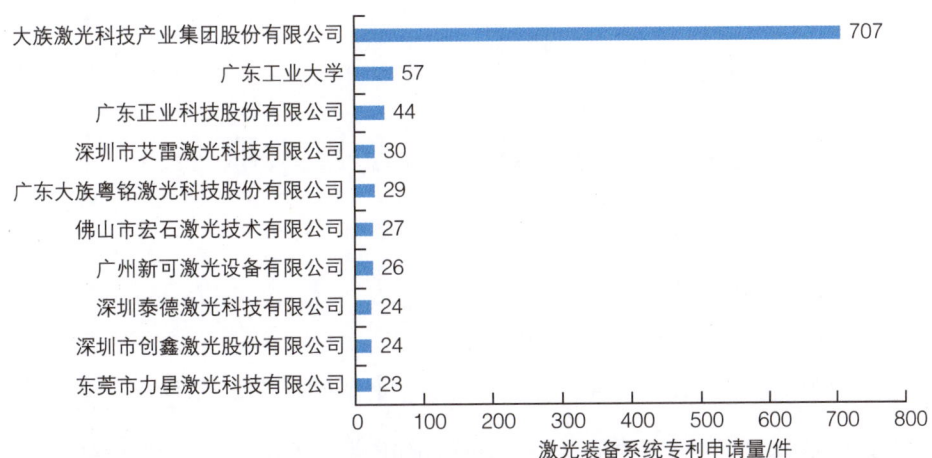

图 12-17　广东省激光装备系统专利申请量排名前十的机构

三、瓶颈与建议

广东省激光装备系统目前存在的"瓶颈"主要有 3 点：一是从事激光装备系统制造的大多数为中小企业，规模与品牌影响力小，盈利能力与资金链比较薄弱；二是核心技术缺失导致高端装备系统依赖进口，具有特色的细分领域优质企业不多，大部分企业集中于中低端激光设备组装集成；三是高水平创新平台和示范基地偏少，专业型顶尖人才、复合型优秀人才缺乏。

建议广东省中小激光企业打破常规，寻找契合自身特色的发展道路，包括高端精密激光智能装备的研制与生产等；依托行业龙头企业及上下游配套企业开展技术协同攻关，支持核心产品研发和产业化；支持深圳、佛山、东莞建设激光制造装备集成基地，打造国际领先的激光装备产业基地。

第五节 应用产品及技术服务

一、发展现状

广东以制造业立省,工业门类齐全,产业基础雄厚,是全国乃至全球最重要的制造业基地之一,对激光技术的需求旺盛。经过近10年的发展,广东省在激光技术与应用方面已成为全国领头羊,目前已形成了以广州、深圳、东莞为主,以佛山、中山、江门为辅的激光产业集聚区。目前,广东省从事激光加工产品的企业超过1000家,从事激光加工、代工和成品应用的企业或加工站超过10 000家。在广东省装备制造领域,激光切割、焊接、测量、打标等激光设备在汽车、轨道交通、船舶等装备的制造过程中发挥着越来越重要的作用。超短脉冲激光精细微加工装备在广东省光伏、液晶显示、半导体、LED、OLED、智能手机等领域发挥了不可替代的作用。

二、激光产品应用及技术服务专利分析

(一)广东省激光产品应用及技术服务专利总体情况

表12-16为国内主要省市激光产品应用及技术服务专利申请数量及占比情况。截至2020年9月,广东省在激光产品应用及技术服务领域申请专利2652件,占全国申请量的14.15%,居全国主要省市首位。

表 12-16　国内激光产品应用及技术服务专利申请数量及占比（排名前十）

申请人省市	专利申请量 / 件	占比 /%
广东	2652	14.15
江苏	2589	13.82
北京	1399	7.47
浙江	1255	6.70
上海	1115	5.95
山东	793	4.23
湖北	764	4.08
安徽	636	3.39
辽宁	605	3.23
陕西	582	3.11

如图 12-18 所示，国内主要省市在激光产品应用及技术服务领域在 2001 年已经有少量专利申请，随后基本呈增长趋势。广东、江苏两省年度申请量的增速明显快于其他省市，并且在过去 10 年间年度专利申请量交替上升，2017 年、2018 年广东省在激光产品应用及技术服务领域专利申请量居全国第一。专利申请趋势表明，在过去 10 年间，广东省在激光制造产业下游产品应用及技术服务环节的市场活跃度较高。

表 12-17 给出了国内主要省市激光装备系统专利的专利有效率、发明专利申请占比、专利累计授权率等几个重要指标。从有效率上看，广东省激光产品应用及技术服务专利的有效率较高，居全国首位，表明与国内其他主要省市相比，广东省在激光产品应用及技术服务领域的专利保护需求较强，授权专利的总体价值较高；整体而言，广东省发明专利申请占比较低，表明有

相对较多的实用新型专利和外观设计专利，专利申请的总体含金量不高；从授权率上看，广东省激光产品应用及技术服务专利授权率在主要省市中处于中下游，表明发明专利的整体质量有待提高。

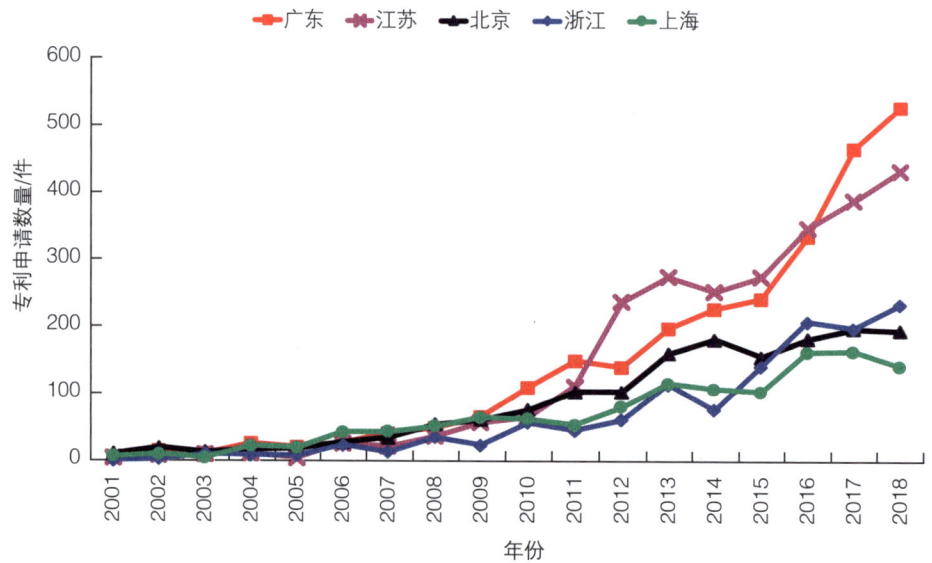

图 12-18　国内主要省市激光产品应用及技术服务专利申请趋势
（2001—2018 年）

表 12-17　国内主要省市激光产品应用及技术服务专利指标

省市	专利有效率 /%	发明专利申请占比 /%	专利累计授权率 /%
广东	77.53	57.85	57.92
江苏	74.98	69.39	44.89
北京	68.41	79.16	65.27
浙江	63.98	57.26	55.18
上海	70.79	73.08	57.50
湖北	71.46	68.32	65.22
山东	57.45	54.32	54.84

续表

省市	专利有效率 /%	发明专利申请占比 /%	专利累计授权率 /%
辽宁	65.93	75.21	63.13
四川	69.62	70.75	51.79
陕西	68.81	79.42	63.54

（二）广东省激光产品应用及技术服务专利技术领域分布

广东省激光产品应用及技术服务专利技术领域分布及数量如图 12-19 和表 12-18 所示，从产品应用及技术服务的 IPC 分类（小类）来看，广东省的激光制造产业下游产品应用及技术服务主要集中在印刷电路、半导体、金属加工、照明等领域。

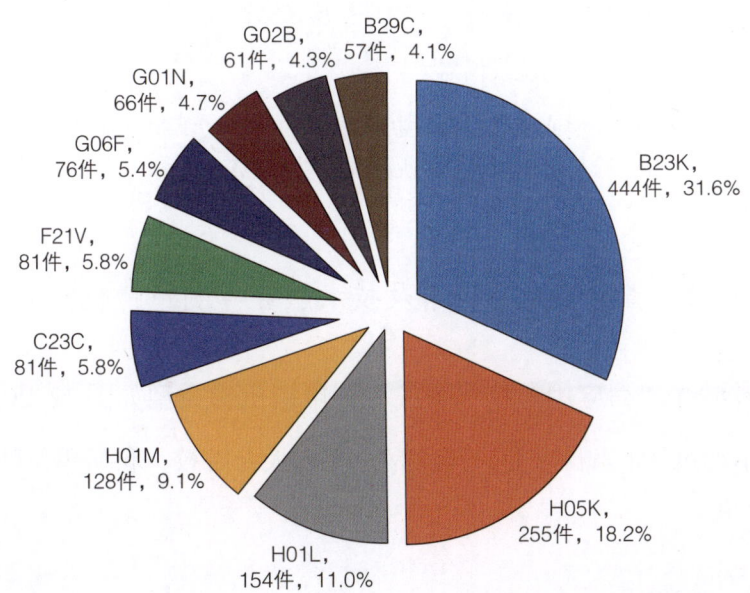

图 12-19　广东省激光产品应用及技术服务专利技术领域分布

表 12-18 广东省激光产品应用及技术服务专利技术领域分布

IPC 分类号	技术领域（小类）	专利数量 / 件
B23K	钎焊或脱焊；焊接；用钎焊或焊接方法包覆或镀敷；局部加热切割，如火焰切割；用激光束加工	444
H05K	印刷电路；电设备的外壳或结构零部件；电气元件组件的制造	255
H01L	半导体器件；其他类目中不包括的电固体器件	154
H01M	用于直接转变化学能为电能的方法或装置，如电池组	128
C23C	对金属材料的镀覆；用金属材料对材料的镀覆；表面扩散法、化学转化或置换法的金属材料表面处理；真空蒸发法、溅射法、离子注入法或化学气相沉积法的一般镀覆	81
F21V	照明装置或其系统的功能特征或零部件；不包含在其他类目中的照明装置和其他物品的结构组合物	81
G06F	电数字数据处理	76
G01N	借助于测定材料的化学或物理性质来测试或分析材料	66
G02B	光学元件、系统或仪器	61
B29C	塑料的成型或连接；塑性状态材料的成型，不包含在其他类目中的；已成型产品的后处理，如修整	57

（三）广东省激光产品应用及技术服务专利申请机构分布

广东省激光产品应用及技术服务专利申请机构类型如图 12-20 所示，可见专利申请超过 3/4 来自企业，其次是个人和大专院校，科研单位的申请量相对较少。

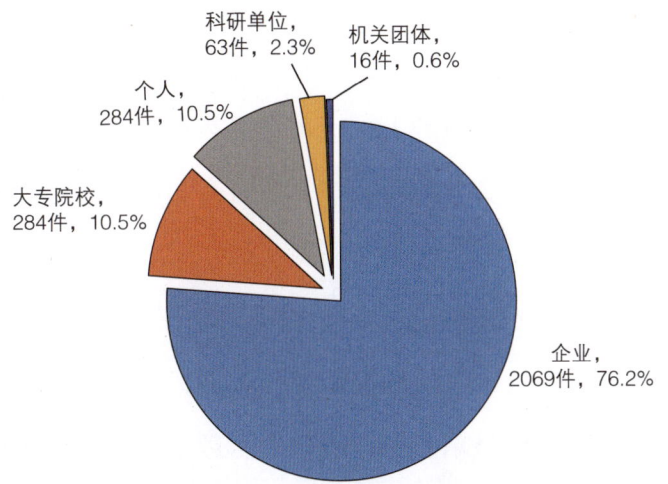

图 12-20　广东省激光产品应用及技术服务专利申请机构类型

图 12-21 列出了广东省激光产品应用及技术服务专利申请量排名前十的机构，大族激光、比亚迪、深圳华星光电等 6 家企业申请量进入前十；此外，广东工业大学、华南理工大学、中山大学及华南师范大学 4 家高校榜上有名。

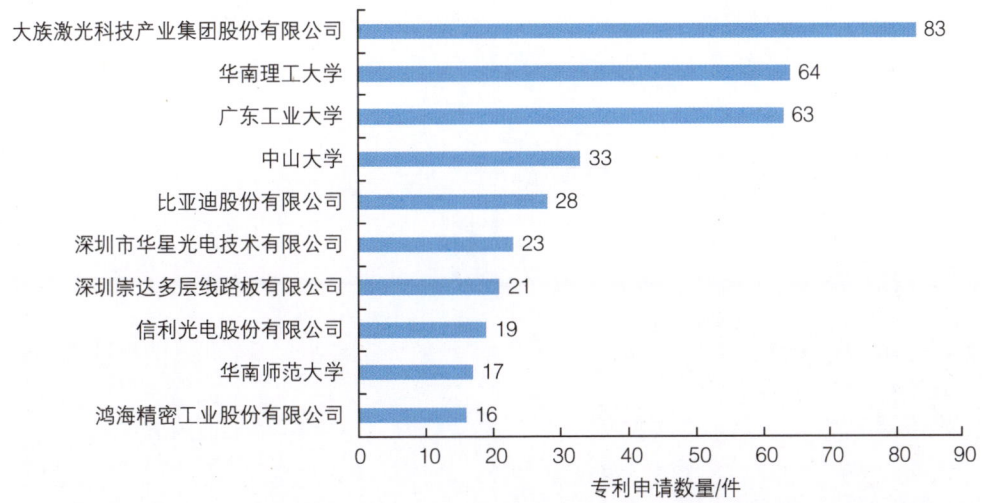

图 12-21　广东省激光产品应用及技术服务专利申请数量排名前十的机构

三、瓶颈与建议

在激光产品应用及技术服务上，广东省仍然存着一些待解决的问题：一是应用领域有待进一步拓宽与深化；二是精密高端产品的激光技术应用市场主要由国外企业占据，自主研发水平有待提升。

建议广东省加强激光产品应用及技术服务的产学研合作，推动激光与电子信息、汽车、模具、核电、船舶等传统产业创新应用与融合，推进与新一代信息技术、超高清视频显示、智能机器人、量子信息、新能源等新兴产业深度融合与创新应用，进一步拓宽和深化激光应用领域。建议激光加工技术加快向高精度、高速度、非接触式、智能化、柔性化等精密高端方向转变，加速融入高端生产制造。

第十三章 广东省增材制造产业链情况

广东省增材制造产业链如图 13-1 所示。

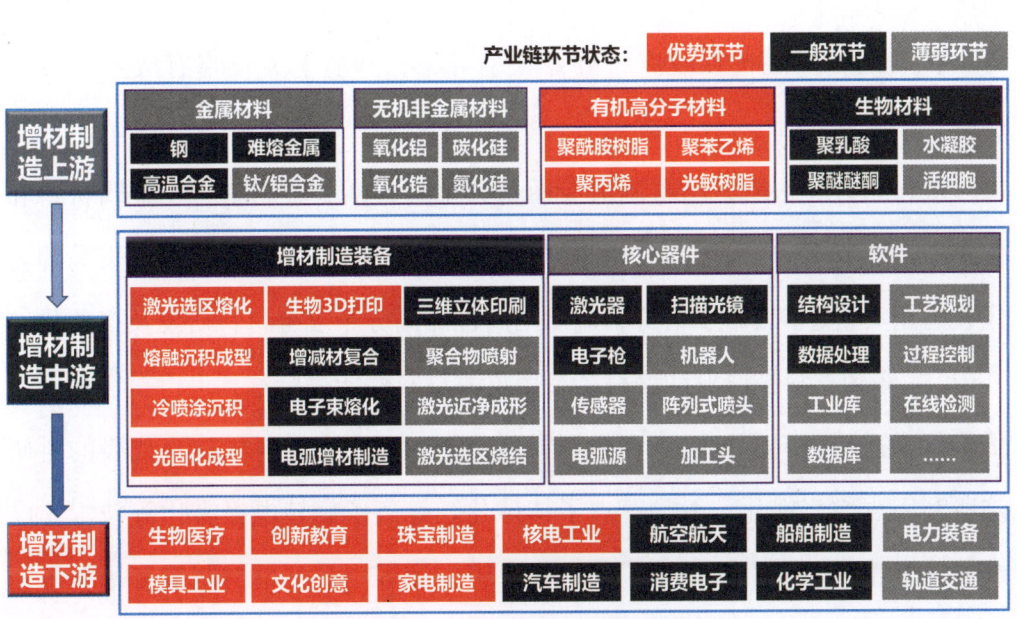

图 13-1 广东省增材制造产业链

第一节 专用材料

一、发展现状

近年来,广东省在增材制造专用材料行业领域发展迅速。在产业端,以珠海天威飞马、广东银禧科技、广州金发科技、广州迈普再生等为代表的材料生产企业具有一定的市场竞争力。在科研端,以华南理工大学、广东省科学院、南方科技大学、深圳大学、广东工业大学、香港城市大学深圳研究院等为代表的科研院校在政府科技专项引导下,开展了大量卓有成效的科研探索。

从材料分类来看,增材制造专用材料主要包括非金属材料、金属材料和生物医用材料等。在非金属材料领域,以广东银禧科技、珠海天威飞马等为代表的龙头企业,致力于增材制造专用高性能高分子复合材料研发及产业化。其中,广东银禧科技研发的增材制造用尼龙材料性能完全达到进口材料水平,价格仅为进口材料的50%。在金属材料领域,以广东省科学院为代表的科研院所利用真空气雾化、射频等离子体球化、等离子旋转电极雾化等技术,已成功开发出模具钢、钛合金、钨、钼、钽、铌等一系列增材制造专用粉末,并开发出国内首台可量产的丝材等离子雾化制粉系统。同时,在电弧增材制造专用金属丝材领域也开展了包括高强钢、模具钢、铝合金、镁合金丝材的研发工作。另外,广州赛隆利用具有自主知识产权的新一代等离子旋转电极雾化制粉技术与装备,实现钽、镍钛、钽钛、钛铝、钛铌锆等增材制造专用高品质球形金属粉末的稳定生产。

二、增材制造专用材料专利分析

（一）广东省增材制造专用材料专利总体情况

表 13-1 为国内各省市增材制造专用材料专利申请的分布及占比情况。广东、江苏、北京、浙江、安徽在 2001—2018 年增材制造专用材料的专利申请量分别为 908 件、724 件、432 件、325 件和 320 件。其中，广东增材制造专用材料领域专利申请量位居全国第一，占全国申请总量的 15.07%，在全国各省市中遥遥领先，在本领域表现出较强的技术创新能力。

表 13-1　国内增材制造专用材料专利申请数量及占比（排名前十）

申请人省市	专利申请量 / 件	占比 /%
广东	908	15.07
江苏	724	12.02
北京	432	7.17
浙江	325	5.39
安徽	320	5.31
上海	316	5.24
四川	281	4.66
陕西	260	4.32
山东	245	4.07
湖南	224	3.72

如图 13-2 所示，国内主要省市在增材制造专用材料领域的专利申请从 2013 年开始逐渐出现，在 2014—2016 年呈现快速增长趋势，2017 年后专利

申请量趋于平稳。专利申请量排名前 3 位的省市分别是广东、江苏和北京。2014 年以前，广东在增材制造专用材料领域的专利申请量落后于北京和江苏；2014 年以后，广东专利申请量呈爆发式的增长，在 2016 年达到顶峰，并连续多年保持全国第一。全国专利申请趋势表明了广东在增材制造产业专用材料环节的市场活跃度较高。

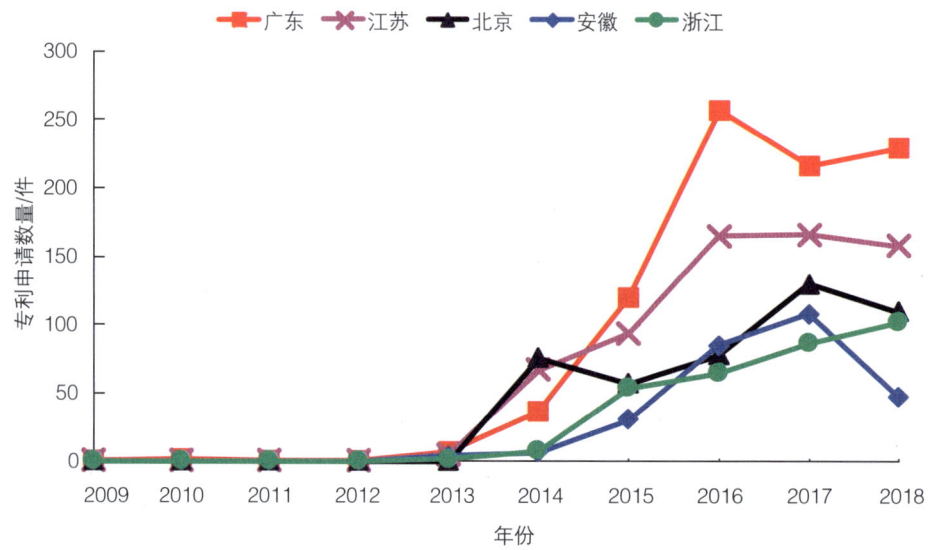

图 13-2　国内主要省市增材制造专用材料专利申请趋势（2009—2018 年）

表 13-2 给出了国内主要省市增材制造专用材料专利的专利有效率、发明专利申请占比、专利累计授权率等几个重要指标。从有效率指标看，广东增材制造专用材料专利的有效率仅为 49.86%，处于中下游水平，排名前 3 位的分别为湖北（77.03%）、陕西（75.56%）和北京（73.02%），广东专利申请总量最多，专利有效率偏低，可见广东授权专利总体价值不高。从发明专利申请占比指标看，广东发明专利申请量占比仅为 87.91%，与全国主要省市相比相对较低，申请专利整体含金量相对国内先进水平比较低。从授权率指标看，

第十三章 广东省增材制造产业链情况

广东增材制造专用材料专利授权率为93.62%，处于国内主要城市中上游水平，表明广东发明专利申请整体质量较好，但仍有一定提升空间。

表13-2 国内主要省市增材制造专用材料专利指标

省市	专利有效率/%	发明专利申请占比/%	专利累计授权率/%
广东	49.86	87.91	93.62
江苏	45.91	92.92	93.10
北京	73.02	92.87	95.21
四川	54.09	93.21	90.48
陕西	75.56	90.49	90.11
浙江	61.11	80.75	86.73
上海	60.38	93.83	91.25
湖北	77.03	93.19	87.14
山东	44.72	92.00	75.00
湖南	50.00	96.04	90.74

（二）广东省增材制造专用材料专利技术领域分布

广东增材制造专用材料专利技术领域分布及数量如图13-3和表13-3所示。从专用材料的IPC分类（小类）来看，广东增材制造专用材料技术创新布局重点集中在有机高分子材料，其次是金属或合金粉末，陶瓷材料的研究相对较少。

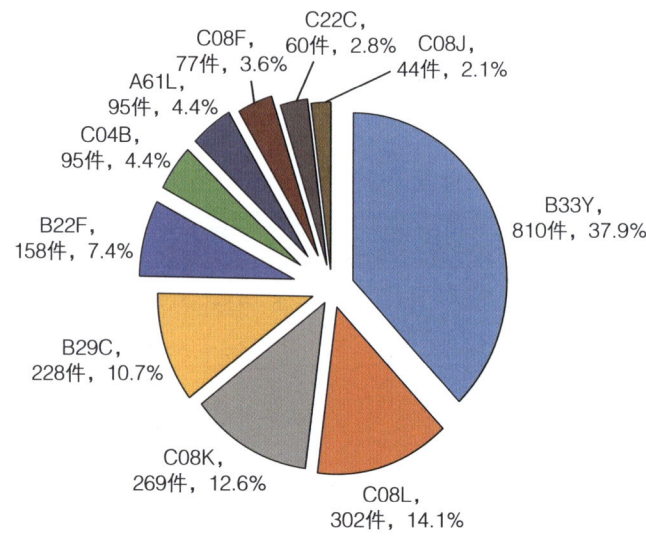

图 13-3　广东省增材制造专用材料专利技术领域分布

表 13-3　广东省增材制造专用材料专利技术领域分布

IPC 分类号	技术领域（小类）	专利数量 / 件
B33Y	附加制造，即三维（3D）物品制造，通过附加沉积、附加凝聚或附加分层，如 3D 打印、立体照片或选择性激光烧结	810
C08L	高分子化合物的组合物	302
C08K	使用无机物或非高分子有机物作为配料	269
B29C	塑料的成型或连接；塑性状态材料的成型，不包含在其他类目中的；已成型产品的后处理，如修整	228
B22F	金属粉末的加工；由金属粉末制造制品；金属粉末的制造；金属粉末的专用装置或设备	158
C04B	石灰；氧化镁；矿渣；水泥；其组合物，如砂浆、混凝土或类似的建筑材料；人造石；陶瓷；耐火材料；天然石的处理	95
A61L	材料或消毒的一般方法或装置；空气的灭菌、消毒或除臭；绷带、敷料、吸收垫或外科用品的化学方面；绷带、敷料、吸收垫或外科用品的材料	95
C08F	仅用碳—碳不饱和键反应得到的高分子化合物	77

续表

IPC 分类号	技术领域（小类）	专利数量 / 件
C22C	合金	60
C08J	加工；配料的一般工艺过程	44

（三）广东省增材制造专用材料专利申请机构分布

广东增材制造专用材料专利申请机构类型如图 13-4 所示。专利申请主要以企业及大专院校为主，科研单位的申请量相对较少。

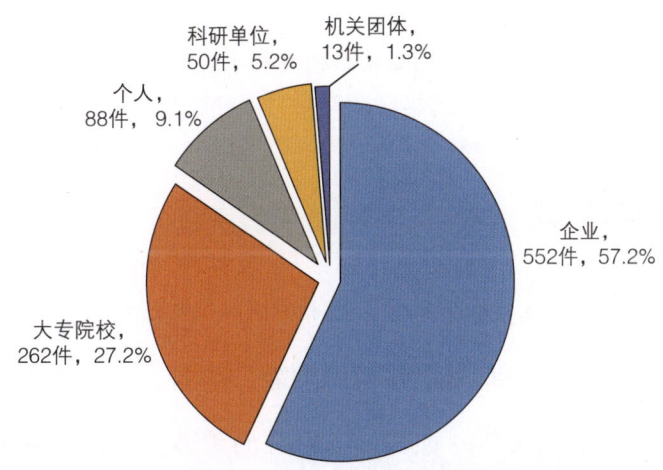

图 13-4　广东省增材制造专用材料专利申请机构类型

图 13-5 列出了广东增材制造专用材料专利申请量排名前十的机构，结果表明，虽然广东在增材制造专用材料领域专利申请中来自企业的申请量超过一半，但主要集中在珠海天威飞马和广东银禧科技这两家企业。此外，申请机构前十排名中有 5 家大专院校（华南理工大学、广东工业大学、华南农业大学、暨南大学和中山职业技术学院）、3 家科研机构（华南协同创新研究院、广东

省科学院和中国科学院深圳先进技术研究院）。

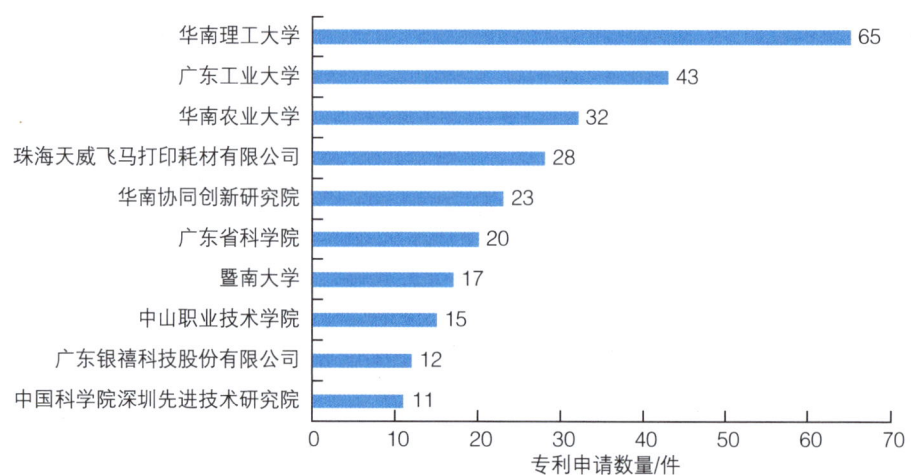

图 13-5　广东省增材制造专用材料专利申请数量排名前十的机构

三、瓶颈与建议

广东在增材制造专用材料领域发展仍面临一些瓶颈问题。一是增材制造高端专用材料生产装备和专用新材料研发能力薄弱。在制备金属粉末方面，高端装备面临国际上的技术封锁，如丝材等离子雾化装备、等离子旋转电极雾化装备等，核心技术由加拿大、美国、俄罗斯等国家掌握，其装备对华禁运。在生物医用材料领域，生物相容性好且可增材制造的医用级高分子原材料缺乏，如医用级 PEEK 树脂和光敏树脂大量依靠进口，市场长期被 DSM 等国外公司垄断。二是各细分领域专利、标准等知识产权缺乏。增材制造陶瓷型芯材料等方面的知识产权非常缺乏，相关标准几乎处于空白状态，导致广东省增材制造材料产业发展难以形成规模化和规范化。三是产业集群效应尚未显现。广东省从事增材制造专用材料生产的企业，尤其是金属增材制造材料的生产企业，呈现分散、规模小、盈利能力差等弱点，在国内竞争中处于劣势。

针对上述瓶颈问题，拟提出以下建议：一是加大科技专项支持。聚焦国内/省内增材制造材料领域技术制约，针对材料生产装备和新材料研发，设立科技支持专项。二是加强知识产权布局。结合增材制造产品应用场景，聚焦细分领域，围绕新材料开发、新装备研制、新工艺探索，有规划地形成高价值专利群，积极制定增材制造材料标准，完善知识产权体系。三是聚焦产学研结合。鼓励科研成果走出实验室，与实际产业生产相结合，推动增材制造材料的产业应用。四是推动集群发展。结合广东省产业特点，重点面向汽车、高端模具、生物医疗、核电、航空航天等领域对增材制造材料的需求，整合产业链上中下游企业，推动广东省增材制造专用材料产业集群发展。

第二节　器件/软件

一、发展现状

广东省激光增材制造装备核心部件相关产业蓬勃发展，产品主要包括激光器、扫描振镜、喷头、精密光学等，各个企业之间相互支持配合，完备的产业环境使广东激光增材制造装备核心部件开发和生产能力处于国内领先地位，同时涌现一批代表性企业和典型产品。激光器或激光器零部件制造产业集中在深圳市，代表性企业有大族激光、创鑫激光、深圳联品激光、深圳柠檬光子等，其他光源制造设备商或研发机构零星分布在广州、东莞和珠海，代表性单位有华南师范大学、广州奥鑫通讯设备有限公司、东莞富通尼激光等，涵盖了用于激光增材制造的所有类型的激光器。深圳大族激光和创鑫激光生产的激光器已经应用在激光增材制造装备上。深圳大族思特开发的扫描振镜得到了市场的充分认可，技术成熟度处于国际先进水平，并在增材设备制造中得到应用，如广州瑞通生物生产的 SLM 设备；随着其他企业的介入，国产扫描振镜的市场份额将有提升。广东省科学院中乌焊接研究所、广州赛隆已成功研制出电子束增材制造中的核心部件电子束枪体。增材制造软件企业稳步发展，涌现广州中望腾龙、广州谦辉信息等专业化软件公司。其中，广州中望龙腾的 CAD/CAM 等软件已在国内占据了一定的市场份额，打破了国外控制软件的垄断局面。此外，部分增材制造企业，如广州黑格科技、广州雷佳增材等，都针对其装备，自主研发了配套软件。

二、增材制造器件/软件专利分析

（一）广东省增材制造器件/软件专利总体发展态势

表 13-4 为国内各省市增材制造器件/软件专利申请的分布及占比情况。广东、江苏、浙江、四川、安徽在 2001—2018 年申请的增材制造器件/软件专利量分别为 752 件、453 件、363 件、241 件和 230 件，在本领域表现出较强的技术创新能力。其中，广东器件/软件领域专利申请量位居全国第一，占全国申请量的 19.64%，表明广东增材制造器件/软件市场较为活跃。

第十三章 广东省增材制造产业链情况

表 13-4　国内增材制造器件/软件专利申请数量及占比（排名前十）

申请人省市	专利申请量/件	占比/%
广东	752	19.64
江苏	453	11.83
浙江	363	9.48
四川	241	6.30
安徽	230	6.01
北京	193	5.04
上海	180	4.70
福建	146	3.81
陕西	140	3.66
山东	130	3.40

如图 13-6 所示，国内主要省市在增材制造器件/软件领域在 2013 年前仅有少量专利申请，在 2013 年之后专利申请量逐渐增多，其后在 2014—2015 年增长速度较快。在 2016—2017 年，除广东和江苏两省以外，其余主要省市的申请量趋于平稳，2018 年大部分省市增材制造器件/软件领域的专利申请量有所下滑。广东在增材制造器件/软件领域的专利申请量从 2013 年起一直居全国首位，从 2015 年起与其余省市拉开了较大差距，在申请量上保持领先。

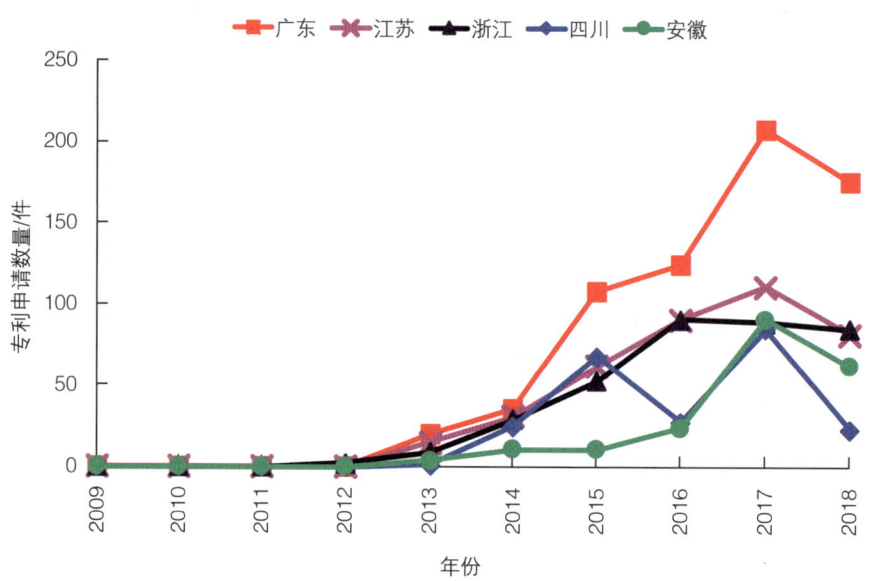

图 13-6　国内主要省市增材制造器件/软件专利申请趋势（2009—2018 年）

表 13-5 给出了国内主要省市增材制造器件/软件专利的专利有效率、发明专利申请占比、专利累计授权率等几个重要指标。从有效率指标看，广东在增材制造器件/软件领域的有效率达 86.59%，全国排名第一，表明申请人对授权专利的保护需求较强，授权专利的总体价值较高。从发明专利申请占比指标看，广东增材制造器件/软件发明专利申请占比为 67.33%，同样为全国第一，专利申请总体含金量相对国内其他省市处于较高水平。从授权率指标看，广东发明专利授权率为 58.18%，处于全国主要省市的中游水平，说明广东发明专利申请整体质量较好，但仍有一定提升空间。

表 13-5　国内主要省市增材制造器件/软件专利指标

省市	专利有效率/%	发明专利申请占比/%	专利累计授权率/%
广东	86.59	67.33	58.18
浙江	78.49	42.97	62.65
江苏	84.81	51.09	50.00
北京	84.09	50.52	67.92
陕西	73.4	49.66	66.67
上海	85.71	55.19	51.11
安徽	63.96	61.3	36.67
湖北	72.22	49.06	62.07
福建	77.23	40.54	63.64
广西	77.08	35.09	83.33

（二）广东省增材制造器件/软件专利技术领域分布

广东增材制造器件/软件专利技术领域分布及数量如图 13-7 和表 13-6 所示。从器件/软件 IPC 分类（小类）来看，广东增材制造器件/软件技术创新布局重点集中在 B33Y、B29C 和 B22F 技术领域，涉及塑料的加工、成型或后处理及金属粉末加工等。

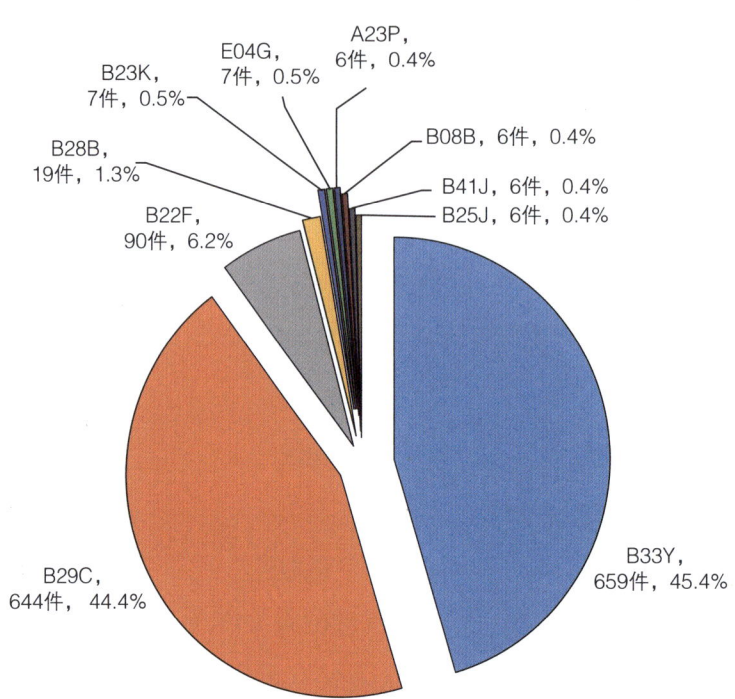

图 13-7 广东省增材制造器件/软件专利技术领域分布

表 13-6 广东省增材制造器件/软件专利技术领域分布

IPC 分类号	技术领域（小类）	专利数量/件
B33Y	附加制造，即三维（3D）物品制造，通过附加沉积、附加凝聚或附加分层，如 3D 打印、立体照片或选择性激光烧结	659
B29C	塑料的成型或连接；塑性状态材料的成型，不包含在其他类目中的；已成型产品的后处理，如修整	644
B22F	金属粉末的加工；由金属粉末制造制品；金属粉末的制造；金属粉末的专用装置或设备	90
B28B	黏土或其他陶瓷成分、熔渣或含有水泥材料的混合物，如灰浆的成型	19
B23K	钎焊或脱焊；焊接；用钎焊或焊接方法包覆或镀敷；局部加热切割，如火焰切割；用激光束加工	7

续表

IPC 分类号	技术领域（小类）	专利数量/件
E04G	脚手架、模壳；模板；施工用具或其他建筑辅助设备，或其应用；建筑材料的现场处理；原有建筑物的修理，拆除或其他工作	7
A23P	未被其他单一小类所完全包含的食料成型或加工	6
B08B	一般清洁；一般污垢的防除	6
B41J	打字机；选择性印刷机构，即不用印版的印刷机构；排版错误的修正	6
B25J	机械手；装有操纵装置的容器	6

（三）广东省增材制造器件/软件专利申请机构及类型分布

广东增材制造器件/软件专利申请机构类型如图 13-8 所示。专利申请主要以企业及大专院校为主，科研单位、个人和机关团队的申请量相对较少。

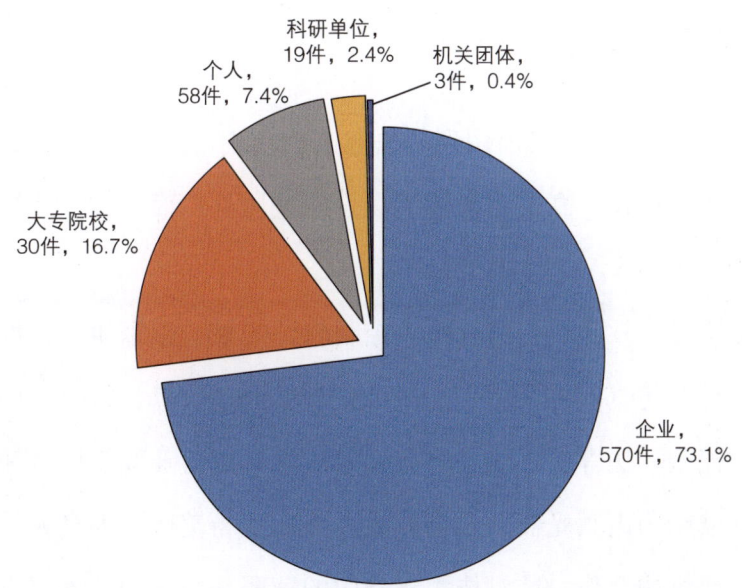

图 13-8　广东省增材制造器件/软件专利申请机构类型

图 13-9 列出了广东增材制造器件 / 软件专利申请量排名前十的机构，珠海天威飞马、广州文博智能、深圳创想三维等 7 家企业进入前十，其余 3 家为华南理工大学、广东工业大学和东莞理工学院 3 所高等院校。

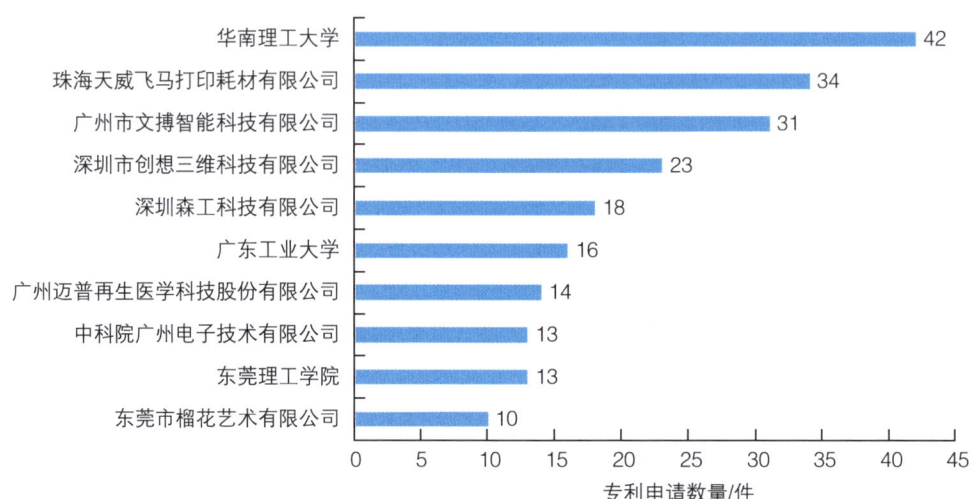

图 13-9　广东省增材制造器件 / 软件专利申请数量排名前十的机构

三、瓶颈与建议

广东省内增材制造设备所用到的关键核心器件 / 软件受制于人，如电弧增材弧焊电源依赖进口，高端激光器市场份额被国外厂商占据，建模软件及扫描软件依赖国外进口。

建议加快建模软件、扫描软件、控制软件的核心引擎研发，推动行业和领域专用设计及仿真软件应用。支持汇集技术规范、操作规范、国家标准、经验公式、模型算法等软件核心内容及解决工具的行业知识库、模型库和算法库建设。鼓励国内激光器、扫描振镜企业加强与美国、加拿大等国家的知名企业、科研机构合作，针对技术链条中的薄弱环节加强技术研发，解决实际问题。

第三节 装备系统

一、发展现状

广东省增材制造装备系统研究和开发处于国内一线水平,在金属及非金属材料领域,涌现一批具有重要影响力的增材制造装备企业及研发机构,形成了以高校、科研院所为技术依托,企业推动技术成果转化的良性循环。在黏结剂喷射、材料挤出、材料喷射、粉末床熔融、立体光固化等技术领域的代表性企业主要包括广州黑格科技、广州雷佳增材、广州瑞通激光、大族激光、深圳创想三维、珠海赛纳打印、广东峰华卓立、广东汉邦激光等,并取得了诸多突破性成果。广州黑格科技的 ULTRACRAFT-A2 作为批量化生产而设计的工业级 3D 打印机,具备出色稳定性与高效率的成型速度,已为多个应用行业产出大量终端产品。广州雷佳增材研发的 Dimetal-500 打印机,成型最大尺寸为 500 mm × 250 mm × 300 mm,是全球成型体积最大的金属设备。广东峰华卓立的 PCM 系列无模快速制造设备属于国内独创,达到国际先进水平。深圳创想三维的桌面打印机主要销往国外,2019 年规模已接近 10 亿元。

结合国家发布的政策,根据国家标准 GB/T 35351—2017《增材制造 术语》,按工艺进行分类,介绍并分析广东在该领域的设备制造能力,如表 13-7 所示。

表 13-7 广东省增材制造设备典型企业及其产品、特点

分类	技术名称	典型企业	典型设备	技术特点
黏结剂喷射	3DP 三维立体印刷	广东峰华卓立	PCM-300/800/1200/1800/2200	以砂型 3D 打印为核心的先进制造技术并将之应用于国家基础的铸造工业，其中 PCM2200 最大成型尺寸可达 2200 mm×1000 mm×800 mm，可满足军工、航天航空、船舶等行业大型复杂铸件快速成型的需求，无须开模，节省昂贵的开模费用。打印的砂型可满足铸铁、铸铝、铸钢等不同金属材料铸造工艺
定向能量沉积	LMD 激光金属熔覆	大族激光	三维五轴激光熔覆设备	三维激光熔覆设备配备高功率光源和四路同轴送粉装置，可进行复杂型面、型腔的高精度柔性加工制造，广泛应用于汽车、模具、工具等机械制造业的箱体零件、完整零件、盘类零件及异形零件的直接制造和加工
		深圳奥拓美自动化	500W/1000W/1500W/半导体激光熔覆机	解决各种修复难题的方法，还可以降低 2/3 的制造成本，满足大面积缺陷修复或表面改性熔覆的要求
		江门威霖贸易	激光小孔内熔覆设备	用于小孔内壁表面处理
	WAAM 电弧增材制造	华南理工大学	等离子增减材设备 LASERADD-PR-500	集成了等离子增材和铣削减材模块，可用于金属零件的直接制造和现场修复，该设备具有 500 mm×500 mm×400 mm 大型的成型尺寸，成型成本低、效率高，铣削复合后满足更高尺寸精度要求，机器人与变位机组成的 8 轴联动系统，让零件生产更灵活性。该设备经成果鉴定，达到国际先进水平
		广东省科学院中乌焊接研究所	GWI-P-001GWI-CMT-001、GWI-LA-001	开发多材料等离子能量直接沉积增材设备，CMT 增材设备，激光-电弧复合热源增材设备，暂无推出工业化产品

第十三章 广东省增材制造产业链情况

续表

分类	技术名称	典型企业	典型设备	技术特点
材料挤出	FDM 熔融沉积	深圳长朗科技	LK4 Pro/LK5 Pro/LK1 Plus	最大成型尺寸可达 400 mm × 400 mm × 500 mm，采用 90% 预装精度设计，开源主板，进口驱动芯片，静音打印，适合办公室与家庭环境，全彩触摸屏操控便捷，并具有断电续打、断料检测等功能
		广州文搏智能	WBFDM61466B1、WBFDM211621	包含多功能（3合1）3D 打印设备，低成本桌面级 3D 打印机
		广东奥基德信	企业级 FB500-3、桌面级打印机 Q05	包括工业级 SLM、SLA、SLS、3DP 系列与企业级 FDM 打印机研发及产业化
		深圳优锐科技	工业级高精度打印机 WHD509、106	产品注重打造"个性定制"的 3D 打印智能智造云平台
		深圳森工科技	熊猫 K300 商业级打印机、桌面级打印机蓝鲸 K5	采用全金属喉管，防止堵塞喷嘴，采用快拆喷嘴，快速徒手更换
		深圳创想三维	CR-3040 打印机	进口双 T 型丝杆和电芯品牌，支持断料检测、断电续打、高速打印，工业级大尺寸 3D 打印机
		深圳西通电子	CTC BIZER 3	采用全金属钢体结构，极大地保证了打印过程的稳定性，更新了上位机软件，提升了切片处理能力。在彩色双打印头的设置上采用了西通独创的智能错位技术 CSN，可使单头打印时避免另一头的滞后刮擦，消除了双头打印互相干扰的隐患

221

续表

分类	技术名称	典型企业	典型设备	技术特点
材料挤出	FDM 熔融沉积	广州网能	FDM-120-120120/8060/50-5050	FDM 熔融层叠 3D 打印机系列具有超大的打印幅面，最大可达 1200 mm×1200 mm×1200 mm
		深圳极光尔沃	桌面级 A6/A8S	拥有无同附迭进料系统专利，实现进退料顺畅，适应各种打印材料，具有强大的打印功能
		深圳同创三维	T1（Mini 型）、T1S（创客教育应用）、T2（桌面级）	拥有 Mini 型、教育型和桌面级打印设备，双喷头结构，断电续打，机器主板自行研发，双出轴同步传动设计，尺寸可选，成本可控
		深圳维示泰克	WT-280X	高速 3D 打印机，适用 PLA/ABS/Flex/ 木材，最大打印体积 150 mm×150 mm×140 mm，打印速度为 20～450 mm/s，打印精度为 0.18～0.3 mm
		佛山骏铭三维	DreamBot F5000 / 3000/1000/200/100	封闭式全金属机箱，适合多种打印材料，机床恒温热床，支持断电续打印和断料检测功能
		深圳茂登科技	—	代理经销各类最新先进小型 SLA、SLS、FDM、LCD、DLP 打印技术进口桌面级 3D 打印机
		深圳七号科技	Arts Maker Pro 3D 打印机、全彩 3D 打印机	FDM 和喷墨协同打印，采用 CMYK 四色喷墨，墨滴可附着在高吸附性 PLA 材料上，通过逐层打印和喷墨，实现全彩色 3D 打印，具备低成本、智能化、多材质、高精度的优点，采用专用高吸附性 PLA 新材料，确保构建精美逼真的彩色模型，多喷头打印，最大限度地保证色彩精度和一致性

续表

分类	技术名称	典型企业	典型设备	技术特点
材料挤出	FDM 熔融沉积	广州造维科技	Z-250	Z-250 FDM 3D 打印机配备恒温腔体，可打印 ABS、ASA、PC、PLA、PETG 等工程塑料，打印不翘边、不断裂，用户可根据实际情况选择不同材料 3D 打印手板
材料喷射	POLYJET 聚合物喷射	珠海赛纳打印	J501、D451pro	掌握直喷式彩色多材料 3D 打印自主核心技术，2016 年成功收购美国第二大激光 3D 打印机厂商——利盟国际（NYSE：LXK）100% 股权，改写了行业格局
粉末床熔融	SLM 激光选区熔化	广州雷佳增材	Dimetal-500/ 300/ 240/ 280/ 100/ 50	依托广东地区华南理工大学激光加工团队研制系列化设备，且将设备商业化。于 2011 年拿到国内首个 3D 打印医疗器械产品认证，目前该产品已经在在美国、瑞典、俄罗斯等国家获得认证并销售
		广东汉邦激光	HBD-80/ 100/ 150/ 200/ 2800/ 3500/ 500/ 1000	HBD-1000 是四激光大尺寸高质量打印装备，适用于航空航天、汽车零部件制造等领域
		珠海西通电子	工业级 MS258、MV258	西通电子成功研制出 SLM 工业级金属 3D 打印机
		广东奥基德信		包括工业级 SLM、SLA、SLS、3DP 系列与企业级 FDM 打印机研发及产业化
		广东智维立体	SLM 微型金属直接成型系统	体积小、重量轻，是一种微型金属直接成型设备，支持多模型同时智能打印，性价比高

续表

分类	技术名称	典型企业	典型设备	技术特点
粉末床熔融	SLM 激光选区熔化	深圳中瑞科技	iDEN160	金属粉末可为各类单一材料,也可为多组元材料,适合单件或小批量的功能件定制制造。成型件在未经抛光时即有较佳的表面质量,精度高,用于制作精密样件,直接制造金属功能件,无须中间工序,简化了生产流程,具有冶金结构组织,致密度高(>99%),力学性能优异
	EBM 电子束成型	广州赛隆	—	由西北有色金属研究院和金属多孔材料国家重点实验室共同发起,技术团队核心成员领办的高科技企业
		广东奥基德信	SLS 500	高精度、稳定的铺粉系统,拥有 430 mm × 430 mm × 400 mm 成型空间
		广东智维立体	SP-SS260/320/360	包括 SLM、SLA、SLS、FDM 打印机研发及产业化。
		广州雷佳增材	Laseradd SLS-400	超强承重、兼容性强、可成型;可包覆高熔点金属类材料、包覆类陶瓷材料、尼龙材料及高分子材料;超强温控、全幅面监控;应用于医学、核电、航空航天等功能结构件研发与生产领域
	SLS 激光选区烧结	东莞鸿素自动化	HT300/480/600S	进口代理
		深圳茂登科技	form2	代理经销各类最新先进小型 SLA、SLS、FDM、LCD、DLP 打印技术进口桌面级 3D 打印机
		中山东方博达	EBD-I	采取自主研发的各类光学系统,搭配公司自主研发的光敏树脂(耗材),结合自主开发的操控软件而形成,该款设备成型尺寸大、固化速度快、精度高,硬度达 4H(工程塑胶 80% 的强度),可自由定制,是目前国内成型尺寸最大、速度最快的 3D 打印机之一

续表

分类	技术名称	典型企业	典型设备	技术特点
立体光固化	LCD光固化成型	深圳长朗科技	Orange 4K	行业最高精度，4K分辨率，像素精度达10.5 μm，成型尺寸为118 mm×66 mm×190 mm，采用高精度双线极，寿命达5000小时的3D打印专用黑白屏，均匀分布平行光源等设计。自主研发上位机软件，具备快速切片、一键添加智能支撑、亚像素表面光滑算法等
		深圳创想三维	LD-002H/002R/003	LD-002R全新升级版，打印精度可达51 μm，6寸模块化打印屏幕。LD-003突破尺寸限制，大尺寸光固化3D打印机，成型尺寸达192 mm×120 mm×230 mm，高速切片软件，一键清洁料盘，平行UV光源板，微米级精度，自主操作系统，可实时预览进度
	SLA光固化成型	深圳中瑞科技	iSLA1900D/1600D/1300D/1100D/880/770/660/550/500/450/300/200/660Lite/550Lite/6039/550Ex	成型件拥有极致的细节和光滑的表面质量，精度高达0.05 mm，用于制作精密样件。根据零件的规模和复杂性，能制作各种结构复杂的零件和组装件，拥有强韧性、细节、净度和耐热性不同的树脂材料
		深圳金石三维	Kings1000/1200、1700	研发的专业生产工业级3D打印机适用于各大工厂生产产品，Kings-1700-H超大尺寸3D打印机的成型尺寸为1700 mm×800 mm×600 mm，可降低手板模型制作成本，在精度、速度、表面质量、材料种类、可靠性、稳定性等方面实现提升

续表

分类	技术名称	典型企业	典型设备	技术特点
立体光固化	SLA 光固化成型	佛山鸣卡工程	SA350/500	打印尺寸达 500 mm × 500 mm × 350 mm，产品精度可达千分之一，表面光洁度小于 0.1 μm，可生产任何复杂结构零件，负压吸附式刮板，涂层均匀
		广州捷和电子	QUBEA SLA300/4500/600/800/1800	QUBEA SLA1800 是全新推出的一款工业级打印设备，最大成型空间为 1800 mm（X）× 850 mm（Y）× 600 mm（Z）。装配高精度动态聚焦系统，双激光器保证光斑的圆度在各个位置都能达到 90% 以上，保证在各个位置的打印精度达 0.05～0.1 mm（精密）
		广州网能	SLA-800/1200/1400/1600	设备可根据激光功率实际输出大小自动设定工艺参数，从而保证设备具备较高的智能化和自动化；也可根据实际生产需要进行手动设定，满足特殊的制件要求
		广州建锦道	JJD-450/300	结合建筑设计开发城市景观，获得大尺寸蝶形结构
		深圳极光尔沃	SLA500/550/600 SE	工业生产级 SLA 光固化 3D 打印机，600 mm × 600 mm × 400 mm 打印空间，最大限度地提高了生产率和灵活性；高达 0.05 mm 的精度等级，可制作各种结构复杂的精密零件和组装件
		广州造维科技	LCD180/2153CD	LCD180 光固化 3D 打印机使用面成型 LCD3D 打印技术，成型速度快，光源均匀，整个构建平台打印效果一致

二、增材制造装备系统专利分析

如前所述,增材制造装备按增材材料可以分为金属增材、非金属增材和生物增材,金属增材包括 SLM 激光选区熔化、EBM 电子束成型、LMD 激光金属熔覆、WAAM 电弧增材制造、LENS 激光近净成型技术;非金属增材包括 SLS 激光选区烧结、SLA 光固化成型、FDM 熔融沉积、3DP 三维立体印刷、POLYJET 聚合物喷射技术;生物增材主要是 LBB 激光辅助生物打印技术。广东增材制造设备行业主要分布在广州、深圳,形成了以高校、科研院所为技术依托,企业推动技术成果转化的良性循环,促进了广东增材制造设备的快速发展。下面主要分析广东在该领域的设备制造能力。

(一)广东省增材制造装备系统专利总体发展态势

表 13-8 为国内各省市增材制造装备系统专利申请的分布及占比情况。广东、江苏、浙江、北京和上海在 2001—2018 年申请的增材制造装备系统专利分别为 1747 件、998 件、712 件、706 件和 635 件,居全国前 5 位,在本领域表现出较强的技术创新能力。其中,广东增材制造装备系统专利申请量占全国申请量的 17.74%,排名全国第一,远超其他省市,表现出相对较高的市场活跃度。

表 13-8　国内增材制造装备系统专利申请数量及占比(排名前十)

申请人省市	专利数量 / 件	占比 /%
广东	1747	17.74
江苏	998	10.13
浙江	712	7.23

续表

申请人省市	专利数量/件	占比/%
北京	706	7.17
上海	635	6.45
陕西	527	5.35
安徽	514	5.22
四川	426	4.33
山东	351	3.56
湖北	345	3.50

如图 13-10 所示，国内主要省市在增材制造装备系统的专利申请在 2013—2018 年保持快速增长趋势。广东增材制造装备系统领域专利申请起步稍落后于浙江，但在 2012—2017 年专利申请数量呈爆发式增长，在 2014—2018 年年均专利申请量保持全国第一。

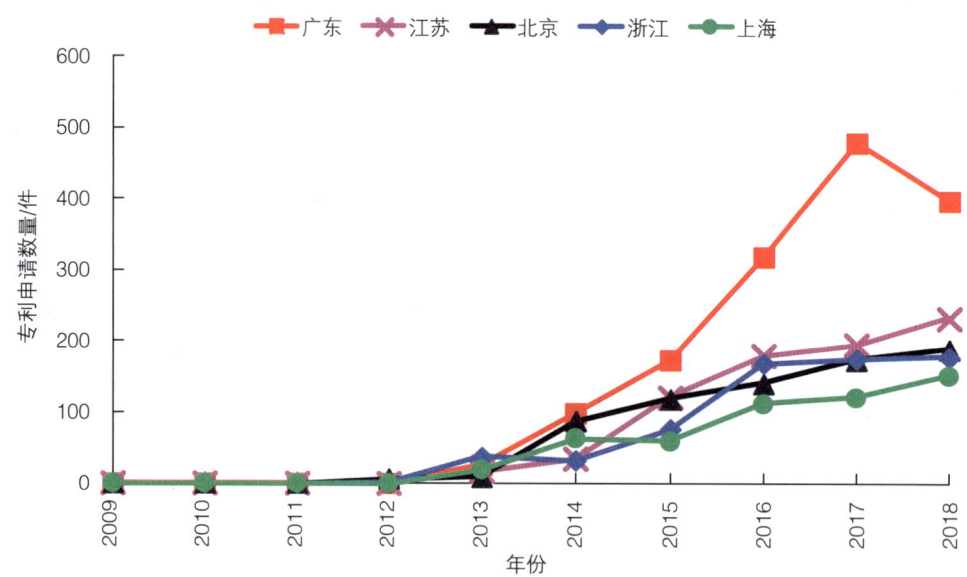

图 13-10　国内各省市增材制造装备系统专利申请趋势（2009—2018 年）

表 13-9 给出了国内主要省市增材制造装备系统专利的专利有效率、发明专利申请占比、专利累计授权率等几个重要指标。从有效率指标看,广东增材制造装备系统专利的有效率较高,达 87.53%,表明广东与国内其他主要省市相比,在增材制造装备系统领域的专利保护需求较强,授权专利的总体价值较高。从发明专利申请占比指标看,广东发明专利占比为 45.45%,有相对多的实用新型专利和外观设计专利,这与装备领域即注重核心又注重装备实用性的特点相关。从授权率指标看,广东增材制造装备系统专利授权率为 56.13%,在主要省市中处于中游水平,表明发明专利的整体质量仍有待提高。

表 13-9 国内主要省市增材制造装备系统相关专利指标

省市	专利有效率 /%	发明专利申请占比 /%	专利累计授权率 /%
广东	87.53	45.45	56.13
江苏	82.70	51.81	60.78
北京	87.22	59.49	70.80
浙江	76.63	47.92	73.86
上海	88.95	55.87	69.17
陕西	73.79	55.89	53.79
四川	76.40	48.01	21.97
山东	73.97	46.63	71.43
福建	78.32	40.42	53.70
天津	79.91	35.67	40.38

（二）广东省增材制造装备系统专利技术领域分布

广东增材制造装备系统专利技术领域分布及数量如图 13-11 和表 13-10 所示。从装备系统的 IPC 分类（小类）来看，广东的增材制造装备系统技术创新布局重点集中在塑料的成型、加工及后处理和金属粉末的加工，针对陶瓷材料的装备系统相对较少。

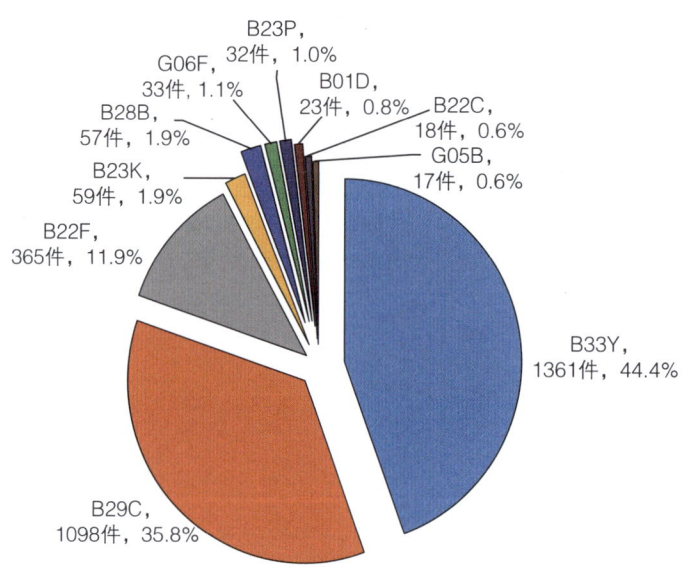

图 13-11　广东省增材制造装备系统专利技术领域分布

表 13-10　广东省增材制造装备系统专利技术领域分布

IPC 分类号	技术领域（小类）	专利数量 / 件
B33Y	附加制造，即三维（3D）物品制造，通过附加沉积、附加凝聚或附加分层，如 3D 打印、立体照片或选择性激光烧结	1361
B29C	塑料的成型或连接；塑性状态材料的成型，不包含在其他类目中的；已成型产品的后处理，如修整	1098
B22F	金属粉末的加工；由金属粉末制造制品；金属粉末的制造；金属粉末的专用装置或设备	365

续表

IPC 分类号	技术领域（小类）	专利数量/件
B23K	钎焊或脱焊；焊接；用钎焊或焊接方法包覆或镀敷；局部加热切割，如火焰切割；用激光束加工	59
B28B	黏土或其他陶瓷成分、熔渣或含有水泥材料的混合物，如灰浆的成型	57
G06F	电数字数据处理	33
B23P	金属的其他加工；组合加工；万能机床	32
B01D	分离	23
B22C	铸造造型	18
G05B	一般的控制或调节系统；这种系统的功能单元；用于这种系统或单元的监视或测试装置	17

（三）广东省增材制造装备系统专利申请机构及类型分布

广东增材制造装备系统专利申请机构类型如图13-12所示。专利申请主要以企业为主，其次是大专院校，科研单位的申请量相对较少。

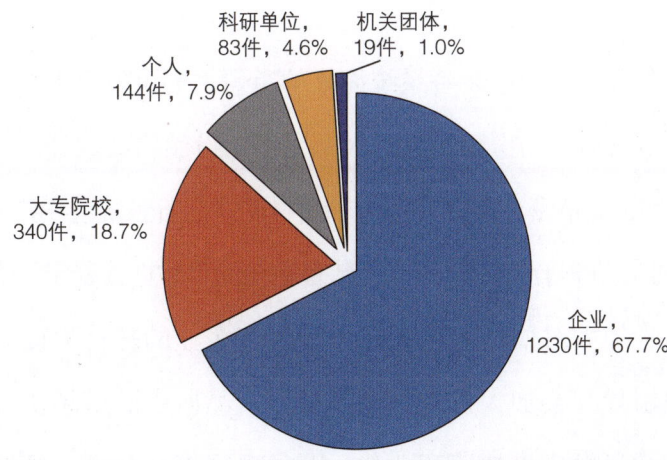

图13-12　广东省增材制造装备系统专利申请机构类型

图 13-13 列出了广东省增材制造装备系统专利申请量排名前十的机构。排名前十的机构中有 3 家为大专院校，分别为华南理工大学、广东工业大学和东莞理工学院；7 家为企业，分别为珠海天威飞马、广东汉邦激光、广东奥基德信、大族激光、广东黑格科技、珠海赛纳打印和深圳金石三维。

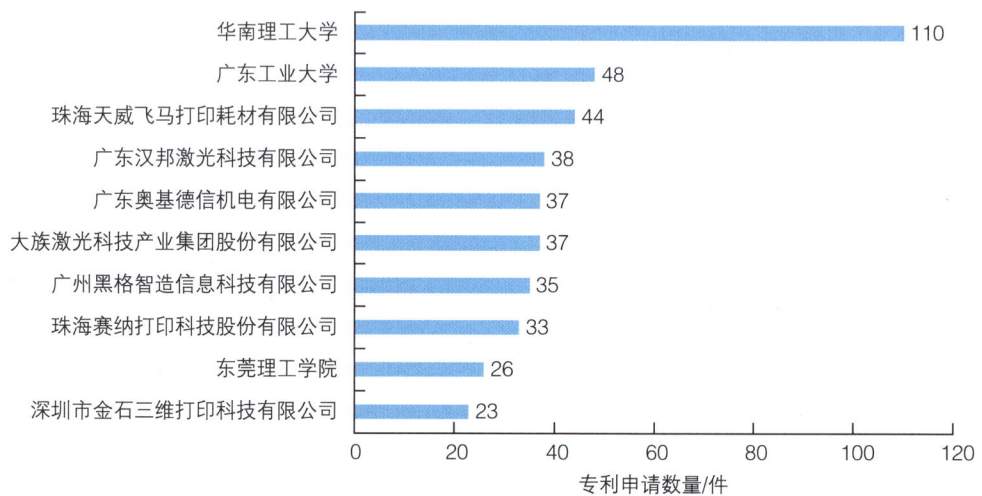

图 13-13　广东省增材制造装备系统专利申请数量排名前十的机构

三、瓶颈与建议

目前，广东省增材制造装备系统面临的瓶颈主要包括以下 3 点：一是增材制造装备系统占据的市场份额不大，大部分市场份额均被国外及省外企业所占有；二是复合型、高精密、高效率等高端增材制造装备系统应用产品缺乏，相关研究成果的产业化进程有待加速；三是装备系统的可靠性、稳定性有待提升。

建议广东省加大对增材制造装备系统生产企业的扶持力度，通过设立产业基金等手段引导社会加大投入，逐步提升产品所占的市场份额。加强产学研用合作，推动研发成果加速产业化，开发出更多复合型、高精密、高效率

第十三章 广东省增材制造产业链情况

等高端增材制造装备系统。例如，通过机器人视觉和智能控制、改进光路系统和优化激光扫描路径，提高金属增材制造设备的智能化和增材效率。成立增材制造装备系统专业检测机构，针对装备系统可靠性、稳定性等指标构建考核与评价技术体系，保障广东省增材制造装备系统的质量。

第四节 应用产品及技术服务

一、发展现状

广东省增材制造技术应用范围非常广泛，目前已涵盖生物医疗、模具、珠宝首饰消费品、文化创意、汽车、航空航天等众多领域，与产业结合程度高，形成了一定的应用规模。相关企业主要分布在广州、深圳、东莞、佛山等主要地市，代表性企业主要包括光韵达、广州迈普再生、广州黑格科技、广州瑞通生物、深圳家鸿口腔、深圳易尚展示、广州文搏实业、珠海格力、东莞科恒手板、深圳汇通三维、佛山市南海中南机械等（表13-11）。华南理工大学、广东工业大学、广东省科学院等高校院所也积极与应用端产学研联合，大力推动增材制造技术在生物医疗、汽车、珠宝等领域的应用。

表13-11 广东省增材制造应用及技术服务代表性企业

应用行业	产品类型	代表性企业
生物医疗	口腔牙科	广州黑格科技 广州瑞通生物 深圳家鸿口腔 广州健齿生物

续表

应用行业	产品类型	代表性企业
生物医疗	骨科、脑科等植入体	广州迈普再生 广州华钛三维 东莞宜安科技 佛山兰湾智能
	3D模型或手术导板	广东康沃森医疗 中科院广州电子 广州迈普再生
模具	金属模具	光韵达 珠海格力 深圳银宝山 深圳东江模具 东莞康铭光电 马路科技
	砂型模具	广东峰华卓立
	非金属模具	东莞科恒手板
消费品	珠宝首饰	广州璐比三维 广州迪迈珠宝 东莞欧饰实业 深圳通宝智造
	动漫玩具	广州文搏实业 星辉玩具 东莞思成 深圳意高
其他行业	航空航天	光韵达 深圳华阳新材料 广东汉邦激光
	汽车	深圳金石三维 比亚迪 广汽 深圳西湖股份 广东时利和

第十三章 广东省增材制造产业链情况

广东省的医疗器械产业在国内一直占据前列，增材制造技术已逐渐替代传统机械加工技术，用于制造医疗器械产品，是未来个性化医疗器械定制的主要手段。广东省科研院校、医院和企业在植入体、牙科矫治托槽和假牙、神经外科用品及手术导板等个性化生物医疗器械的增材制造技术研究和产业化推广方面，取得了较为显著的成效。例如，广东省科学院与南医三院通力合作开发了增材制造钛合金的骨植入体，攻克相关技术难点，已进入临床验证阶段。广州迈普再生研发的"国际原创"的生物3D打印创新型产品睿膜®（ReDura®），目前已在全球超过60个国家和地区服务超过几十万例的患者。齿科3D打印应用龙头广州黑格科技，已在我国部署了超过100个齿科3D打印生产中心进行分布式生产，每天在全国范围内完成30 000份以上3D打印生产订单，每年间接服务超过800万名患者，且数字化齿科全套系统出口超过20多个国家和地区。

广东省模具行业在国内处于龙头地位，模具企业超过6000家，从业人员超过10万人，是中国最大的模具市场和模具进出口省份。增材制造技术能不受产品内部结构及复杂形状的约束，在模具内部进行复杂的随形冷却水路设计与加工，轻松实现复杂结构高端模具的生产制造。近年来，深圳银宝山科技、光韵达、珠海格力、深圳东江模具、深圳德科精密、深圳鑫瑞宝源、广东隆凯、东莞康铭光电、马路科技、东莞科恒手板等广东省模具企业及增材制造企业将金属增材制造技术大范围应用于模具的设计和生产，整体技术水平达到国际一流水平。珠海格力精密模具成立专门的3D打印车间，拥有40余台3D打印设备，为格力电器解决传统手板工艺制作离心风叶样件平衡不达标、异形金属零件难加工、周期长等难题，并通过3D打印模具零件，提高日产量6%～30%，增加易损零件寿命4～6倍，减少注塑设备和模具投入成本。

广东省是汽车产业大省，在汽车整车制造、汽车零部件制造、新能源汽车等领域均居全国领先地位。3D 打印技术可制造复杂型面及异形结构，不受模具限制，有效节省汽车产品开发成本和时间，逐渐成为汽车快速化、轻量化、定制化的关键技术。广汽研究院、比亚迪、广汽丰田、东风日产、广东时利和等著名车企及科研院所已布局汽车增材制造领域，将增材制造应用于汽车复杂结构零部件的设计及原型制造。广汽研究院已购置多套激光增材制造设备，用于制造外观评审类（方向盘、后视镜等）、结构验证类（进气格栅、集控开关等）、装机实验类（支架、挡油板等）及人机工程验证类（脚踏板、仪表盘等）零件，使设计制造流程从最少需 3 周时间缩短到平均 1 周（最快 4 天），极大地加速了汽车样件评审、结构验证、各类台架及整车验证过程，成为新型汽车快速原型制作及快速产品研发的重要手段。广东时利和汽车将"工业设计 +3D 打印"技术应用于汽车用品的设计制造，将新型汽车轮毂实物的制作时间由传统模具的三四个月缩短到 1 个星期，且成本大幅降低。但目前，增材制造技术在广东省汽车领域还处于原型制造阶段。

广东省是全国珠宝首饰消费品产业和文化创意产业的大省，增材制造技术逐渐成为珠宝行业和文化创意产业的一种革新方式，将催生万亿元产业。广东省增材制造在消费品产业和文化创意产业的应用也走在全国的前列。2018 年全国首家珠宝 3D 打印共享中心落户广州番禺珠宝小镇。广东省是我国最大的玩具生产基地，联泰科技的 3D 打印设备有超过 1500 台以上分布在广东省，其中玩具生产集中地澄海地区拥有近 100 台设备。

二、增材制造应用产品及技术服务专利分析

(一)广东省增材制造应用产品及技术服务专利总体发展态势

表 13-12 为国内各省市增材制造应用产品及技术服务专利申请的分布及占比情况。广东、上海、江苏和北京在 2001—2018 年申请的增材制造应用产品及技术服务专利分别为 1113 件、687 件、656 件和 614 件,居全国前 4 位,在本领域表现出较强的技术创新能力。其中,广东应用产品及技术服务领域专利申请量占全国申请量的 15.65%,排名全国第一,数量上接近排名第二的上海的 2 倍,表现出相对较高的市场活跃度。

表 13-12 国内增材制造应用产品及技术服务专利申请数量及占比(排名前十)

申请人省市	专利申请量/件	占比/%
广东	1113	15.65
上海	687	9.66
江苏	656	9.22
北京	614	8.63
浙江	431	6.06
陕西	374	5.26
山东	282	3.97
安徽	271	3.81
四川	261	3.67
湖北	247	3.47

从图 13-14 中可见,国内主要省市增材制造应用产品及技术服务的专利申请在 2013—2018 年呈现快速增长趋势。从申请量上看,广东增材制造应用

产品及技术服务在 2015 年前落后于上海、北京等地，随后一直保持较快的增长速度，2015—2018 年每年的专利申请量均保持在全国第一。

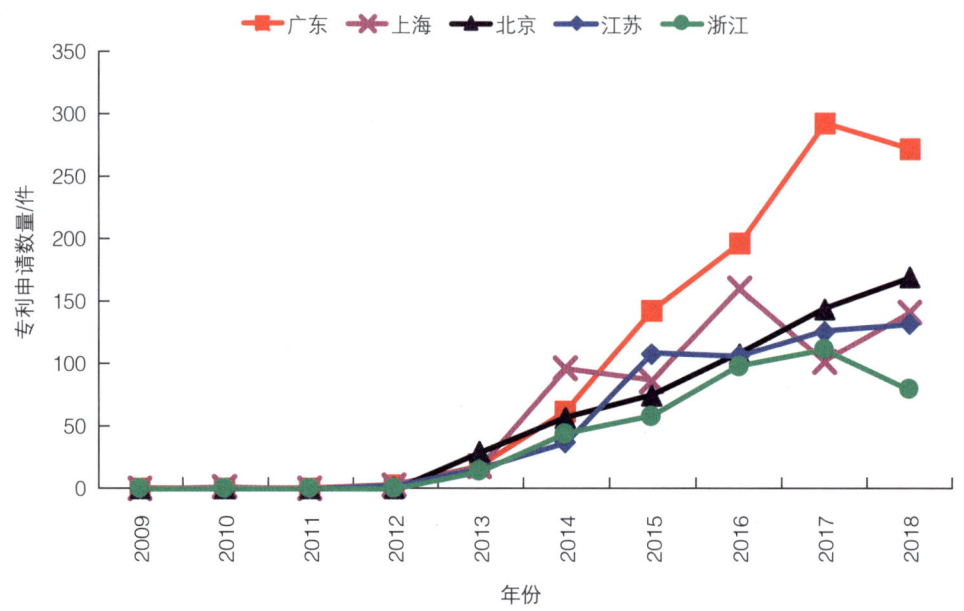

图 13-14　国内各省市增材制造应用产品及技术服务专利申请趋势（2009—2018 年）

表 13-13 给出国内主要省市增材制造应用产品及技术服务专利的专利有效率、发明专利申请占比、专利累计授权率等几个重要指标。从有效率指标看，广东增材制造应用产品及技术服务专利的有效率为 87.44%，略低于北京的 91.72% 和上海的 88.71%，处于国内前列，授权专利的总体价值较高。从发明专利申请占比指标看，广东发明专利占比为 58.27%，有相对多的实用新型专利和外观设计专利申请，专利申请整体含金量仍有待提高。从授权率指标看，广东增材制造应用产品及技术服务专利授权率为 56.13%，处于国内中游水平，发明专利具备一定质量，但仍有提升空间。

表 13-13　国内主要省市增材制造应用产品及技术服务相关专利指标

省市	专利有效率 /%	发明专利申请占比 /%	专利累计授权率 /%
广东	87.44	58.27	56.13
上海	88.71	64.41	69.17
江苏	85.63	65.36	60.78
北京	91.72	73.18	70.80
浙江	78.44	54.67	73.86
陕西	75.54	68.95	53.79
山东	73.65	68.20	71.43
湖北	78.91	65.18	71.08
福建	87.27	50.81	53.70
四川	77.48	71.86	21.97

（二）广东省增材制造应用产品及技术服务专利技术领域分布

广东增材制造应用产品及技术服务专利技术领域分布及数量如图 13-15 和表 13-14 所示。从应用产品及技术服务的 IPC 分类（小类）来看，广东增材制造应用产品及技术服务技术创新布局重点主要有以下特征：从材料上看主要集中于塑料和金属粉末，从应用领域上看主要用于医疗卫生领域。

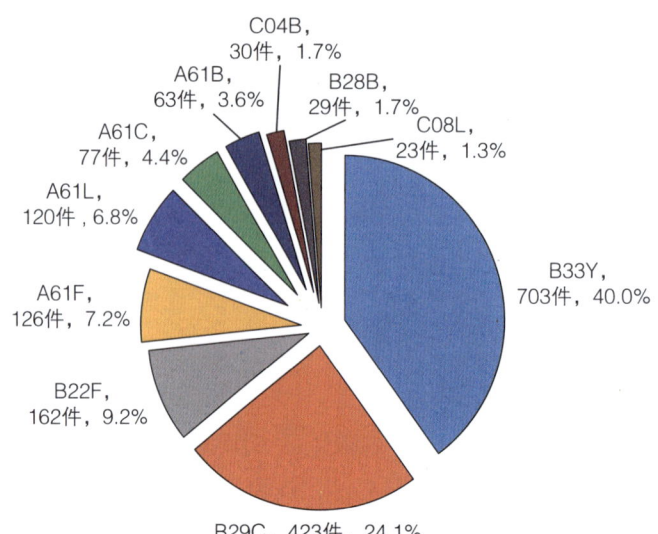

图 13-15　广东省增材制造应用产品及技术服务专利技术领域分布

表 13-14　广东省增材制造应用产品及技术服务专利技术领域分布

IPC 分类号	技术领域（小类）	专利数量 / 件
B33Y	附加制造，即三维（3D）物品制造，通过附加沉积、附加凝聚或附加分层，如 3D 打印、立体照片或选择性激光烧结	703
B29C	塑料的成型或连接；塑性状态材料的成型，不包含在其他类目中的；已成型产品的后处理，如修整	423
B22F	金属粉末的加工；由金属粉末制造制品；金属粉末的制造；金属粉末的专用装置或设备	162
A61F	可植入血管内的滤器；假体；为人体管状结构提供开口或防止其塌陷的装置，如支架；整形外科、护理或避孕装置；热敷；眼或耳的治疗或保护；绷带、敷料或吸收垫；急救箱	126
A61L	材料或消毒的一般方法或装置；空气的灭菌、消毒或除臭；绷带、敷料、吸收垫或外科用品的化学方面；绷带、敷料、吸收垫或外科用品的材料	120
A61C	牙科；口腔或牙齿卫生的装置或方法	77
A61B	诊断；外科；鉴定	63
C04B	石灰；氧化镁；矿渣；水泥；其组合物，如砂浆、混凝土或类似的建筑材料；人造石；陶瓷耐火材料；天然石的处理	30

第十三章 广东省增材制造产业链情况

续表

IPC 分类号	技术领域（小类）	专利数量/件
B28B	黏土或其他陶瓷成分、熔渣或含有水泥材料的混合物，如灰浆的成型	29
C08L	高分子化合物的组合物	23

（三）广东省增材制造应用产品及技术服务专利申请机构及类型分布

广东省增材制造应用产品及技术服务专利申请机构类型如图 13-16 所示，可见专利申请主要来自企业，其次是大专院校，科研单位的申请量相对较少。图 13-17 列出了广东省增材制造应用产品及技术服务专利申请量排名前十的机构，可见虽然广东省在增材制造应用产品及技术服务领域专利申请过半来自企业，但是申请量排名前十的机构中仅有广州健齿生物、广州华钛三维和东莞康铭光电 3 家企业；华南理工大学、广东工业大学 2 所高校的专利申请量明显领先；广东省科学院作为前十唯一的科研单位，专利申请量排名第三。

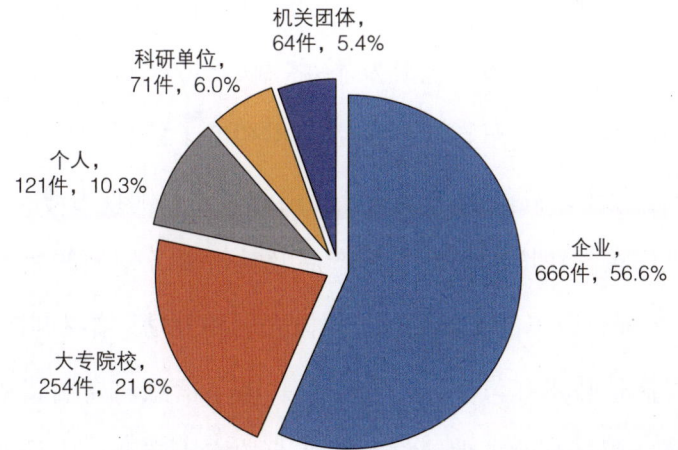

图 13-16　广东省增材制造应用产品及技术服务专利申请机构类型

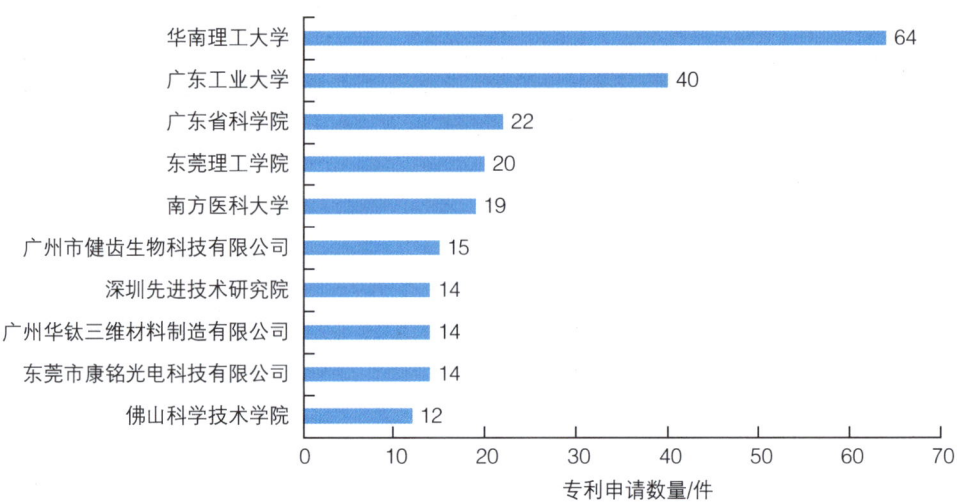

图 13-17　广东省增材制造应用产品及技术服务专利申请数量排名前十的机构

三、瓶颈与建议

广东省在增材制造应用产品及技术服务领域发展面临的瓶颈问题主要在于增材制造应用产业资源较为分散，尚未形成产业聚集效应，应用深度和广度有待提升。例如，广东省增材制造应用主要集中在模具、医疗等领域，模具领域应用集中在注塑随形冷却模具，缺乏在压铸、挤压等高端模具领域的应用，生物医疗新材料及新工艺开发不足，缺乏增材制造医学专用平台且获取医疗许可证困难等。广东省增材制造技术在电子信息、航空航天、汽车、核工业、船舶、化工、高端装备等领域应用较少，基础较为薄弱。

为了解决广东省在增材制造应用产品及技术服务领域的瓶颈问题，提出以下建议：一是强化政策的实施落地，积极开展和鼓励"增材制造替代行动"；二是推进增材制造技术在汽车、生物医疗、电子信息、高端装备、航空航天等领域的示范应用，有效扩大增材制造产业的应用广度；三是加强面向应用需求为导向的产学研合作，建立以应用企业为主导的联合平台。

第五篇
能力篇

企业、高校、科研院所和产业园区是反映区域创新能力的重要载体,也是产业发展水平的重要体现。本篇以广东省激光与增材制造产业部分代表性企业、主要科研院所和高校、重点产业园区为切入点,详细介绍广东省激光与增材制造领域创新发展能力和水平的基本情况,并对行业未来发展提出展望。

第十四章 企业

第一节 广东省激光与增材制造企业概况

广东省从事激光产业的企业超过1000家,贯穿了激光行业上中下游产业链。其中,从事激光行业的上游企业有大族激光、创鑫激光、光库科技、杰普特等;中游企业有大族激光、光韵达、正业科技、海目星等企业;而下游应用已渗透到省内航空航天、汽车、轨道交通、船舶、五金、家电、海洋装备、消费电子等领域。广东省内激光行业主要企业如表14-1所示。

表14-1 广东省激光产业主要企业

序号	主要产业链	企业名单
1	上游企业	大族激光科技产业集团股份有限公司、深圳共进电子股份有限公司、深圳特发集团有限公司、珠海光库科技股份有限公司、深圳瑞波光电子有限公司、深圳市万顺兴科技有限公司、深圳柠檬光子科技有限公司、瑞镭激光技术(深圳)有限公司、广州阿比泰克焊接技术有限公司、深圳市睿达科技有限公司、深圳市星汉激光科技有限公司、广州特域机电技术有限公司等
2	中游企业	大族激光科技产业集团股份有限公司、深圳创鑫激光股份有限公司、深圳杰普特光电科技股份有限公司、深圳联品激光技术有限公司、广州特域机电技术有限公司、英诺激光科技股份有限公司、深圳卓镭激光技术有限公司、中山华快光子有限公司、横琴东辉科技有限公司、富通尼激光科技(东莞)有限公司、深圳朗光科技有限公司、深圳瑞丰恒激光技术有限公司、佛山宏石激光设备科技有限公司等

续表

序号	主要产业链	企业名单
3	下游企业	大族激光科技产业集团股份有限公司、珠海纳思达股份有限公司、深圳光峰科技股份有限公司、广东正业科技股份有限公司、深圳市联赢激光股份有限公司、深圳海目星激光装备股份有限公司、百超迪能激光科技有限公司、深圳光韵达光电科技股份公司、深圳市速腾聚创科技有限公司、深圳创世纪机械有限公司、佛山宏石激光设备科技有限公司、深圳市火乐科技发展有限公司、汇专科技集团股份有限公司、深圳铭镭激光设备有限公司、深圳普门科技股份有限公司、深圳市览沃科技有限公司、广东原点智能技术有限公司等

广东省从事增材制造产业的企业超过500家，是国内企业数量最多的省份。从各城市的发展特色来看，广州市增材制造企业主要面对教育、医疗、服饰等消费市场；深圳初步形成建模系统、材料、设备、应用服务的增材制造全产业链，并成功应用于医疗健康、文化创意、电子信息、航天航空等领域；东莞市主要应用在模具行业；珠海则主要提供打印耗材。广东省大体上形成了以光华伟业、广东银禧为代表的增材制造材料研发企业；以深圳大族激光、广东雷佳为代表的增材制造设备制造企业；以深圳光韵达为代表的增材制造应用与服务商。广东省增材制造产业主要企业如表14-2所示。

表14-2 广东省增材制造产业主要企业

序号	主要产业链	企业名单
1	上游企业	广东银禧科技股份有限公司、深圳光华伟业股份有限公司、深圳惠程电气股份有限公司、深圳大族思特有限公司、金发科技股份有限公司、广州市傲趣电子科技有限公司、爱司凯科技股份有限公司、深圳易生新材料有限公司、广州赛隆增材制造有限责任公司等

续表

序号	主要产业链	企业名单
2	中游企业	深圳市创想三维科技有限公司、大族激光科技产业集团股份有限公司、赛纳三维科技有限公司、广东峰华卓立科技股份有限公司、广州中望龙腾软件股份有限公司、广东汉邦激光科技有限公司、广州黑格智造信息科技有限公司、深圳摩方新材料科技有限公司、深圳长朗智能科技有限公司、广州雷佳增材科技有限公司、深圳市华阳新材料科技有限公司、广州市网能产品设计有限公司等
3	下游企业	迈瑞医疗国际股份有限公司、深圳光韵达光电科技股份有限公司、深圳市易尚展示股份有限公司、广东冠昊生物科技股份有限公司、深圳康泰健牙科器材有限公司、广州锦冠桥实业有限公司、广州迈普再生医学科技股份有限公司、深圳家鸿口腔医疗股份有限公司、南方增材科技有限公司、珠海格力电器股份有限公司、深圳市银宝山新科技股份有限公司、广州璐比三维科技有限公司、广州市文搏实业有限公司、深圳市金石三维打印科技有限公司等

第二节 广东省部分代表性企业简介

一、纳思达股份有限公司

纳思达股份有限公司成立于2000年，总部位于中国珠海。致力于成为打印行业及集成电路行业领先的科技服务型企业。拥有约18 000名员工，业务遍及全球150多个国家和地区。2019年营业收入超过230亿元，总市值超过300亿元。

纳思达作为中国上市企业500强，是全球前五的激光打印机厂商。专注激光打印机、通用耗材及专用集成电路芯片等领域。纳思达主营产品为激光打印机、集成电路芯片、通用打印耗材及耗材核心部件产品，覆盖从上游耗材部件到整机服务的打印机全产业链解决方案。凭借奔图、利盟、格之格、G&G、艾派克、Static Control 等业内子品牌，纳思达的通用耗材和芯片产销量在通用耗材行业中位居全球第一，全球激光打印机出货量全球第四。通用耗材和部件方面，公司经过发展，产品已涵盖激光耗材、喷墨耗材、针式耗材及墨水、耗材集成电路芯片、辊类等核心耗材零配件（图 14-1）。

图 14-1　纳思达公司的激光打印机及打印原材料产品

二、大族激光科技产业集团股份有限公司

大族激光是世界知名的激光加工设备生产厂商，于 2004 年 6 月在深交所上市，目前市值超 400 亿元。2019 年公司收入 95.62 亿元，净利润 4.62 亿元。大族激光是一家提供激光、机器人及自动化技术在智能制造领域的系统解决方案的高端装备制造企业，业务包括研发、生产、销售激光焊接、激光标记、激光切割设备、PCB 专用设备、机器人、自动化设备及为上述业务配套的系统解决方案。公司为国内外客户提供一整套激光加工解决方案及相关配套设施，并通过不断自主研发把"实验室装置"变成可以连续 24 小时稳定工作的激光技术装备，是世界上仅有的几家拥有"紫外激光专利"的公司之一。

目前，公司在全球拥有员工总数 1 万余人，研发人才约 4500 人，涵盖光源、自动化、视觉识别、计算机软件和机械控制等领域。目前已经形成激光设备及自动化产品型号达600多种，是国内激光设备类型最齐全的公司之一。产品主要应用于消费电子、显示面板、动力电池、PCB、机械五金、汽车船舶、航天航空、轨道交通等行业的金属或非金属加工（图14-2）。

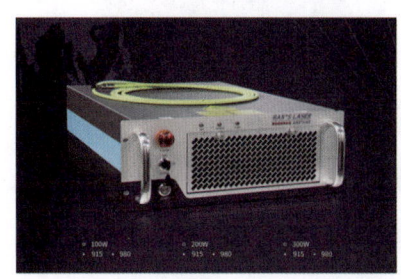

图14-2 大族激光公司的半导体激光器和高架龙门式三维五轴激光切割机产品

三、深圳光峰科技股份有限公司

深圳光峰科技股份有限公司是一家拥有原创技术、核心专利、核心器件研发制造能力的全球领先的激光显示科技企业。光峰科技是首批科创板上市企业，也是科创板广东第一股、激光显示行业第一股，2019年营业收入达19.79亿元。

作为显示行业的驱动者，光峰科技在2007年全球率先发明了ALPD激光显示技术。该技术被国际同业视为下一代激光显示的发展方向，并在全球范围率先实现技术产业化，现已推出激光电影放映设备、激光工程机、激光教育机、激光电视、激光微投六大产品线，并广泛应用于影院、指挥调度、展览展示、虚拟仿真、教育、家用等领域（图14-3）。目前，光峰科技是全球第5个、中国第1个能够生产具有DCI认证的数字电影放映机的公司。2014年，光峰科技与中国电影成立中影光峰，融合各方优势，立足国内，旨在推动中国数字电影放映技术的自主创新，打造集研、产、销于一体的服务，目前在国内激光电影光源部署量排名第一。2018 年，光峰科技与中国电影、巴可等联合创立"Cinionic"品牌，致力提供"全球高端影院解决方案"。

图 14-3　光峰科技公司的激光放映和投影机产品

四、广东宏石激光技术股份有限公司

广东宏石激光技术股份有限公司始创于 2006 年，是一家集金属成型智能装备研发、生产、销售于一体的工作母机类国家高新技术企业，致力于为全球用户提供金属成型智能装备解决方案。公司目前拥有总部基地、苏州生产基地、济南生产基地 3 个标准化智能装备制造基地，总面积超 80 000 平方米，拥有 5000 台光纤激光切割机的年产能，2019 年销量超 2200 台，总营收突破 16 亿元。

公司拥有 3 个标准化智能装备制造基地，总面积超 30 000 平方米，在激光机器人、多轴联动专业切管、精密焊接智能自动生产线等领域实现柔性制造与数字化分级管理。公司智能装备已在全球 100 多个国家与地区稳定运行，在精密器械、汽车配件、厨卫五金、电子电气、智能家居等行业拥有广泛的标杆客户范例（图 14-4）。专业独立的核心研发团队和系统完善的售后技术支持部门提供以客户为中心的服务型体验。作为激光智能装备的领军企业，公司一直专注于为工业 4.0 和未来工厂提供关键技术支持及有针对性的个性化系统集成解决方案，帮助企业将智能制造落地实施，让智能制造改变工作。

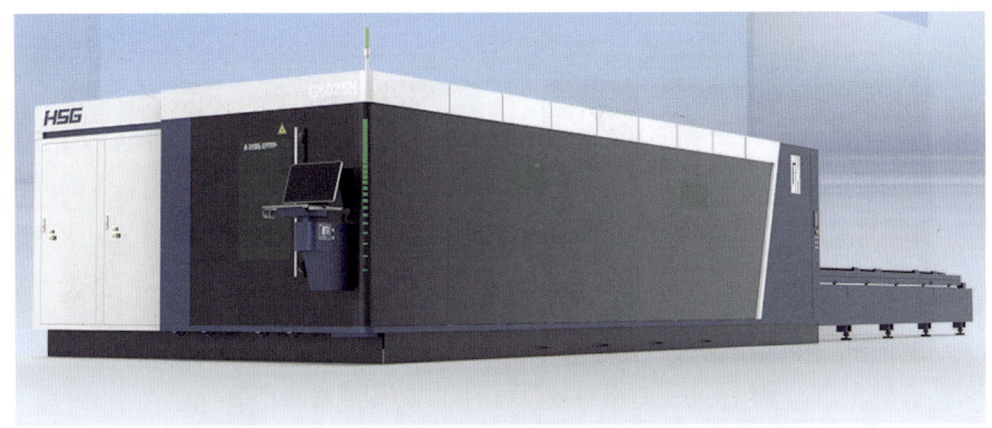

图 14-4　广东宏石公司的高功率激光切割机产品

五、广东银禧科技股份有限公司

广东银禧科技股份有限公司是一家集高性能高分子新材料研发、生产和销售于一体的国家级高新技术企业。经过多年的发展，银禧科技已在东莞虎门、道滘和苏州吴中建立了生产研发基地，形成年产 30 万吨改性高分子材料的生产能力，成为中国最重要的高分子新材料生产企业之一。2019 年营业收入达 15.11 亿元。

基于对新材料发展趋势的深刻理解，由教授、博士和业内专家组成的银禧研发团队不断致力于高性能、高环保、高分子新材料的产品创新和应用，产品多次荣获国家级和省级重点新产品称号。银禧的自主创新能力得到业内认可并引领行业发展方向。银禧科技的产品涵盖了阻燃、耐候、增强增韧、塑料合金、热塑性弹性体、生物降解、其他高性能产品等七大系列，广泛应用于电子电气、电线电缆、家用电器、照明、轨道交通、高等级公路、汽车、医疗器械、卫浴、文体用品等领域（图14-5）。银禧及关联企业目前形成了改性塑料、LED灯具配件加工、精密金属加工，3D打印等新兴科技领域的产业布局。

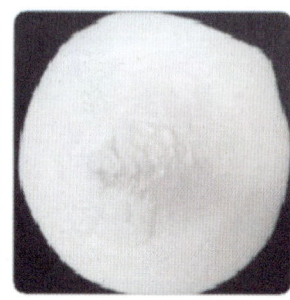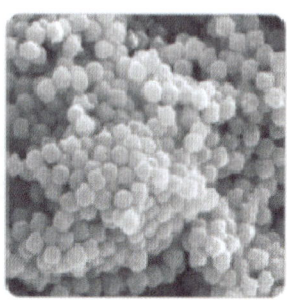

图14-5　银禧科技公司的3D打印原材料产品

六、深圳市创鑫激光股份有限公司

创鑫激光成立于2004年，是国内首批成立的光纤激光器制造商之一，也是国内首批实现在光纤激光器、光学器件两类核心技术上拥有自主知识产权并进行垂直整合的国家高新技术企业之一。创鑫激光已发展成为国际知名的光纤激光器及核心光学器件研发、生产和销售一体化的激光器厂商，是国内市场销售额排名第二的国产光纤激光器制造商，2019年营业收入达12.98亿元。产品主要包括脉冲/连续光纤激光器、直接半导体激光器等系列产品，并实现了泵浦源、合束器、光纤光栅、隔离器、激光输出头、剥模器、声光调制器等光学器件自主生产。产品应用于打标、雕刻、切割、焊接、表面处理、增材制造等加工工艺。

创鑫激光凝聚了一批在激光、光学、机械、电子、自动控制及计算机软件等领域具有丰富经验的专业人士，共有员工1700余人。截至2019年年底，已获授权专利261件，软件著作权23项，已推出1500 W、2000 W、3000 W、4000 W

单模块连续光纤激光器并实现量产；在万瓦级以上多模块连续光纤激光器产品领域，公司已推出 10 000～35 000 W 不同功率段的系列产品（图 14-6）。

图 14-6　创鑫激光公司的连续光纤激光器系列产品

七、深圳市海目星激光智能装备股份有限公司

海目星（股票代码：688559）成立于 2008 年，一直以来深耕激光和自动化领域，激光 & 自动化装备综合解决方案提供商，是国家高新技术企业，2019 年公司营收达到 10.31 亿元。海目星激光总部位于深圳市龙华区，现拥有海目星（江门）激光智能装备有限公司、广州市海目星激光科技有限公司、海目星激光智能装备（江苏）有限公司和鞍山海目星科技有限公司等多家全资子公司。并在广东江门市和江苏常州市分别设有两大全球智能制造生产基地。产品和服务范围包括：锂电自动化、风冷紫外激光设备、大型自动化生产线、大型激光切割设备、蓝宝石切割设备、PCB 打标设备等，不断为锂电、3C、钣金等行业客户带来更高效、更优质的综合解决方案（图 14-7）。

海目星激光坚持科技为本，技术创新，每年持续加大研发投入，获得多项技术专利，同时大量引进海内外行业精英，研发团队具备 3C、医疗、电力、半导体等跨行业工作背景和丰富的激光及自动化开发经验。海目星激光销售网络遍布全球，已成为众多行业领先客户信赖的合作伙伴。

图 14-7　海目星公司的超大幅面光纤激光切割机产品

八、深圳市联赢激光股份有限公司

深圳市联赢激光股份有限公司（股票代码：688518）是国内领先的精密激光焊接设备及自动化解决方案供应商之一，专业从事精密激光焊接机及激光焊接成套设备的研发、生产、销售的国家级高新技术企业，2019 年营业收入达 10.11 亿元。

公司以牛憨笨院士领衔的深圳大学光电研究所为技术后盾，汇集国内外众多优秀人士。拥有激光核心技术"波形控制实时激光能量负反馈技术"，提高了激光输出能量的稳定性,有效降低了焊接产品的不良率。自主研发的"多波长激光同轴复合焊接技术"，在国内首次采用光纤激光与半导体激光的同轴复合焊接技术，可有效减少焊接缺陷，提高焊接效率，获得"2018 年度中国工业激光器创新贡献奖"。同时，公司还拥有蓝光激光器焊接技术、激光焊接实时图像处理技术、智能产线信息化管理技术和工业云平台技术、激光焊接加工工艺技术、自动化系统设计技术和激光光学系统开发技术等。公司产品已在电子电路、IC集成电路、仪器仪表、金银首饰、精密器件、医疗、手机通信、光通信器件、汽车等多个行业得到广泛应用（图14-8）。

图14-8　联赢激光公司的激光器及激光加工设备产品

九、深圳市创想三维科技有限公司

创想三维是全球消费级3D打印行业领导品牌，国家高新技术企业，国内热熔沉积（FDM）和光固化、DLP 3D打印机研发、量产的先行者。公司一直致力于3D打印机的市场化应用，为个人、家庭、学校、企业提供高效实惠的3D打印综合方案。创想三维2019年产值接近10亿元，年出货量突破50万台。

创想三维产品远销192个国家和地区，长期稳居全球3D打印机销售榜前列，重点产品长期稳居全球销量榜前列，亚马逊、天猫、京东等电商排名第一，是国内消费级3D打印机"隐形冠军"，在消费级3D打印机领域公司综合实力远超业界同行。Creality品牌在美国、英国、法国、德国等欧美国家消费级3D打印机市场实现30%市场占有率，为中国3D打印机企业出海做出表率。公司与多所高校合作建立产学研教学实习基地，研发、制造、售后体系完备，技术实力雄厚。公司员工1000余人，年产量达1 000 000台，拥有先进的大型研发中心、3D 打印实验室、创想研究院及现代化生产线（图 14-9）。

图 14-9　创想三维公司的 3D 打印设备产品

十、深圳光韵达光电科技股份有限公司

光韵达是一家激光智能制造解决方案与服务提供商，于 2011 年 6 月 8 日在深圳证券交易所创业板上市（股票代码：300227），2019 年营业收入达 7.9 亿元。公司利用"精密激光技术"+"智能控制技术"突破传统生产方式，实现产品的高精密、高集成及个性化制造，为全球制造业提供多种类的精密激光制造服务和创新解决方案。光韵达已在全国电子产品聚集地建立了 30 多个激光加工站，并自建 3 个产业化基地，形成了华南、华东、华北三大服务区，主营业务包括激光应用服务、智能装备、航天军工和半导体业务等。

公司精密加工业务包括 SMT 类服务和装备，其中 SMT 类服务包括精密激光模板及附属产品和精密零件生产，为全球电子制造业提供"一站式服务"，是目前国内同类产品与服务类别最全面的公司之一（图 14-10）。在智能装备领域方面，公司设有下属子公司，主要从事智能装备的研发、生产和销售。2019 年 3 月，基于"激光创新应用服务及智能装备制造"双引擎的战略目标，光韵达通过收购在航空航天及军工领域具有较强市场竞争力的企业，业务边界扩充至航空航天及军工领域。

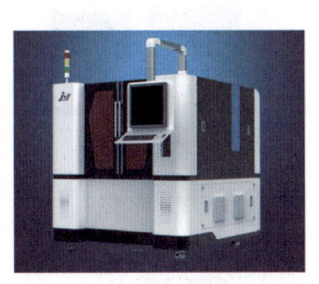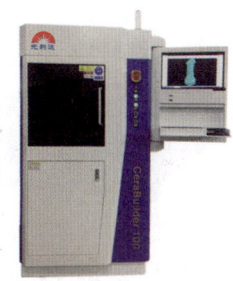

图 14-10　光韵达公司的激光加工设备产品

十一、深圳市杰普特光电股份有限公司

杰普特成立于 2006 年，于 2019 年在上海证券交易所科创板上市（股票代码：688025），是一家集研发、生产和销售激光器、激光／光学智能装备和光纤器件于一体的国家级高新技术企业，是中国首家商用脉宽可调高功率光纤激光器生产商，2019 年营业收入达 5.67 亿元。

杰普特经过多年发展，搭建了国际化的研发、营销平台，产品和服务覆盖亚洲、北美、欧洲等地区的众多知名客户。公司以激光器研发为基础，打造激光与光学、测试与测量、运动控制与自动化、机器视觉等技术平台，坚持走自主知识产权的道路，已申请 530 余件专利及软件著作权，其中发明专利 200 件，实用新型专利 220 件。公司拥有一支由多位海外留学归国博士及国内知名大学博士、硕士组成的优秀的顾问、管理、研发及销售团队，公司拥有博士 21 人，硕士 50 余人，下设光器件事业部、激光器事业部、智能装备事业部、深圳研发中心、新加坡研发中心等部门，拥有先进的生产设备、配套齐全的研发测试设备（图 14-11）。

图 14-11　杰普特公司的激光器及激光加工设备产品

十二、珠海光库科技股份有限公司

光库科技成立于 2000 年，于 2017 年在深交所创业板成功上市，2019 年销售收入达 3.9 亿元。公司是专业从事光纤器件的设计、研发、生产、销售及服务的国家高新技术企业，主要产品为光纤激光器件和光通信器件，自研自产的高功率光无源器件、保偏光无源器件等产品销往全球数十个国家和地区，被广泛应用于光纤激光、航天航空、无人驾驶、传感探测、军事、科研、医疗设备等重要领域。公司自主研发的 6 kW 合束器、1.5 kW 光纤光栅、500 W 隔离器、6 kW 激光输出装置等多款产品达到全球领先水平（图 14-12）。

公司已掌握先进的无源光纤器件设计和组装技术，其中高功率器件散热技术、保偏器件可靠性稳定技术、保偏器件对位技术、光纤端面处理技术等均处于国际先进水平。公司长期坚持自主创新，目前公司主要产品核心技术均来源于自主研发。截至 2020 年 9 月，公司共拥有知识产权 97 件，其中发明专利 10 件，实用新型专利 78 件，软件著作权 9 项，技术创新走在行业前沿。公司建有"院士工作站""博士后科研工作站""广东省博士工作站""广东省光电器件工程技术研究中心""广东省企业技术中心"等技术平台。公司与中科院上光所开展了"嫦娥三号""嫦娥四号"等项目合作。

图 14-12　珠海光库科技公司的激光器元器件产品

十三、广州雷佳增材科技有限公司

雷佳增材是国内工业级金属 3D 打印技术先驱企业，专业从事金属 3D 打印设备的研发、制造、销售及提供 3D 打印服务。公司团队传承华南理工大学十余年金属 3D 打印设备、材料工艺研发经验，团队核心成员于 2002 年开始开展金属 3D 打印技术研究工作，并于 2004 年 4 月制造出国内首台金属 3D 打印设备，是我国最早开展激光选区熔化技术研究的团队之一，目前已经形成了"高精度、多材料、大尺寸、高效率"系列化金属 3D 打印设备（图 14-13）。

从成立至今，雷佳增材已经逐步建设为集金属 3D 打印设备研发、制造、销售及提供 3D 打印服务于一体的全球产业链格局，产品多用于航空航天、工业模具、医疗器械、珠宝艺术、汽车、军工等行业。公司团队在 LASERADD 系列工业级 3D 打印机的研发方面有多年积累，已自主开发了激光选区熔化成型系列设备、系统总控软件、路径规划软件和计算机辅助工艺优化软件，多种型号激光成型设备陆续实现产业化，自主知识产权处于国内领先水平。

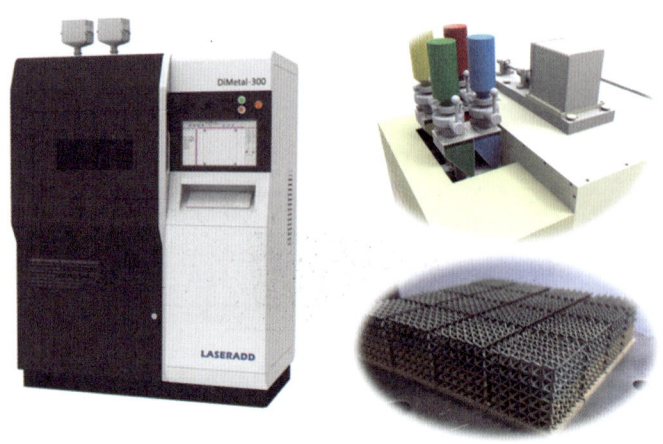

图 14-13　广州雷佳公司的多材料工业级金属 3D 打印设备产品

十四、广东正业科技股份有限公司

广东正业科技股份有限公司主要面向 PCB、锂电、液晶面板等行业提供智能检测和智能制造整体解决方案等产品和服务，在电子信息产业领域被市场广泛认可，目前市场覆盖全球数十个国家和地区。正业科技被评为国家高新技术企业、国家知识产权优势企业、中国电子电路行业优秀民族品牌企业、广东省战略性新兴产业骨干企业。

正业科技组建了国家级博士后科研工作站、广东省教育部产学研结合示范基地、省级企业技术中心和工程技术研究开发中心等国家和省级科研平台。公司研发人员 700 余人，占公司总人数的 35%，年均研发投入占公司营业收入的 5% 以上，2018 年研发投入近 1.2 亿元，占公司营业收入比重达到 8.24%，较上年同期增长 80.31%。公司承担国家重点研发项目 7 项、省市级研发项目 30 余项，主导或参与起草、制定 20 余项国家、地方和行业技术标准，拥有 700 多件专利，其中授权发明专利 100 多件，先后荣获中国专利优秀奖、广东省专利优秀奖、广东省科学技术进步奖二等奖等奖项，徐地华董事长荣获广东省杰出发明人奖，在全国构筑起卓越的人才、技术、市场和品牌等资源优势（图14-14）。

图 14-14　正业科技公司的皮秒激光切割机产品

十五、广州特域机电有限公司

广州特域机电有限公司专业生产工业冷水机，其 CW 系列冷水机是按照现代激光设备的特点和要求而设计生产的专用冷水机组，产品规格多样、品种齐全，适用于不同功率的激光器，能够为激光设备提供稳定的工作条件，促进生产力和提高生产质量。

公司产品适用于高速主轴、电主轴、CNC 线切割机床、光学设备、实验仪器、坐标镗床、磨床、加工中心、激光打标机、激光雕刻机、激光焊接机、激光喷码机、激光切割机、服装机械、成型机、模具冷却注塑机、印刷机等设备系统冷却。

公司产品以散热型和制冷型工业冷水机为生产核心，以 CW 系列百余型冷水机为专业品牌特色，高效节能制冷，精密智能温控。公司拥有专属研发质检团队和生产基地，共有 4800 平方米生产厂房分布在广州市海珠区和番禺区，年产冷水机 5 万台，是国内小功率冷水机主要制造商（图14-15）。

图 14-15　广州特域公司的激光水冷机产品

十六、深圳光华伟业股份有限公司

深圳光华伟业股份有限公司以绿色为主题，致力于环境友好型材料的产业化，专门从事生物材料、绿色溶剂的研究开发、生产经营，是国家级高新技术企业，是国家战略性新兴产业新材料项目承担单位，公司于 2016 年 4 月在新三板挂牌成功，2019 年营业收入达 1.41 亿元。

公司已建成年产聚合物 10 000 吨、乳酸酯 15 000 吨、多元醇 5000 吨、3D 打印材料 5000 吨的生产能力（图 14-16）。

公司依托武汉大学、北京大学、中科院宁波材料所联合组建 3 个研发中心，形成了合成、改性与 3D 打印材料等多个独立研发团队，已经申请和取得国内外专利 30 多件。

公司的聚乳酸技术被称为高分子材料领域一次新的产业革命，3D 打印技术被称为一次新的技术革命，光华伟业手握两大革命性技术，将协同社会各方面资源，为进一步提升人们的绿色生活、科技生活而努力奋进。

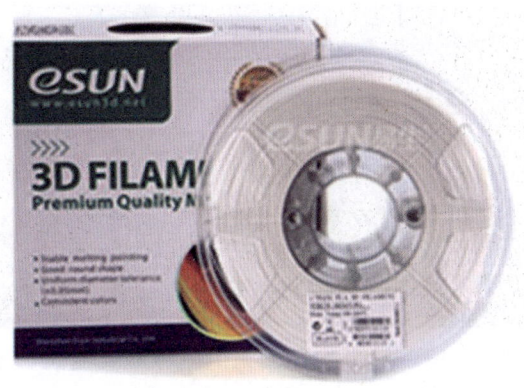

图 14-16　光华伟业公司的 3D 打印耗材产品

十七、深圳市速腾聚创科技有限公司

速腾聚创是全球领先的智能激光雷达系统科技企业。公司通过激光雷达硬件、AI 算法与芯片三大核心技术闭环，为市场提供具有信息理解能力的智能激光雷达系统，颠覆传统激光雷达纯信息收集定义，赋予机器人和车辆超越人类眼睛的感知力，守护智能驾驶的安全。

公司总部位于深圳，拥有来自全球顶尖企业和科研机构的人才团队，为公司提供源源不断的创新能力。截至 2019 年，公司获得超过 500 件专利。公司产品技术的领先建立在多学科多层级的技术积累之上，以市场为导向，为客户提供多种的智能激光雷达系统解决方案，产品技术包括：MEMS 与机械式激光雷达硬件、硬件融合技术、AI 感知算法等。作为 AutoSens Award、Audi Innovation Lab Champion 和两届 CES Innovation Award 得主，RoboSense 在市场上已经获得成功的基础，合作伙伴覆盖全球各大自动驾驶科技公司、车企、一级供应商等，产品技术已广泛应用于自动驾驶及高级辅助驾驶乘用车、商用车，物流车，机器人，公共智慧交通、车路协同等场景（图 14-17）。

图 14-17　速腾聚创公司的车载激光雷达产品

十八、广州黑格智能科技有限公司

黑格科技是由美国 UIUC 工程学院归国留学生于 2015 年 6 月创立。经过将近 5 年的努力，黑格科技已经发展成为一家以 3D 打印应用和数字化智能制造技术为核心的科技创新型公司。目前，黑格科技已获得投融资额近 10 亿元，现有员工 350 余名，技术人员占比超 40%。公司已申请国内和国际 3D 打印专利 300 余件，研发生产基地超过 5000 平方米。

2016 年，黑格科技成功研发了全国领先的工业级 DLP 高精度 3D 打印系统 Ultracraft（图 14-18）。2017 年正式进军数字化口腔医疗行业，专注 3D 打印定制化牙科产品。2019 年 9 月，黑格科技成功研发了 Ultracraft-A2D 3D 打印机，推动黑格科技继续深耕数字化口腔领域。结合创新的商业模式，黑格科技已在全国部署了超过 100 个齿科 3D 打印生产中心进行分布式生产。2019 年，黑格科技开始进军欧美市场，凭借领先的技术优势与商业策略大规模抢占欧美 3D 打印巨头的市场份额。

图 14-18　广州黑格公司的 DLP 增材制造设备产品

十九、广州迈普再生医学科技股份有限公司

广州迈普再生医学科技股份有限公司是一家致力于结合人工合成材料特性，利用先进制造技术开发高性能植入医疗器械产品的高新技术企业。是国内神经外科领域唯一同时拥有人工硬脑（脊）膜补片、颅颌面修补产品、可吸收止血纱等植入医疗器械产品的企业，覆盖开颅手术所需要的关键植入医疗器械（图 14-19）。

公司已获准注册 4 个 Ⅲ 类、1 个 Ⅱ 类医疗器械产品，备案 1 个 Ⅰ 类医疗器械产品，并取得 3 个产品的 CE 证书和 CE Design 证书，拥有在研产品 9 个，为公司日后的经营业绩保持持续增长奠定基础。

公司现拥有国内外专利申请近 300 件及授权逾 150 件，获得中国、韩国医疗器械 GMP 认证，国际 ISO13485 质量体系认证，并被认定为国家高新技术企业、博士后科研工作站。

公司已成为国内少数规模化出口海外高端医疗市场的高性能植入医疗器械生产企业。至今产品覆盖国内 600 余家医院，国际市场覆盖欧洲、北美、南美、亚洲、非洲等70多个国家和地区，产品临床应用超过20万例，搭建起全球化营销体系。

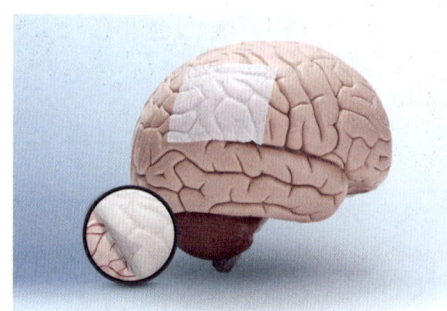 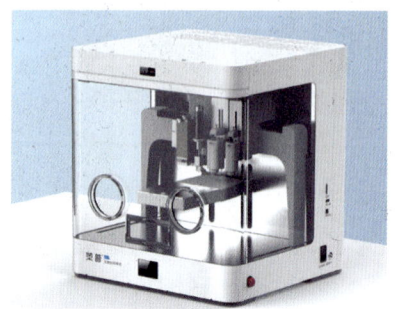

图14-19　广州迈普公司的睿康®硬脑（脊）膜补片及生物3D打印机产品

二十、深圳联品激光技术有限公司

深圳联品激光技术有限公司主要从事激光应用技术的技术开发、技术咨询、技术服务及技术转让，以及激光技术相关应用设备及控制软件的生产加工。

公司研发团队由激光研究领域知名博导带领，获得自主知识产权共38件，其中发明专利5件，实用新型24件，外观专利6件，软件著作权3项。多项核心技术处于国际领先水平。正在申请的自主知识产权主要包括21件，其中发明专利15件，实用新型1件，软件著作权5项。

公司产品涵盖光纤激光器、高功率固体激光器、中低功率可见光激光器等各类激光器。具体主要有光纤激光器、半导体泵浦固体激光器（DPSSL）、半导体激光器及其周边器件，波长覆盖266 nm、355 nm、450 nm、473 nm、520 nm、532 nm、635 nm、650 nm、808 nm、915 nm、976 nm、1064 nm、1080 nm、1550 nm等从紫外至红外波段的激光器。产品广泛应用于激光加工、激光演示、激光医疗、科研、激光标刻、金属板材切割、焊接、熔覆等领域（图14-20）。

图 14-20　联品激光公司的 MOPA 激光器产品

二十一、英诺激光股份有限公司

英诺激光股份有限公司专注于微加工领域激光器的研发、生产、销售及以激光模组形式为客户提供定制化微加工解决方案。是全球少数同时具有纳秒、亚纳秒、皮秒、飞秒级微加工激光器核心技术和生产能力的工业激光器生产商。产品包括 DPSS 调 Q 纳秒激光器、超短脉冲（皮秒、飞秒）激光器和 MOPA（纳秒/亚纳秒）激光器，涵盖从红外到深紫外不同波段、从纳秒到飞秒多种脉宽（图 14-21）。广泛应用于消费电子、新能源、3D 打印、芯片制造、生物医疗等领域，销售覆盖中国、美国、德国、日本、新加坡等 20 多个国家和地区，进入全球知名企业供应链。

公司核心技术团队是广东省"珠江人才计划"和深圳市"孔雀计划"重点引进的创新创业团队，在中国和北美设立研发中心，在精密光学设计、视觉图像处理、运动控制、光—材料作用机制等激光应用理论方面拥有多项自主研发的核心技术。公司已在中美两国建成 3 个生产基地，能快速响应客户需求，公司通用型激光器采用标准化批量生产模式，激光模组及非通用型激光器采用定制化生产模式。

图 14-21　英诺激光公司的皮秒激光器产品

二十二、广东汉邦激光科技有限公司

广东汉邦激光科技有限公司成立于广东省中山市，专注于金属粉末激光选区熔化（SLM）3D 打印设备的研发、生产、销售及服务领域。公司拥有专业的研发团队，核心成员有 10 年以上金属 3D 打印设备研发及应用经验。

公司现与西安交通大学快速制造国家工程研究中心、南京航空航天大学、华南师范大学等多所高校与研究单位开展激光光学、3D 打印、金属粉末应用、工艺开发及应用、设备研发等多方面的深入合作，并建立起长期战略合作关系。特别是和快速制造国家工程研究中心密切合作，联合开发出了一系列工业级金属 3D 打印设备（图 14-22）。并针对各行业的具体细分领域要求，不断完善工艺开发及应用。公司金属 3D 设备主要服务于牙科、骨科、模具、航空航天、汽车制造、珠宝首饰、电子产品、家电、终端零部件等行业，以及粉末研究、力学性能研究及教学等科研领域。

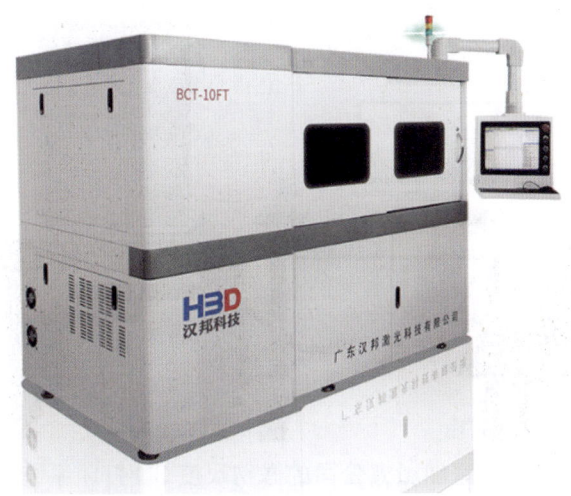

图 14-22　广东汉邦公司的金属 3D 打印机产品

二十三、深圳摩方新材科技有限公司

深圳摩方材料科技有限公司致力于微纳尺度 3D 打印系统及微纳米级功能型复合材料的研发、生产、销售。摩方材料于 2016 年 6 月获得来自松禾资本、移盟资本、光之华基金的 2700 万元天使轮融资，2017 年 8 月 18 日完成深创投领投的 6000 万元 A 轮融资。

公司是由美国麻省理工学院工程系终身教授及一批在商业领域拥有丰富经验的管理团队共同创立的高科技企业，在中国深圳、香港及美国波士顿同步运营。

公司利用自身的纳米级 3D 打印技术，结合超过 15 年在材料、力学领域的实践积累，开发出功能各异的先进功能性复合材料（图 14-23）。公司技术团队的纳米架构技术被《麻省理工科技评论》列为 2015 年的十大科技突破密切关注的第 2 名。相关研究结果多次发表在 *Science*、*Nature* 等杂志上。公司科研团队与波音、BASF、尼桑等均保持着常年合作关系。

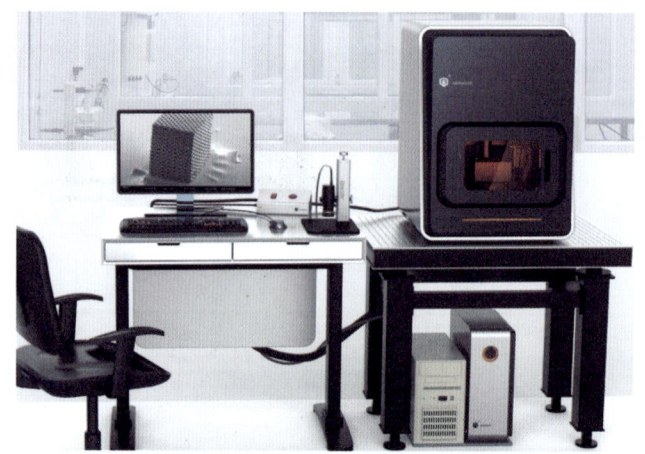

图 14-23　深圳魔方公司的微纳尺度 3D 打印系统产品

二十四、长朗三维科技有限公司

长朗三维科技有限公司是由国家高科技人才、麻省理工学院博士专家团队创办，提供行业领先 3D 打印技术整体解决方案的高科技公司。公司以 3D 打印技术为核心，从事高精度工业 3D 打印设备、生物 3D 打印设备及新材料的研发生产，服务于航空航天、汽车模具、生物医疗、教育培训等领域。公司自主研发的全球首款自动折叠 3D 打印机 miniOne 连续 4 周列京东双十一众筹第 1 名。建成涵盖材料生产、装备制造、技术研发的产业化基地，自主生产控制系统、机械系统及打印材料，同时搭建基于工业 4.0 的高端制造云平台（图 14-24）。

在教育培训领域，长朗三维引入美国八大 STEAM 教育体系，整合包括机器人、无人机、3D 打印教育等多门课程，可以为中小学校提供集器材、师资培训、运营指导、课程研发支持、大赛策划及技术培训、行业论坛等于一体的完整的 STEAM 教育解决方案。公司开始着手推进 3D 打印产业国际布局，收购英国知名企业，整合全球先进技术、品牌及价值链资源。

图 14-24　长郎三维公司的 FDM 3D 打印机产品

二十五、广州赛隆增材制造有限责任公司

广州赛隆是由西北有色金属研究院和金属多孔材料国家重点实验室共同发起，技术团队核心成员领办的高科技企业。公司创业团队由国家"万人计划"人才、金属多孔材料国家重点实验室主任汤慧萍教授领衔，金属多孔材料国家重点实验室副主任汪强兵等 7 位博士组成。汤慧萍教授任公司董事长，汪强兵博士任公司总经理，公司研究生学历以上人员占比 90%。公司创业团队以 3D 打印方面的最新研究成果为依托，通过在广州落地转化，高效对接市场和资本，填补粤港澳大湾区在粉床电子束增材制造技术方面的空白，打造金属增材制造国际一流企业和知名品牌。

公司主营增材制造制品及原料的设计开发、生产和销售，包括金属 3D 打印专用球形粉末、3D 打印零件及粉末冶金制品。产品已广泛应用于航空航天、医疗、模具等领域（图 14-25）。

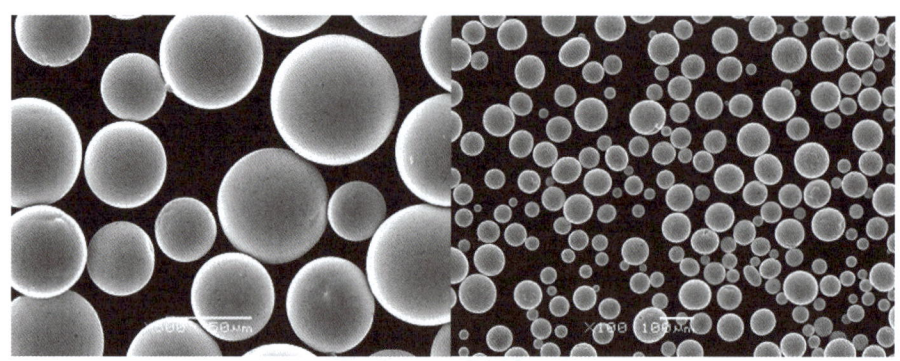

图 14-25　广州赛隆公司的增材制造专用钽粉产品

二十六、深圳瑞波光电子有限公司

深圳瑞波光电子有限公司是由深圳清华大学研究院、国内外技术专家共同创办的从事大功率半导体激光器芯片研发和生产的高科技企业，拥有从半导体激光芯片外延设计、材料、制造工艺，到芯片封装、表征测试等全套核心技术，可向市场提供高性能、高可靠性、大功率半导体激光芯片，封装模块及测试表征设备，并可提供研发咨询服务。

公司芯片产品形式包括单管芯片（Single-emitter）和 Bar 条，功率从瓦级到数百瓦级，波长覆盖可见光到近红外波段，波长包含 635 nm、808 nm、880 nm、905 nm、915 nm、940 nm、976 nm、1064 nm、1470 nm、1550 nm 等，输出功率均达到国内领先水平，可代替进口高端激光芯片；封装产品包括 C-Mount、COS（Chip on Submount）、BOS（Bar on Submount）和 CCP 等；表征测试设备种类齐全、自动化程度高，包括 Bar 条综合性能测试机、Full-bar 综合性能测试机、COS 综合性能测试机、半导体激光光纤耦合模块综合性能测试机、大功率半导体激光芯片器件老化/寿命测试机等。公司产品广泛应用于工业加工、医疗美容、光通信、激光显示、激光测距、科研等领域。

二十七、广州市傲趣三维科技有限公司

广州市傲趣三维科技有限公司由上市公司广东波斯科技股份有限公司（股票代码：830885）控股60%，是中国3D打印技术产业联盟、中国3D打印材料理事会会员单位，广州市增材制造技术行业协会副会长单位。公司主营3D打印机器、耗材、服务及周边产品，拥有多项国家发明专利，生产成品达国际水平，建立多条国内外专业销售渠道，长期出口至美国、欧洲、日本、大洋洲等主流市场，是国内知名的3D打印耗材厂商。

主销耗材产品包括 PLA、T-ABS、T-PLA、AP-PLA、MetalPLA、PETG、PP、PP-PE、L-PA、P-Glass、Rubber、Flexible、BambooWood、CarbonFiber、SuperElectricconduction 等耗材。

第十五章 高校院所

第一节 广东省激光与增材制造高校院所概况

广东省内涉及激光与增材制造研究的高校院所众多，基本所有的理工类高校院所均开展了相关研究，包括华南理工大学、中山大学、华南师范大学、广东工业大学、华南农业大学、暨南大学、南方科技大学、深圳大学、东莞理工学院、佛山科学技术学院、广东省科学院、季华实验室、松山湖实验室等。省内主要高校院所涉及的激光与增材制造研究方向如表 15-1 所示。

表 15-1 广东省激光与增材制造相关高校院所

序号	单位	研究方向
1	华南理工大学	激光器、光学元器件、激光增材、无热源增材、生物 3D 打印、激光焊接/微纳加工/清洗等
2	广东省科学院	增材用粉末制备、激光/电子束/电弧增材制造、复合热源增材、生物 3D 打印、激光焊接、激光微纳加工、激光熔覆等
3	中山大学	激光器、光学元器件、光电材料等
4	华南师范大学	激光器、光学元器件、激光焊接、激光熔覆、激光微纳加工、激光增材等

续表

序号	单位	研究方向
5	广东工业大学	激光微纳加工、激光冲击、激光增材制造、激光焊接、生物3D打印等
6	华南农业大学	激光增材、激光微纳加工等
7	暨南大学	激光器、光学元器件、激光增材制造、激光微纳加工等
8	南方科技大学	激光增材制造、激光微纳加工、激光焊接等
9	深圳大学	激光器、激光微纳加工、增材用粉末研发、激光增材制造等
10	深圳技术大学	激光器、增材制造、激光微纳加工等
11	广州大学	激光熔覆、激光微纳制造、增材制造等
12	五邑大学	激光增材制造、激光微纳加工、激光熔覆等
13	东莞理工学院	激光微纳加工、激光/电弧增材制造、激光焊接等
14	佛山科学技术学院	激光增材制造、电弧增材制造等
15	季华实验室	增材制造、激光微纳制造等
16	松山湖实验室	专用原材料、增材制造、激光微纳制造等
17	中国科学院广州电子技术研究所	激光全息技术、激光增材制造等

第二节 广东省部分代表性高校院所简介

一、广东省科学院

（一）机构基本情况

广东省科学院是广东省人民政府直属事业单位，设有管理机构8个，科研机构22个。研究和支撑服务领域涵盖生物与健康、材料与化工、资源与环境、装备与制造、电子与信息、智库与服务六大板块。全院各类科技创新与服务平台共 215 个，其中国家级以上科技平台 19 个，牵头成立省级产业技术创新联盟 11 个，拥有各级各类授牌科普基地 28 个。

全院在职职工近 4000 人（不含参控股企业），其中全职院士 5 人（中国科学院院士 1 人、中国工程院院士 4 人）、俄罗斯国家科学院外籍院士 1 人、享受国务院政府特殊津贴专家 136 人、高级职称以上专业技术人员 859 人；具有博硕士学位 1600 余人，博硕士研究生导师 256 人，在读博硕士研究生超过 500 人；设有博士后工作站 5 个，在站博士后近 100 人。组建以来，全院新增国家级科研项目 300 多项；获得省部级以上奖励 202 项，其中国家级奖励 8 项；获得授权专利 1365 件；发表学术论文 5000 多篇；2018 年"四技"收入在全国研究开发机构和高等院校中排名第 27 位，在研究开发机构中排名第 7 位，各项指标位居全国地方科学院前列。

（二）研究基础

激光与增材制造是广东省科学院重点发展的学科领域之一，下属的新材料研究所、材料与加工研究所、中乌焊接研究所、智能制造研究所、医疗器械研究所、航空航天装备技术研究所等骨干科研院所均开展相关研发工作。在激光与增材制造专用粉体材料、增材制造与加工技术、新型增材制造装备开发方面具有优势，研究覆盖材料—技术—装备三大关键技术的全流程产业链，涉及航空航天、医疗、汽车、先进制造等应用领域，是华南地区激光与增材制造应用基础研究、技术创新和工程化应用的重要示范基地。依托广东省科学院下属科研机构建有国家钛及稀有金属粉末冶金工程技术研究中心、现代材料表面工程技术国家工程实验室、中国—乌克兰巴顿焊接技术研究院、智能制造装备与技术国家地方联合工程实验室、国家矿物及再生金属材料国家质量监督检验中心、国家医疗保健器具国家工程技术研究中心等6个国家级科技创新及基础条件平台，此外，还建有中国—乌克兰材料连接与先进制造"一带一路"联合实验室和中英广州先进制造中心，是国家引进国外智力示范单位、国家引才引智示范基地（科技战略发展类），担任广东省粉末冶金产业技术创新联盟、广东省焊接产业技术创新联盟理事长单位，以及广东省、广州市增材制造联盟理事、副理事长单位。

广东省科学院从事激光与增材制造的研究人员有82人（中国工程院院士1人，乌克兰国家科学院院士1人，973首席科学家1人，国家特聘专家1人），其中正高级12人，副高级及博士42人。拥有国际先进的专用粉末/丝材制备、增材制造、高能束流焊接和激光加工等成套设备，总价值超过1.2亿元，包括射频等离子体制粉设备、等离子旋转电极雾化制粉设备、低压丝材等离子雾化制粉设备、真空惰性气体雾化制粉系统、热等静压机、德国EOS M290金属3D打印设备、德国EOS P110塑料打印设备、俄罗斯紫外光固化设备、10 kW碟片激光焊接及复合焊接/增材装备、1 kW光纤激光焊接装备、激光—等离子弧复合增材设备、高功率高真空电子束送丝增材装备、铺粉式电子束选区熔化增材制造设备、等离子送粉/丝增材设备、双丝CMT冷弧增材设备、德国通快6000 W激光熔覆系统、德国Laser Line 3000 W半导体熔覆设备、激光精细雕刻系统，世界最先进的PCS高压冷喷涂设备PCS1000、PCS800、PCS400、PCS200各1套，以及世界先进Centerline便携式冷喷涂固态增材设备。

近年来，广东省科学院共承担国家、省市各类激光与增材制造相关项目80余项，包括广东省珠江人才计划项目"激光与等离子先进制造技术创新团队"、广东省重点领域研发项目"选区熔化增材制造大功率电子枪与高精度扫描聚焦系统技术研究及应用"等。发表高水平论文140多篇，授权专利80多件，获省部级以上科技奖励5项。

（三）研究成果

经过多年发展，广东省科学院在增材制造用原料粉末、高能束流焊接与增材制造、增材制造技术应用等方面均取得了显著成效，取得了一系列代表性成果。

（1）增材制造专用粉体制备技术

广东省科学院材料与加工研究所重点突破增材制造专用粉体制备技术难题，掌握了真空气雾化、射频等离子体球化等多路径粉末制备技术。在真空气雾化方面，成功突破真空熔炼技术、雾化器喷嘴技术、合金熔体流量控制技术、粉体分级技术等，生产的金属粉粒径可控，球形度高，氧、氮等杂质含量低，卫星球少，空心粉少，达到或超过国外同类产品的品质。材料体系涉及模具钢、钴铬合金、高温合金、钛合金及铝合金等。

在制备球形金属粉末方面，对国际领先的射频等离子体制粉系统进行了引进、消化吸收、工艺优化，突破了"稀有难熔金属粉体射频等离子球化—流化态湿法分级技术""超细粉体稳定给料—等离子球化"等核心关键技术，解决了"粉末球化与微纳粉体分离收集高效化"等产业共性发展问题，开发了以W、Mo、Ta、Nb、Ti、Cr、铸造碳化钨粉等为代表的一系列批次稳定性好、粒度分布可控、杂质元素含量低的高品质稀有难熔球形粉体材料，粉末性能达到国外同类粉末产品指标，成本降低30%～40%，可满足3D打印、表面工程等领域应用要求（图15-1）。

图 15-1　国内首台量产丝材等离子雾化制粉和射频等离子体粉末球化设备

（2）大功率激光焊接及复合焊接技术

广东省科学院中乌焊接研究所引进乌克兰创新团队，研发大功率激光焊接及复合焊接系统，揭示激光焊接、激光—电弧复合焊接过程机制，提出复合焊接过程中激光与电弧模式匹配、参数匹配的方法，解决复合焊接工艺稳定性问题，减少激光焊接及复合焊接过程中缺陷的产生，形成高效复合焊接技术，并为国内航天、汽车、船舶制造企业提供技术支持；研发了高反射率材料大功率激光焊接技术，解决了高反材料焊接稳定性问题，实现了铜合金大功率激光焊接，并应用于新能源汽车电机的制造；针对轻质合金，首次开发了激光—等离子同轴复合焊接装备与技术，应用于国内航天部件的制造（图 15-2）。

图 15-2　大功率固体激光器、焊接／增材系统及高功率电子束焊接／增材设备

（3）增材制造技术应用

广东省科学院新材料研究所在增材制造钛合金、钴铬合金、铝合金、模具钢、耐热耐腐蚀钢、高温合金、钨、钽等的基础研究、应用研究和成果转化方面形成特色。其中，已在3D打印模具、义齿、化工微反应器、船用零部件等多个领域实现商业应用，为日用品、汽车、化学工业等领域的相关企业提供了数万件的3D打印部件（图15-3至图15-5）。3D打印关节植入假体已完成大鼠实验、比格犬大动物实验的大部分工作，并与南方医科大学第三附属医院、北京春立公司开展取证和临床验证合作。3D打印难熔金属方面也已取得重大进展，钨光栅准直器已通过国外公司技术考核，拟在CT设备上推广应用。此外，全球首次将冷喷涂固态增材制造技术成功应用于航空承力部件再制造，并在国内首次通过619小时的长期试车考核试验，技术达到世界先进水平，相关成果参与2020年度国家科学技术进步奖一等奖提名。

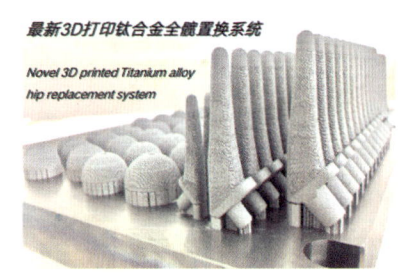

图15-3 激光3D打印设备、3D打印钨光栅准直器和钛合金骨科植入体

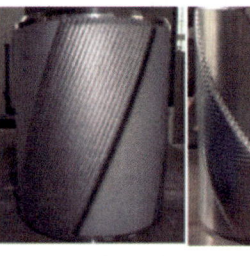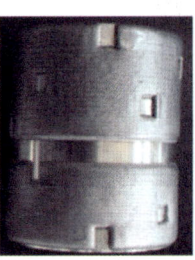

图15-4 激光熔覆设备、激光熔覆高耐磨耐蚀涂层在海工石油钻探件应用

图 15-5　冷喷涂修复发动机 In718 高温合金部件

（4）智能激光增减材制造设备开发

广东省科学院智能制造研究所通过基于人工智能的数字孪生预测、双机器人/双工位增减材复合制造等关键技术突破，成功开发了具有自主知识产权的智能激光增减材制造设备。

（四）未来展望

广东省科学院现已成为国内一流的省级科学院，是广东实施创新驱动发展战略的重要科技力量，在建设科技创新强省、推动区域创新发展进程中具有不可替代的作用。未来将重点针对激光与增材制造全产业链关键技术开展研究，着力突破高品质增材制造专用粉末材料制备核心技术，包括高转速等离子旋转电极雾化装备与技术、高品质增材制造粉末丝材等离子雾化装备及技术；围绕激光焊接及复合焊接、激光增材、电子束增材、电弧增材等方向，开展装备、材料、工艺一体化研究，包括大功率激光—电弧复合增减材制造技术、长寿命冷阴极电子束增材制造装备与技术；研发自主国产化的冷喷涂固态增材制造装备，突破增材制造在航空航天、汽车、新一代电子信息、高端装备制造等领域应用的共性关键技术，助力国家战略、国防和国家重大工程，以及广东省战略性支柱和新兴产业的发展。

二、华南理工大学

（一）机构基本情况

长期以来，学校秉承"坚持一流标准、彰显华工特色"的发展思路，加快推进"双一流"建设。学校现已建成了包括国家金属材料近净成形工程技术研究中心、发光材料与器件国家重点实验室、国家（地方联合）工程实验室等在内的28个国家级、199个省部级科技创新平台，位居全国高校前列和广东省首位。"十二五"以来，学校承担了包括国家重大科技专项、国家重点研发计划等一大批科技项目及企事业委托项目，总经费超过150亿元；共获国家科技奖27项，获省部级奖励近400项，其中2019年牵头获国家科学技术进步奖一等奖；专利申请和授权量稳居全国高校前列、广东高校首位，其中发明专利授权量与有效发明数量一直稳居全国高校前七；获得中国专利金奖1项、银奖2项、优秀奖15项，获奖数量居全国高校首位。

在增材制造方面，华南理工大学拥有国家金属材料近净成形工程技术研究中心、国家人体组织功能重建工程技术研究中心、广东省金属增材制造工程技术中心，同时作为广东机械工程学会理事长单位、广东省增材制造协会会长单位等，支持广东省激光与增材制造产业技术发展。

（二）研究基础

在激光与增材制造领域，涉及机械与汽车工程学院、材料科学与工程学院、物理与光电学院等，全职科研人员79人，高层次人才20人，其中正高职称35人，副高职称19人，并已获批建设一批高水平科研基地。

①华南理工大学增材制造实验室/广东省金属增材制造工程技术中心。

该实验室由杨永强教授作为学术带头人，包括海外高层人才 Tromofiv 教授及 2 名省高层次人才 2 人。自 2002 年以来，该实验室一直在开展金属零件增材制造技术的研究工作，是我国最早系统开展 SLM 成型技术的研究单位。研究团队在 SLM 设备装备技术、系统软件、多种材料（不锈钢、钛合金、钴铬合金、模具钢、镍基合金、铜合金等）的 SLM 成型工艺及控制、等离子／激光增减材装备与工艺等方面进行了深入的研究。课题组研发的激光选区熔化 SLM 设备 Dimetal-100、Dimetal-280、Dimetal-300 相继投入科研使用并应用于航空航天部件、工业模具、汽车零部件和医疗器械等领域（图 15-6）。团队承担的各级各类纵向科研课题共 33 项，获得资助科研经费共 8000 余万元，获得 2013 年第一届新加坡国际 3D 打印大赛特等奖、2016 年度广东省科学技术进步奖二等奖等，并出版《制造改变设计——3D 打印直接制造技术》《广东省增材制造（3D 打印）产业技术路线图》《金属增材制造（3D 打印）技术》等著作，发表论文 280 余篇，授权专利 160 余项（图 15-7）。

图 15-6　金属增材制造实验室

图 15-7 出版系列增材制造专著

②发光材料与器件国家重点实验室。面向国家重大需求和学科前沿，该实验室围绕有机发光显示及照明材料与器件、有机光伏材料与器件、光纤及玻璃材料与激光器件、生物光电及成像诊疗 4 个主要方向，开展光电功能材料与器件共性基础科学问题及关键技术研究。建设了合成化学、器件制备与集成、超快激光光谱、材料物理化学性质表征、生物检测、理论计算与模拟 6 个研究技术平台，拥有总价值达 2 亿多元的先进仪器设备。

③国家金属材料近净成形工程技术研究中心。该中心以金属材料近净成型技术为核心，以具有扎实研发基础和广阔发展前景的铸造技术、粉末冶金技术和精密塑性成型技术为主要研发方向。

④国家人体组织功能重建工程技术中心。研究人体组织修复与再生的基础科学问题，开发可 3D 打印的个性化组织修复 / 康复医疗器械产品。建立了医学影像与图像处理研究室、医学信息与信号检测研究室、组织工程与细胞生物学研究室、个性化修复体设计制造研究室、金属生物材料表面工程研究室、金属 3D 成型装备及应用研究室、软骨修复材料研究室、生物矿化与仿生研究室等 16 个专业研究实验室；与 8 个企业共建联合实验室，拥有国家 CMA 认证的医疗器械研究检验中心 1 个，以及先进的分析测试中心 1 个，并与知名

三甲医院建立临床示范基地4个。

⑤金属材料高效近净成形技术与装备教育部重点实验室。致力于解决金属材料高效利用及其零件短流程制造中的瓶颈问题，以及新材料、新工艺和新装备的开发。

⑥广东省金属新材料制备与成形重点实验室。致力于将金属新材料的制备、成形与装备设计制造结合起来，在材料科学与机械科学交叉点建立全新的广东省先进制造技术基础研究和应用基础研究基地。

⑦广东省光纤激光材料与应用技术重点实验室。围绕新型光纤激光材料、激光器、激光应用技术等研究方向开展新型光纤激光材料高性能和多功能化、激光器设计与性能优化、激光应用等基础理论、关键技术研究，实现高性能关键材料制备、器件研制、系统开发和集成原理性突破，并进行工程化基础研究。

⑧广东省特种光纤材料与器件工程技术研究开发中心。该中心研发、建设多组分玻璃光纤、新型光纤器件与光纤传感系统等研究基地和公共服务平台。

（三）研究成果

近3年，学校承担国家重点研发计划、广东省重点领域研发计划等重点项目60余项，获得各类奖励5项，申请专利300余件，授权专利150件，其中PCT专利18件，形成了一系列具有自主知识产权的成果。

（1）激光选区熔化装备

华南理工大学增材制造实验室团队成功研制出国内第一台激光选区熔化（SLM）快速成型机。2004年开始先后研发出的Dimetal-50、Dimetal-100、Dimetal-280、Dimetal-400和Dimeta-500等系列激光选区熔化金属3D打印设备，以及多种材料金属3D打印机Dimetal-300M和SLM与铣削复合成形机Dimetal-

280H 等，在个性化医疗器械、模具、航空航天零部件等多领域得到了应用。

（2）激光/等离子增减材装备

机器人激光/等离子 3D 增材制造和增减材复合设备及基于五轴数控机床等离子/激光增减材等复合制造装备开发，实现了数控增减材集成技术。其中，机器人激光/等离子增减材采用两台 6 轴机器人和一台 2 轴变位机协同控制方式，可实现 8 轴联动。一台机器人搭载专用夹具，进行激光头送粉；另一台机器人集成高速铣削头。系统集成冲击强化模块，提高成型件疲劳等力学性能；数控机床增减材技术将四轴/五轴机床与送粉技术集成，实现增减材协同进行。

（3）无热源多喷头 3D 打印复合制造系统

通过面向精密复杂大批量金属零部件的快速制造，结合后期的高温烧结工艺的复合制造技术，实现多喷头协同路径算法与后处理技术。核心部件、材料拥有自主知识产权。

（4）研制超宽带光纤

部分有源光纤技术和产品已经在广东省龙头企业生产和应用。企业应用后评价："相比于国内外最新的商用光纤和器件，带宽提升至 150%，可大幅提高通信网络的传输容量，对于解决大数据时代的频谱危机具有非常重要的意义。"

（5）光纤激光器

产品已成功应用于重大工程中，解决了此类系统中核心种子光源问题。光纤激光器在相关企业实现了产业化。开发出的超窄线宽单频光纤激光器为大功率激光的光谱与相干合成提供了关键核心光源。

（6）4D 打印专用材料与变体结构智能打印调控技术

突破了 4D 打印用陶瓷前驱体和高品质钛镍形状记忆合金粉末等的制备技

术,并建立 4D 打印构件质量稳定性调控技术,开展 4D 打印智能构件的创新设计与性能表征,实现 4D 打印智能构件的创新应用。

(7)无模铸型 3D 打印机集成控制系统

第四代大尺寸高效高精系列装备在模具、铸造、汽车、泵阀等领域推广应用,取得了较好的社会效益和经济效益。开发系列设备产品,通过了第三方检测及 CE 认证,均实现了销售,并获得客户认可。

(8)增材制造新型 β 型钛合金

具有高抗拉强度和高延伸率的特点,在类似钛合金的强度和延展性空间中占据了杰出的地位,并为晶界连续相降低金属合金力学性能问题的解决提供了新的途径。

(9)纳米陶瓷增材制造复合材料

开发了一种由纳米 TiN 陶瓷颗粒改性、适用于 SLM 制备工艺的复合材料,且具有高强度和良好的塑性。首次选用纳米 TiN 颗粒,通过简单而高效的超声振动分散技术,成功制备了低成本且混合均匀的复合粉末,大幅降低了复合粉末的激光反射率,提高了激光可加工性。

(10)增材制造在医学领域的应用

医学领域需要具有个性化的几何外形和良好的生物性能的产品,华南理工大学增材制造实验室所研发的 Dimetal 系列激光选区熔化设备,成型医用金属材料如 316L 不锈钢、CoCrMo 合金、Ti6Al4V,获得优异的成型致密度、成型力学性能和几何结构成型性能,设计与制造了个性化牙冠、舌侧正畸托槽、手术模板、全膝置换股骨远端假体、股骨近端假体、颅骨修复体等医学用品,为个性化医学用品的快速响应设计与制造提供了一种新的手段。

（四）未来展望

当前，增材制造正在加快改变产品制造的方式，对传统工艺流程、生产线、工厂模式、产业链组合产生深刻影响，催生出一批新产业、新业态、新模式。面对"十四五"，华南理工大学将发展重点放在以下几个方面。

①开发高性能金属增材制造装备。发展多材料金属增材制造装备，开发增减材一体化增材制造装备及高速金属粉末黏结喷射成型装备，并研究激光与电子束复合、激光与等离子复合、激光超声波复合及激光与磁场复合的多能场增材制造技术。

②开发增材制造专用粉体材料。针对增材制造技术特点，开发增材制造专用粉体材料，采用高通量计算和实验研究相结合探索增材材料成分—制粉工艺—显微组织—力学/物理化学性能之间的科学关系；探索增材制造高性能、高性价比专用材料。

③深入拓展激光与增材制造行业应用。将3D打印设备、相关智能软件、相关材料及工艺融合，实现面向行业的分布式制造服务，并创建相关的云制造服务平台，行业应用深入汽车、航天航空、康复医疗、文化创意、实训教育等领域。

④光纤激光光纤与器件。面向行业对大功率光纤激光器用高性能玻璃光纤的迫切需求，围绕发光机制、有源光纤、光纤器件和激光应用，研制稀土掺杂石英光纤和多组分玻璃光纤。

三、广东工业大学

（一）机构基本情况

广东工业大学依托学校机电工程学院，围绕激光与增材制造领域开展前沿理论研究、关键共性技术、颠覆性技术创新与工艺优化、现代工程技术与应用等全链条领域研究，重点包含难加工材料的高效精密激光加工等先进加工理论、工艺与装备研究；围绕医用钛合金、硬质合金、金属基形状记忆合金和先进陶瓷材料、难熔难加工金属等材料的增材制造理论、设备与工艺优化，以及激光锻造复合增材制造等方向开展研究。

面向激光与增材制造技术，学校建设有广东工业大学高效精密制造技术与装备实验室、广东工业大学激光喷丸实验室、广东工业大学先进加工工具与高技术陶瓷研究中心、广东工业大学激光微纳加工实验室等平台团队，并以此为基础，先后成立建设了激光微细加工联合实验室、国家医疗保健器具工程技术研究中心骨科手术器具及牙科设备制造联合工程实验室、广东省超硬精密工具工程技术研究中心等。目前，学校是中国医疗器械行业协会3D打印医疗器械专业委员会理事单位、广东省激光产业技术创新联盟发起单位、联盟专家委员会副主任单位、中国机械工程学会生产工程分会激光加工技术委员会副主任单位、广东省机械工程学会特种加工分会理事长单位、广东省激光产业技术创新联盟专家委员会副主任单位。

学校从事激光与增材制造研究领域的专职教师有70余人，其中：国家优秀青年基金获得者、珠江学者、国家重大青年人才工程项目（引进）入选者1名，广东省领军人才、国家重大人才工程项目（引进）入选者和广东本土团队带头人（美籍全职）1名，国家重大人才工程项目（引进）入选者2名，亚太材料科学院副院士、广东省创新团队带头人 1 名（美籍），广东省千百十国家级培养对象 1 名，广东省千百十人才工程省级培养对象 2 名；广东省教学名师 2 名，广东特支计划教学名师 1 名等。

（二）研究基础

广东工业大学高效精密制造技术与装备实验室。致力于推动医工深度融合，开展医用陶瓷及 3D 打印牙齿研究，如图 15-8 和图 15-9 所示，拥有国内首创的机械—皮秒飞秒激光复合多轴加工中心、高端电路板机械与激光加工设备、高端复杂刀具激光多轴联动加工机床、生物氦离子扫描电子显微镜、Micro-CT 等精密加工与检测设备、高精度陶瓷 3D 打印机，以及成套 3D 打印设备检测装备和成套刀具表征分析仪器、计算机软件等。团队近 3 年获国家自然科学基金优秀青年基金 1 项、重点项目 1 项、面上及青年基金 10 项，主持参与广东省重大重点省部级科研及市级项目 22 项，合同科研经费达 7756 万元，SCI 收录高水平论文 45 篇，授权发明专利 40 余件，申请 PCT 国际专利 4 件，获国家科学技术进步奖 1 项、中国机械工业科学技术奖 1 项、中国产学研合作创新奖 1 项、广东省科学技术奖 2 项、广东省机械工程学会科学技术奖特等奖 1 项及广东省机械工业科学技术奖 3 项。2020 年出版 CIRP 生物制造专辑一本。

图 15-8 激光加工超净室

图 15-9　激光增材制造实验室

广东工业大学激光喷丸实验室。搭建世界首个激光冲击锻造实验室，满足激光冲击工艺研究与开发需要，同时满足大型实际零件产业化验证需求。团队提出了激光锻造复合增材制造技术，获得该领域首个国内发明专利、国际发明专利（美国）授权和国家自然科学基金。该技术通过激光冲击锻打使熔覆层发生塑性形变，消除了熔敷层的气孔等内部缺陷和热应力，提高了金属零件的内部质量和机械力学综合性能，并有效控制宏观变形与开裂问题。

广东工业大学先进加工工具与高技术陶瓷研究中心。拥有完备的陶瓷原材料处理、增材制造、脱脂、烧结、加工、测试表征等设备。团队由广东省"珠江人才计划"本土创新科研团队"先进电子元器件核心陶瓷部件制造技术研发"团队组成。团队近年来在增材制造领域承担了多个国家、省级科研项目，发表高水平论文 120 余篇，申请发明专利 120 余件，授权 30 余件。

广东工业大学激光微纳加工实验室。拥有 15 W 双波长飞秒激光加工系统、40 W 绿光皮秒激光加工系统、近红外和紫外纳秒加工系统等国际一流的激光微纳加工装备，并装备超快光谱仪、声发射系统、高速摄像机等高端监测 / 检测装备。团队主要面向消费电子和半导体制造行业，开展基于短脉冲激光的微米、纳米制造技术研究，先后承担国家重点研发计划、国家自然科学基金面上项目等科研课题，近年来在激光微纳加工领域发表研究论文 30 余篇，申请专利 10 余件（图 15-10）。

a 双波长双工位飞秒加工系统

b 40 W 绿光皮秒加工系统

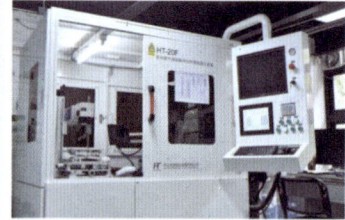
c MOPA 纳秒激光加工系统

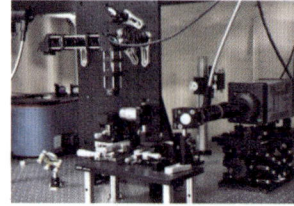
d 原位光谱/等离子体观测系统

e 高速摄像机/声发射联用系统

f 紫外纳秒激光系统

图 15-10　广东工业大学激光微纳加工实验室研究情况

（三）研究成果

（1）3D 打印骨科植入物结构设计及制造

针对大面积骨盆骨缺损修复问题，设计了一体化多功能 3D 打印接骨板，可同时实现接骨、导向和植入 3 个功能，缩短手术时间，提高手术质量。

（2）基于 SLM 技术的齿科仿生梯度种植体结构设计

以离体单牙根天然牙为研究对象，根据常用种植体尺寸标准设计绘制孔隙率符合仿生梯度方程的种植体，打印后验证其力学性能及生物性能的优异性。

（3）梯度化智能材料的 4D 打印及其医用应用研究

在对镍钛合金进行选择性激光熔化工艺研究中，定义了两个新系数"马氏体转变温度的能量依赖性系数（EDCT）"和"临界应力的能量依赖性系数（EDCS）"，提出梯度化镍钛合金成型设计思路，揭示梯度化镍钛合金的成型机制,为激光选区熔化制造镍钛合金提供了理论支撑。

(4)双激光增/减材复合加工设备研发

团队联合企业共同研发了具有自主知识产权的激光增材实时复合超快激光减材和高速切削的一体化装备。在铺粉式激光增材制造过程中,实时复合超快激光和高速切削两种减材方式,基于高效协同制造设计、工艺及零件缺陷在线监测与调控,实现在一台装备上完成精密复杂零件的整套快速精密制造工序。

(5)印制电路板激光精密加工技术及多能场复合加工技术

面对第五代/第六代通信技术、汽车电子、高性能服务器等领域发展的迫切需求,针对其核心基础件高端印制电路板微细加工中存在的材料难加工、刀具易磨损、加工质量差等行业难题,研发了高端印制电路板激光精密加工技术及多能场复合加工技术,实现了柔性基材的跨尺度高效高精度加工,极大地缩短了电路板生产工序时间。

(6)大块医用非晶合金激光制造及表面处理

面向医用非晶合金材料,建立激光诱导表面完整性控制的数学模型,获得非晶合金表面高效定量可控无晶化的超短脉冲激光刻蚀工艺;研究非晶合金激光-多场耦合快速成型技术,研制激光介入/辅助制备大块非晶合金工艺及装备,应用于分米级大块非晶合金的制备,进一步突破非晶合金尺寸限制。

(7)高端复杂刀具激光高效高质量制造

针对高端复杂型面超硬刀具的加工制造难题,研发了多台刀具激光制造机床,包括纳秒激光加工车床、皮秒五轴联动激光铣床、多轴皮秒/飞秒/激光机械复合机床;发明了微刃切削刀具、螺纹刀具等激光加工方法,获得了超硬刀具外圆轮廓粗加工、复杂曲面微刃铣削、钻削刀具精密加工的成套装备与工艺，实现了复杂型面超硬刀具的全激光高效高质制造。研制的 3 台激光机床与采用激光机床制备的整体 PCD 微刃刀具均通过了新产品鉴定。

（8）高固相含量、低黏度、高稳定性陶瓷浆料制备技术

针对高致密度先进陶瓷立体光固化增材制造的技术难题，开发了高固含量、低黏度、高稳定性陶瓷浆料的配制技术，利用立体光固化 3D 打印技术，成功实现高密度陶瓷零部件的增材制造，为优化 3D 打印陶瓷零部件的服役性能奠定了良好基础。

（9）先进陶瓷 3D 打印精度与速度调控技术

针对陶瓷浆料中陶瓷粉体对入射光源的散射与吸收会导致打印精度和固化速度降低这一技术难题，开发了先进陶瓷打印精度与固化深度调控技术，成功应用于氧化锆、氮化铝、氮化铝、氮化硅、PZT 压电陶瓷的增材制造。

（10）先进陶瓷立体光固化 3D 打印装备研制

通过整合光敏树脂光固化成型和陶瓷材料流延成型技术，研制了立体光固化 3D 打印设备，采用高精度光源替代大功率激光，降低成本的同时，成型精度更高。目前，已研制了五代立体光固化 3D 打印机。

（11）第三代半导体材料激光微纳加工技术与应用

该技术成果针对第三代半导体材料的高效平坦化难题，发展了基于飞秒激光协同化学机械抛光的高效平坦化工艺。与传统基于机械研磨和化学机械抛光结合的工艺相比，平坦化效率提高一倍以上，有望进一步降低碳化硅、氮化镓等第三代半导体元件的制造成本。

（四）未来展望

①面向高端医疗器械及难加工材料的激光与增材制造展开深入研究，围

绕医疗、PCB、非晶和刀具的激光制造技术中的共性问题及关键技术进行突破，构建材料—设计—制造—应用全周期的基础科学理论体系。

②针对复杂形状陶瓷零部件的高效、高精度、高性能、快速成型制造，重点构建高技术陶瓷 3D 打印工艺与后处理工艺数据库，开发陶瓷构件结构功能一体化制造技术，突破高性能（高致密/高强度/高韧性/高导热/高介电等）陶瓷零部件的高精度增材制造及其产业化核心技术。

③聚焦消费电子和半导体制造行业，开展新型激光微纳加工工艺和关键机制的研发攻关，通过与相关企业的深入联合，以企业需求为导向，以重大科学问题为牵引，服务地方产业升级和经济发展。

ue
第十六章

园　区

第一节　广东省激光与增材制造园区概况

广东省建设了多个激光与增材制造园区。其中，广州建设了"广东省新兴激光等离子体技术研究院产业园"及"广州市 3D 打印产业园"，深圳建设了"新桥·深圳激光谷产业园"，江门建设了"华南激光谷产业园"及"广东激光谷孵化园"，东莞建设了"东莞激光谷产业园"及"光大创智光电科技园"，佛山建设了"华南高能激光产业园"，中山市建设了"中山科技创新园"，惠州建设了"惠州联赢科技产业园"，具体建设内容如表 16-1 所示。

表 16-1　激光与增材制造产业主要园区建设情况

序号	园区名称	地市	建设单位	建设内容
1	广州市 3D 打印产业园	广州市	广州市晟龙工业设计科技园发展有限公司	地址荔湾区，占地面积 16 000 m^2，现已批准为广州市提质增效园区，规划总占地面积 48 000 m^2，2025 年前完成建设投产。主要是引进国内外知名 3D 打印技术企业和专业人才，建设广州地区 3D 打印公共技术服务平台，建立创新孵化专业团队，搭建孵化服务体系

第十六章 园区

续表

序号	园区名称	地市	建设单位	建设内容
2	新桥·深圳激光谷产业园	深圳市	深圳激光谷产业运营有限公司	地址宝安区，规划用地47.6万 m^2，共分三期，一期占地3.6万 m^2，建筑面积5.6万 m^2，二期占地29万 m^2，建筑面积14万 m^2，三期占地15万 m^2。此产业园由激光芯片、激光器、激光设备等中上游企业组成，以科研孵化、成果转化、产品生产为特色，是集总部办公、技术研发、孵化加速等功能为一体的激光装备制造及应用主题产业城
3	东莞激光谷产业园	东莞市	东莞民营投资集团、世界莞商联合会、东莞激光谷投资公司等	地址茶山镇，总规划14.5万 m^2，项目分为三期，重点引进与发展激光产业上下游产业项目，建设集总部办公、技术研发、孵化加速、产业投资等功能为一体的特色产业园
4	中山科技创新园	中山市	中山科技创新园发展有限公司	地址中山南区，一期规划35.1万 m^2（不包括2个大科学装置及设施，总投资60亿元），主要包括光子科学中心综合区、氢能氮能科学园区、孵化中心及公共服务平台3个区域，同步规划建设4.4 km^2科技创新资源集聚区，建成集基础研究、技术研发、科技企业孵化、科技服务于一体的科技创新园区
5	华南激光谷产业园	江门市	滨江新城产业园投资公司、珠西投资控股集团公司、广东激光谷产业投资公司等	地址蓬江区，规划用地约100万 m^2，将依托棠下镇全国特色小镇，建成集生产、展示、研发、应用、科普、文旅于一体的激光特色产业园。目前，在激光产业方面有良好的产业基础，摩托车及汽车配件、电子信息、五金卫浴等优势传统产业转型升级非常需要激光技术支撑
6	华南高能激光产业园	佛山市	华南高能激光研究院	地址禅城区，规划用地66.7万 m^2，由华南高能激光研究院、销售平台和制造平台（含光纤光缆、半导体芯片、高功率激光器、激光装备等）三大部分组成，吸引激光产业的产、学、研、投全链条在禅城集聚发展

续表

序号	园区名称	地市	建设单位	建设内容
7	广东省新兴激光等离子体技术研究院产业园	广州市	广东省新兴激光等离子体技术研究院牵头，联合北京大学、北京肿瘤医院、中国工程物理院等	地址白云区，规划占地13.3万 m^2，5年共投入15亿元，围绕飞秒拍瓦激光技术、激光加速器技术、新型粒子源的应用技术等方面开展应用研究与成果转化，促进激光加速器与医学、工业、电子及材料等学科的交叉融合，提升产业化速度，提供孵化平台。建立激光加速器产学研综合体，实现激光加速器全部关键技术的产业转化，孵化出20~50家相关企业，建立产业基地和激光加速器产业联盟，占领国际市场
8	光大创智光电科技园	东莞市	东莞市光达智造产业投资有限公司	地址塘厦镇，项目总占地8万 m^2，将建成以电子信息产业和智造应用与技术服务产业为主导，重点承接粤港澳通信电子设备模组和智造技术服务等企业项目，集生产、服务、产业配套等功能为一体的智能制造创新园区
9	惠州联赢科技产业园	惠州市	惠州市联赢科技有限公司	地址仲恺高新区，占地6.6万 m^2，总建筑面积13.9万 m^2，将建成研发大楼、研发厂房、工业厂房、宿舍裙楼、餐饮配套等设施。项目包括集成电路、锂电池等激光加工装备的生产、研发和省级激光焊接重点实验室及激光焊接、自动化技术人员实训中心等
10	阳江激光应用产业园	阳江市	筹建	地址阳江高新区，占地30.7万 m^2，将建设研发大楼、研发厂房、工业厂房、人才公寓、餐饮配套等设施。主要围绕阳江特色产业、五金刀剪及海上风电布局产业链条。已建成阳江市五金刀剪产业技术研究院、阳江市高功率激光应用实验室，围绕海上风电产业，开发了高功率激光切割、高功率激光焊接、超高速激光熔覆等技术，并得到应用

第二节 广东省部分代表性园区简介

一、广州市 3D 打印产业园

（一）园区基本情况

广州市 3D 打印产业园是在广州市委、市政府、荔湾区委、区政府指导下，于 2014 年 9 月经广州市经贸委批准成立，是广州市唯一一家以 3D 打印技术产业为载体的集设计、研发、软件开发、整机制造和材料供应为一体的新业态产业园区。

园区自成立以来通过不断拓展和创新，获得了众多资质认定：2014 年园区被认定为"广州市服务型制造业·3D 打印产业园"；2015 年园区被认定为"广州市知识产权试点园区"；2016 年园区被认定为"广东省产业集群区域品牌建设试点园区"和"国家级科技企业孵化器培育单位"，2017 年园区被列入广州市建设"中国制造 2025"试点重点建设产业集聚区并通过科技部"国家级科技企业孵化器"认定，2018 年被广州市工业和信息化局认定为"首批提质增效试点园区"，2019 年被广州市工业和信息化局认定为"广州市中小企业服务站"。

园区以建设华南地区 3D 打印产业发展集聚区为目标，以政策为导向，以项目培育为重点，以招商引资为突破口，立足区位优势和产业链资源，引进国内外知名 3D 打印技术企业、专业人才，建立广州地区 3D 打印公共技术服务平台，组建创新孵化专业团队、搭建孵化服务体系，发挥广东省增材制造协会、广州市增材制造技术行业协会等行业资源优势，构建集软件设计、产品研发、技术应用、生产制造、产品推广等上下游于一体的完整产业链孵化器，为企业创新发展提供良好的载体，推动 3D 打印技术与制造业加速融合，打造一个布局合理、功能齐全、具有规模的 3D 打印产业示范基地，并形成较强的区域辐射作用。

目前，产业园已经完成一期建设，建有 1.6 万 m^2 的产业孵化器和约 5000 m^2 的 3D 打印双创街；二期园区提质增效在进行中，预计容积率调到 4.0，增加建筑面积约 47 188 m^2。产业园经过这几年的发展，聚集了广州雷佳增材、广州网能、广州捷和电子、广州建锦道、广州晶仕科技、广州谦辉信息等 70 多家高新技术企业；累计培育高新技术企业 26 家、新四板挂牌企业 18 家，形成具有培育吸纳高新技术企业落户园区的经济发展格局。

（二）当前存在的问题

一是载体资源不能满足 3D 打印产业发展。目前，园区载体资源不足是制约广州市 3D 产业发展的重要因素。广州市 3D 打印产业园的占地面积为 0.7 万 m^2，实际载体面积不到 2 万 m^2。目前，入驻企业超过 60 家，已处于饱和状态，无法容纳更多企业入驻。相比之下，西安渭南、安徽春谷、青岛等地承载 3D 打印产业的主要园区的占地面积分别达 34 万 m^2、28.7 万 m^2、14.7 万 m^2，远高于广州市 3D 打印产业园。

二是产业政策的扶持力度还需加强。2014 年，荔湾区出台了《广州市荔湾区关于加快 3D 打印产业发展的实施意见》和《荔湾区 3D 打印产业扶持办法》两份政策文件，在一定程度上支持了 3D 打印企业和园区的发展。但随着 3D 打印产业的迅猛发展，国内其他省市陆续出台了有关 3D 打印扶持政策，相比之下，产业扶持政策竞争力不再具有优势，需要进一步加强和完善。

三是产业发展技术水平偏低、产业的集聚度不强。园区集聚了广州网能、广州雷佳增材、广州捷和电子、广州谦辉信息、劲云等多家3D打印企业，取得了较大进展，但是与国内外3D打印先进技术水平相比还有不小差距。

（三）园区未来发展规划

目前，广州市正在大力发展IAB和NEM产业，省、市、区都非常重视高科技产业的布局和落地，这对实体经济和科技产业发展来说都是千载难逢的机遇，而3D打印产业在新材料、新技术、软件设备、硬件设备等领域又与IAB和NEM产业深度融合。3D打印产业在广州有广阔的市场应用前景，我们对3D打印产业未来的发展充满信心。未来，产业园将按广州市工业和信息化委员会"产业链+创新中心+产业基金+产业组织+产业服务平台+产业社区"六位一体的园区发展理念，进一步推进园区提质增效项目建设落地，布局整个3D打印产业链，建设3D打印创新中心，完善3D打印产业人才培育和服务体系，引进专业高端人才，建设3D打印院士工作站。打造以"3D打印新技术、3D打印新材料、3D打印+工业、3D打印+教育、3D打印+医疗、3D打印+互联网、3D打印+文化创意、3D打印+大数据及创新设计、先进制造、智能制造"为重点的3D打印+智能制造产业集聚区。

二、新桥·深圳激光谷（激光产业园）

（一）园区基本情况

为推动制造业高质量发展，加速产业转型升级，集中力量发展激光产业，深圳市在宝安区打造"新桥·深圳激光谷"（激光产业园），建成以激光装备为主，集技术研发、孵化加速和产业投融功能于一体的特色产业城。

"新桥·深圳激光谷"以"中国激光产业的领航者"为目标,以"打造科技企业快速发展平台"为使命,奉行"业主省心、企业开心、员工顺心、政府放心"的宗旨,成为"优化产业结构,服务产业升级"的排头兵和先行者。

"新桥·深圳激光谷"激光产业园建设,计划用3～5年的时间,通过整治提升34万m^2产业载体及土地整备15万m^2产业用地,建成产值规模100亿元以上、产业链集聚的激光产业园区,10年内产值达到500亿元以上,打造产业链齐全的全球技术领先的激光装备研发与应用产业集聚区。

"新桥·深圳激光谷"采取一谷多园的模式建设,项目目前正在全力推进,努力打造产业链集聚的激光应用产业园区。目前,已引进了创鑫激光、东赢激光、深圳柠檬光子等多家企业。

"新桥·深圳激光谷"计划分三期实施。一期已基本实施完成,园区总建筑面积5.6万m^2,规划包含A栋2万m^2的激光器、光学器件中心(创鑫激光园)、B栋4000m^2的芯片基地、3800m^2的创客空间及10 000m^2的激光核心产业链。园区可以一站式完成从创业苗圃、初创团队到成长性团队的创新创业过程。园区将按照科技创新产业园的"高、精、尖"标准,打造成为新桥产业升级和服务升级的示范基地、新桥创新创业新标杆。

"新桥·深圳激光谷"为了大力推动激光设备及核心部件研发与量产,出台了一系列激光产业扶持办法,促进园区激光企业快速发展。引导企业参与省市重大项目、重点企业、重点产品的产业链配套。建设深圳激光研究院、筹建深圳激光共性实验室。通过激光产业园区、激光研究院、激光共性实验室等载体为企业创新提供低成本创新环境和产业孵化基地,支撑企业研发,促进激光技术与制造业对接,增强企业创新能力,提升产业价值,建成引领激光产业向中高端发展的重要聚集区。同时不断优化创新创业环境,引荐高端人才，协助创业和创新领军人才落户扶持政策的执行，构建劳动者职业培训体系，助力深圳激光领域蓬勃发展。

（二）当前存在的问题

深圳市激光产业驶入了快速发展的轨道，推动了深圳激光产业链的完善和传统制造业向高端制造转型，也推动了"新桥·深圳激光谷"（激光产业园）的建设。但在建设中仍然面临一些问题。

一是激光产业链发展欠平衡。深圳市内大多数企业扎堆中游激光设备行业，约占70%以上。深圳的激光产业链还不够强大，上游核心技术是制约深圳激光企业发展的最主要"瓶颈"，中游激光产品的同质化严重，缺乏个性化、智能化和差异化，不良竞争挤压利润空间。因此，"新桥·深圳激光谷"要在"补链"上有所作为。围绕现有激光产业链条的薄弱、缺失环节，纵向建设产业链，补齐补全产业链，实现深圳激光产业链向上、下游延伸，打造产业集群。

二是研发实力不足，制约激光产业取得突破性发展。目前，激光器核心元器件研发创新是深圳市激光企业主要短板，例如，光纤激光器的核心芯片、特种光纤仍需要进口。

三是政策支持力度不够。在现有扶持政策中，尚未设立激光产业专项资金，并且在科技政策扶持上，激光产业归类于装备制造业、机械制造类当中，针对性不强。

（三）未来发展规划

"新桥·深圳激光谷"二期将于2021年12月前实施完成，园区面积预计 29 万 m²，计划由"新桥·深圳激光谷"总部大厦、激光工艺博物馆、激光技术公共实习基地、多功能会议厅、园区、企业院士工作站、专家团队组成。世界激光大会理事会秘书处进驻园区，世界（中国）激光博览会 & 论坛与工博会永久分会场会址落地园区。引进相关领域院士、专家进驻，强化技术推广应用，加强产学研资合作。

三期将于 2024 年 12 月前实施完成，打造激光产业链齐全的全球技术领先的激光装备研发与应用产业集群，以激光行业为核心带动周边行业协同发展，建成 100 亿元以上产值规模。

"新桥·深圳激光谷"借助广东省产业优势引导激光产业跨区域对接融合，汇聚国内外先进的激光元件厂商、激光整机配套等上中下游企业，构建创新型经济体系框架。

三、东莞激光谷产业园（激光产业园）

（一）园区基本情况

"东莞激光谷产业园"由东莞茶山镇人民政府、世界莞商联合会、东莞民营投资集团、广东省激光行业协会合作建设和运营，总规划占地 14.5 万 m²，投资规模约 25 亿元。园区处于松山湖国家高新区生态园板块的中心区，周边生态环境优越，东侧距生态园大道、东部快速路、从莞高速 5 km，北侧距东莞口岸火车站和 R2 线 4 km，周边城市快速路、高速公路、轨道交通条件便利，区位优势明显。

"松山湖·东莞激光谷"已认定为广东省重点产业建设项目和东莞市重大产业建设项目。园区重点引进激光产业优质项目，目标是发展成为产值规模达百亿元的激光产业集群,推广激光先进加工技术,促进东莞市战略新兴技术装备产业发展。

近期,"东莞激光谷产业园"以发展超快激光产业为重点,以华为、普联、vivo、OPPO等产业龙头为服务对象和应用终端,目前已引进多家国内外超快激光器企业入园,如广东国志激光、东莞富通尼激光等。

(二)当前存在的问题

一是东莞激光产业处于"微笑曲线"的低端,主要从事加工和组装,存在着较大的劣势,受到国内外上下游企业的挤压,利润空间小。因此,"东莞激光谷产业园"要围绕激光产业链的核心技术进行培育和建设。

二是激光产品的同质化严重,缺乏个性化、智能化和差异化。在产品研发上,东莞激光主要集中在激光打标机、切割机上,产品欠缺个性化与差异化,制造企业生产的产品同质性较高,这是东莞激光产业无法凸显优势的重要制约因素。

三是激光产业自主品牌缺乏。由于缺乏自主品牌,在国际市场中东莞制造都扮演幕后角色,为国际大多数知名品牌代工生产,利润低下,难以支持研发创新。

(三)园区未来发展规划

"东莞激光谷产业园"一期规划6.3万㎡已基本建成投入使用,二期规划3.5万㎡,三期规划4.7万㎡。一期总建筑面积达25万㎡,容积率为3.9。其中,高标准生产性厂房占50%,研发及办公用房占20%,宿舍及其他配套占 30%，将于 2020 年年底投入使用。

"东莞激光谷产业园"以"构建平台、助力改革、带动经济、惠及民生"作为出发点，充分利用各自的资源优势，推动东莞市激光产业发展，强化产业转型升级，提升制造业生产工艺和水平。

"东莞激光谷产业园"以华为、步步高激光微细加工应用需求为突破口，规划建立东莞市超快激光研究院，打造东莞松山湖生态园范围内的激光产业园。

同时，"东莞激光谷产业园"制定推出激光产业扶持与优惠政策及莞民投集团鼓励政策和重大项目奖励办法，加快园区配套服务建设，园区生产生活区独立管理形成 5 分钟园区生活圈，涵盖宿舍、公寓、商业综合体、食堂、休闲场所等，实现了真正意义上的产城融合，解除员工后顾之忧。

未来，"东莞激光谷产业园"将加快产业园载体建设，继续推进高标准工业载体。一是推动新型研发机构集聚发展，与国内高等院校、科研院所等共建新型研发机构 2 家。二是推进重点激光企业招引工作。三是加快创新创业孵化载体建设，制定并实施孵化载体"筑巢育凤"行动，在税收减免、产权分割及创投风险牧场等方面出台相关政策，推动以众创空间和股权众筹平台为主要形态的创新创业服务组织发展。

第六篇 专题篇

本篇汇聚了激光与增材制造技术及产业界专家、学者的观点和见解。他们从技术发展、行业趋势等不同角度对各自领域进行了深入解读和剖析,为广大读者了解激光与增材制造产业发展提供前沿和专业的视角,为读者拓宽激光与增材制造技术和产业发展的思路和视野。

光纤激光关键技术发展现状与趋势

杨昌盛

华南理工大学

近年来，增材制造、表面工程等先进制造技术的高速发展极大地带动了激光技术的发展，使之备受关注，《中国制造2025》和《广东省先进制造业发展"十三五"规划》均将其列为重点发展方向。而光纤激光器作为增材制造等先进制造技术的重要理想光源，已被广泛应用于电子、汽车、船舶、航天等国民经济支柱产业。

本文对国内外光纤激光技术现状、关键核心技术、发展趋势及存在问题和解决之道进行重点分析探讨。

一、国内外光纤激光技术发展现状

当前，全球的光纤激光技术发展迅速，激光高端装备与系统等关键核心技术取得了一些突破，主要表现在以下几个方面。

在高端激光器方面，大功率窄线宽光纤激光器在地球科学、光束合成、非线性频率转换等领域有重要的应用价值，已成为激光领域的研究热点。早在 2015 年，德国耶拿大学实现了功率 2.3 kW、线宽约 45 GHz 近单模光纤激光输出；同年，美国 IPG 公司实现了功率 1.5 kW、线宽 <15 GHz 近单模光纤激光输出。2018 年，国防科技大学实现了功率 3.94 kW、线宽 100 GHz 近单模光纤激光输出，其为目前公开报道的窄线宽的最高输出功率。2019 年，中科院上海光机所实现了功率 3.01 kW、线宽 48 GHz 单模光纤激光输出。2020 年，华南理工大学实现了功率 2 kW、线宽 20 GHz 单模光纤激光输出。2020 年，武汉锐科激光推出了千瓦级、窄线宽、单模光纤激光器产品。

从大功率、宽谱、单模光纤激光来看，早在 2013 年美国 IPG 公司就实现了 20 kW 单模光纤激光输出。2014 年，美国相干公司实现 3 kW 近单模光纤激光输出。美国 IPG 公司、英国 SPI 公司、美国 NLIGHT 公司等均可提供千瓦级单模光纤激光器产品。2016 年，国防科技大学实现中国首套 > 10 kW 高亮度光纤激光系统，输出激光光束质量优于两倍衍射极限。武汉锐科、深圳创鑫激光、杰普特光电等已推出 2～3 kW 单模光纤激光器产品。

从大功率、多模光纤激光来看，美国 IPG 推出多模光纤激光器产品最高输出功率可达 100 kW，中国公司相继推出了 1 万 W、2 万 W、3 万 W 等产品。广东国志激光 2019 年推出了 3 万 W 多模连续光纤激光器，深圳创鑫激光 2020 年下半年成功实现超高功率 4 万 W 多模连续光纤激光器上市。深圳创鑫激光和广东国志激光是中国最早推出 3 万 W 级功率的企业，在全国处于领先地位。2019 年，武汉锐科激光也发布了 1.2 万～3 万 W 高功率光纤激光器产品。同时，激光设备企业相应推出了万瓦级激光设备，包括大族激光 2 万 W 光纤激光切割机、奔腾楚天万瓦坡口光纤激光切割机、邦德激光 3 万 W 超高功率激光切割机、镭鸣激光 3.6 万 W 超高功率激光切割机等。

高功率纳秒脉冲光纤激光器具有高的峰值功率/能量,可以广泛应用于精细打标、精细切割、激光打孔、激光划线、激光清洗、激光蚀刻、深雕等。杰普特光电以脉宽可调 MOPA 光纤激光器为特色,建立了成熟的 10～200 W MOPA 脉冲光纤激光器产品系列,打破了英国 SPI 激光公司对这一领域的垄断,其 MOPA 脉冲光纤激光器在中国处于领先地位。深圳创鑫激光基于调 Q 技术,拥有成熟的平均功率 5～500 W 调 Q 脉冲光纤激光器系列产品。

高功率、高重复频率的飞秒光纤激光器可以实现对激光加工行业的革新,将加工速度提升 3 个数量级,所需脉冲能量降低 2 个数量级。同时,这类光纤激光器在光子雷达、天文光谱仪校准、激光手术等领域均有广泛、重大的应用前景。美国 IPG 公司近期实现了平均功率达 100 W,脉冲能量最高达 100 μJ 的亚皮秒(约 750 fs)激光脉冲输出,是目前商用飞秒光纤激光器中获得的最高脉冲能量。值得注意的是,2016 年土耳其 Ilday 课题组提出了基于 GHz 重频脉冲串的新一代激光加工技术,该技术的核心在于百瓦至千瓦平均功率、GHz 量级重复频率的飞秒激光光源。之后,包括 Menlo System、Menhir Photonics、Laser Quantum、Active Fiber System 在内的多家欧美公司根据应用需求相继推出了 GHz 高重复频率的飞秒激光器产品,其中土耳其的 Lumoslaser 公司在 1.0 μm 波段实现了功率 20 W,重复频率 4 GHz,能量 200 μJ 的脉冲串输出。2019 年,法国 Amplitude Systems 实现了重复频率 3.52 GHz,能量达 400 μJ 的脉冲串输出。2020 年,华南理工大学基于基频锁模高重频光纤激光器,实现了功率 > 100 W,重复频率 1 GHz,能量 > 100 μJ 的飞秒脉冲串输出;同年,安扬激光基于全光纤构架推出了功率 1000 W/500 W,重复频率 1 GHz 的飞秒激光器产品。

在关键零部件方面,国内外机构已实现激光头、光闸、半导体可饱和吸收镜等相关产品技术突破。在激光头方面,深圳万顺兴科技是我国最早推出

6 kW 激光切割头的企业，打破国外 Precitec 等企业的垄断，目前已攻关 1 万 W 激光切割头和 3D 切割头，占据中国激光切割头市场约 50%，其推出的自动化多功能激光焊接头已应用于宁德时代等大型客户，技术全国领先。此外，万瓦级激光焊接头涌现了很多品牌，如钋镭自动化、上海嘉强等推出了 3 万 W 超高功率切割头，大族激光、深圳万顺兴科技、岗春激光、奥森迪科等中国厂商也在切割头领域推出相应产品。

在光纤激光光闸方面，目前国际上研制高功率光纤激光光闸的主要有瑞典的 Optoskand 公司和美国的 IPG 公司。2019 年，南京理工大学研制成功中国首台万瓦级光纤激光器用光闸，其光闸样机在武汉锐科激光通过了样机的性能测试，填补了中国在高功率光纤激光光闸的研究方面的空白。

半导体可饱和吸收镜（SESAM）是锁模产生超短脉冲特别是皮秒、飞秒脉冲的核心器件，此前这种器件一直是靠国外供应。2019 年，北京大学与中科院半导体研究所合作，研制出用于光纤激光器锁模、微片激光器调 Q 的高调制深度 SESAM（调制深度 12%）和用于固体激光器锁模的低调制深度 SESAM（调制深度 1%）。通过材料选择和应变补偿，使 SESAM 破坏阈值达 8 mJ/cm^2 以上。

二、中国光纤激光技术创新能力现状

从技术创新平台来看，科研院所和高校是我国激光技术研究的中坚力量，主要包括中国科学院、军工集团、中电集团、中国工程物理研究院的部分研究所和华中科技大学、清华大学、国防科技大学、华南理工大学等。据《2019 中国激光产业发展报告》统计，目前中国与激光相关的 30 个国家级科研平台（包括 1 个国家实验中心、14 个国家重点实验室、5 个国家工程研究中心、10 个国家工程技术研究中心），仅有精密超精密加工国家工程研究中心和国家半导体泵浦激光工程技术研究中心依托企业，其他 28 家均依托科研院所和高校进行建设。

从科研项目承担情况来看，相比而言，科研院所和高校承担了大部分国家科技计划的激光技术科研项目，企业占比很小。以 2019 年国家自然科学基金项目资助情况为例（2018 年批准），其中与激光紧密相关的项目有 430 项，资助经费约 2.3 亿元，北京交通大学、北京航空航天大学、北京理工大学、武汉大学、天津大学、中科院上海光机所等几家单位位列资助经费额度的前列，约占总支出额的 20%。中国企业在开展激光科研方面力量相对较弱，获得国家科技计划资助也相对较少。一方面反映出我国企业科研实力、科研基础相对较弱，无法与科研院所和高校竞争；另一方面说明目前激光领域资助项目与产业前沿关联较弱，产业化能力有待增强。

广东在激光技术领域具备雄厚研发力量，形成了国家、省、市不同层次的科技创新平台和高水平研发团队。在广东布局的国家级科研平台有发光材料与器件国家重点实验室、光电材料与技术国家重点实验室、超快速激光光谱学国家重点实验室等 3 家，占全国的 10%。高校和科研院所有中科院深圳先进院、华南理工大学、中山大学、华南师范大学、深圳大学等，代表性企业有大族激光、创鑫激光、杰普特光电、深圳联品激光等。

三、中国激光技术产业存在问题及解决之道

尽管广东激光技术产业在核心技术方面取得了不少进展，但是与国际和全国先进的激光技术水平相比还存在一定差距，主要存在的问题包括以下几个方面。

一是缺少制度性的顶层统筹谋划和长远规划。激光技术与应用涉及多个

领域，覆盖面广，渗透性强，但缺乏科学统筹规划和发展评估的制度性安排，仅靠自发的市场行为驱动，在一定程度上影响了协调发展的速度。

二是支撑激光产业发展的原创性基础研究（如支撑新产品研发的新机制、新工艺）不够，导致原创性激光产品竞争力不强。主力科研机构有人力、设备，但真正的市场需求把握不到位，企业因风险高导致研发意愿低、投入少、能力弱，从而使产业基础研究进展缓慢、效果欠佳，同质化严重。

三是关键共性技术供给不足。关键共性技术研发创新体系尚未真正建立，组织机制不健全，政策支持不连贯，经费投入不足，成果共享和推广应用机制亟待完善。

四是"产学研用"协同创新不够。广东乃至中国激光技术研发的主力在科研院所和高校，企业及园区的关联度或者关注度都不高，技术研究成果对产业的转化和支撑作用明显不强。

五是专业人才培养覆盖不足。激光应用是典型的交叉学科应用，在光电材料行业、机械制造行业、信息行业、医疗行业等相关专业的教育中往往欠缺激光技术的内容，这对激光技术新产品在该行业的渗透和发展不利。

为加强顶层谋划，着力解决制约激光技术创新和产业高质量发展的管理体制机制束缚和关键核心技术的自主可控问题，努力培育新兴激光应用产业，加快我国激光技术和应用产业的高质量发展，建议如下。

第一，强化顶层统筹谋划，引领我国激光技术与应用产业快速发展。一是面向2035年国家发展目标，建议制定《中国激光技术与应用中长期发展规划纲要（2021—2035年）》；二是依托中国工程院和中国科学院，每5年定期评估激光技术与应用发展状况，前瞻性地提出发展重点和引领目标，及时向国家提出涉及激光科技和产业发展的咨询建议。

第二，加强基础研究，在产业化发展中的重大基础问题和核心基础材料、器件上聚力突破，努力打造自主可控的产业共性技术基础，为可持续发展奠定扎实基础。例如，聚焦高性能激光芯片、高性能半导体激光器、高性能特种激光光纤、激光晶体、工业化高端光纤激光器等核心材料和器件，覆盖从材料、器件到激光器等多维度的精准式核心/关键技术。

第三，实施若干应用研发专项，加大产业政策扶持力度，打造多个新激光产业链。如在制造领域，继续加强航空航天、机械制造等高端装备领域激光制造和再制造技术相关应用研究与验证计划；在信息领域，开展空间激光宽带传输与组网基础科学问题研究和关键技术攻关，加速激光显示等发展规划和产业未来布局。

第四，要创新产业协同机制，完善激光产业创新生态。如以有实力的激光企业或高校、科研院所为依托单位，集中全国相关高校、研究院所和企业等各方的技术优势，建设国家级激光应用工程与示范研究中心，以点带面，推进激光产业创新生态的完善；不断发挥企业的创新主体作用，充分发挥行业协会等行业团体在产业规划、产业共性技术问题提出与研发、产业标准规范制定中的作用。

第五，强化激光技术人才培养与引进，同时加大对激光相关专业学术与应用人才的培养力度。依托现有产业研究中心及实验室，重点培养核心带头人、专业团队、企业骨干技术人员等应用型人才；同时，发挥广东高等院校优势，加快与产业相关的机械、光电子、材料、软件、光学、信息技术等学科建设，培养研发、管理和技能型人才。依托国家和省级现有人才引进平台，面向全球引进顶尖人才和创新团队，实现高端人才的引进、储备及专业人才的培养、成长等齐头并进。

超快激光技术及其应用

吴勇华

五邑大学，广东省激光行业协会

随着制造业高精密制造需求的增加，超快激光与先进微纳加工技术的结合是学术界和工业界的最新热门方向。超快激光微纳制造是一个超前沿的交叉学科范畴，它涉及机械、光学、物理、化学、材料等领域。超快激光具备超强和超快的独特优势，可大幅提升制造加工精度。随着技术逐渐成熟和成本不断下降，超快激光市场有望在未来几年迎来爆发式增长。

一、超快激光

超快激光是指输出激光的脉冲宽度在皮秒（10^{-12} s）级别以下的脉冲激光。根据输出激光的脉宽不同，超快激光器又可分为皮秒激光器、飞秒激光器、阿秒激光器等。超快激光不仅为超快动力学、微结构材料科学、超快信息光子学与生命科学等前沿交叉学科的发展提供了创新手段与方法，在材料精细加工方面也有着显著优势。超快激光是激光行业增长最快的细分领域之一，有望广泛应用于医疗生物、航空航天、消费电子、照明显示、能源环境、精密机械等行业。

国内超快激光企业虽然大部分成立时间比较晚，但至少在4个方面占有优势。

（一）中国在超快激光领域有很好的技术积累

中国政府、科研机构及企业对超快激光非常重视，聚集资源攻关核心技术，追赶国际先进水平。经过多年的产学研推进，中国在超快激光领域有很好的技术积累，企业技术实力不断提升，产品具备进口替代能力，如国产皮秒激光器性能基本达到国际水平，在某些指标上甚至略胜一筹，但在飞秒激光器方面还存在差距。

（二）中国具有巨大的细微加工应用市场

超快激光高精度加工的特点尤其适用于3C产品的制造，而我国是全球最大的3C产品生产基地，如全球超过90%的智能手机和笔记本电脑在中国生产，集成电路、面板等的细微精密制造为超快激光带来了巨大应用场景。医疗、航空航天、精密机械等领域也有大量需求。

（三）中国拥有全球最完整的激光产业供应链

经过几十年的发展，我国形成了从上游材料、中游产品开发与系统集成，到下游应用端的完整激光产业链，成本相对较低，有较大性价比优势。

（四）国外高端人才大规模回国创业

良好的创业环境和地方政策的大力支持，使得海外高端人才回国发展正在成为一种大趋势。近几年，超快激光初创公司大量涌现，国内激光企业也招揽人才布局超快激光业务。

应用场景不断落地，市场快速增长，使超快激光成为激光行业增长最快的细分领域之一，2020年全球超快激光器市场规模有望超过25亿美元。2015年我国超快激光器市场约3亿元，2019年达到25亿元。我国国产超快激光器的销售数量从2015年的40台增长到2019年的1400多台（图1）。

超快激光器的国产化过程与高功率激光器有着很大的相似性，未来3～5年有望复制高功率光纤激光器进口替代的道路。市场空间大、技术壁垒高，超快激光器企业很有可能在未来成为资本市场的热点和焦点。超快激光是新一代精密加工的主流方式，超快激光器的国产化将带动其售价降低，应用场景会越来越多。

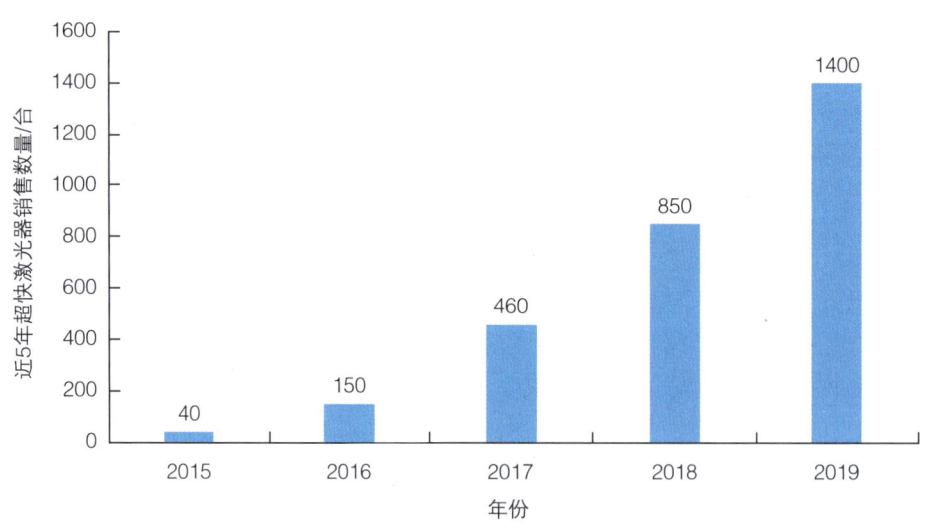

图1 中国超快激光销售数量

超快激光是近年来激光市场最突出的增长点，其增速数倍于激光行业的整体增速，2019 年国内从事超快激光器研发生产的企业超过 25 家，市场空间达到 25.8 亿元（图 2）。

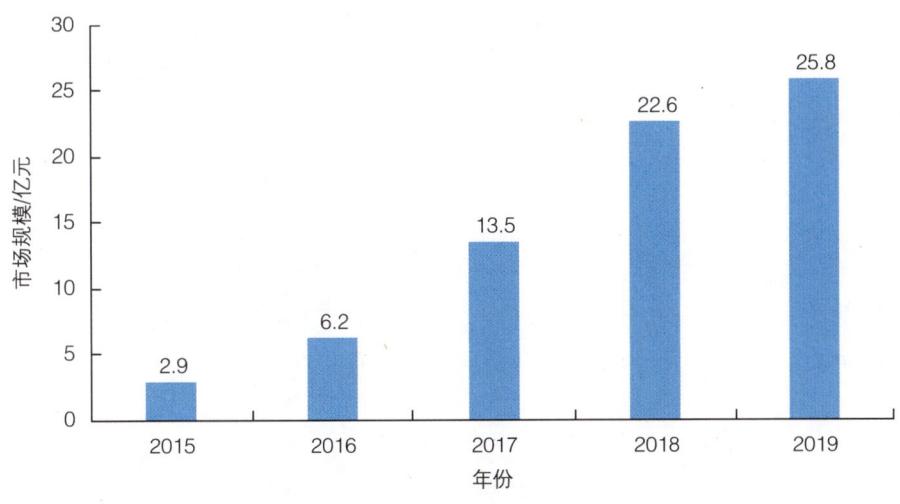

图 2　中国超快激光市场规模

啁啾脉冲放大技术的提出和应用，宽带激光晶体材料（如掺钛蓝宝石）的出现，以及 SESAM、克尔透镜锁模技术的发明，使超快激光技术得到迅猛发展。小型化飞秒太瓦（10^{12} W）甚至更高数量级的超快激光系统已在各国实验室内建成并发挥重要作用。最近，更短脉冲和更高功率的激光输出，如直接由激光振荡器产生的短于 5 fs 的激光脉冲，小型化飞秒 100 TW 级超快激光系统，以及 CPA 技术应用到传统大型钕玻璃激光装置上获得 1 PW（10^{15} W）级激光输出。据报道，激光功率密度达到 $10 \sim 10^{20}$ W/cm^2 的超快激光与物质相互作用研究也已开始进行。

二、超快激光核心技术

1960 年，第一台激光器——红宝石激光器问世，为超快过程的研究打开了门户，随后出现的调 Q 技术和锁模技术使得超快激光取得了长足进步。20 世纪 80 年代，超快光谱学发生了革命性的变化。对撞脉冲锁模的概念引入了染料激光器，皮秒激光脉冲被压缩到了飞秒时域，产生了 100 fs 的脉冲。但是，克尔效应导致的自聚焦及元件损伤的问题限制了超快激光的进一步发展。直到 1985 年 CPA 技术的出现解决了这一难题，使之成了超快激光发展史上的里程碑（图 3）。

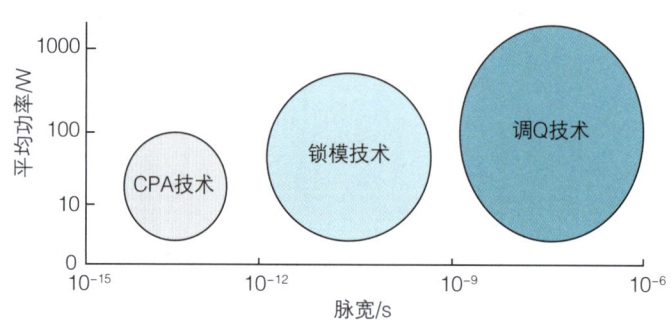

图 3 超快激光技术发展

（一）调 Q 技术

在 CPA 技术诞生之前，调 Q 技术与锁模技术是超快激光普遍采用的技术。在激光器泵浦的初期，把谐振腔的 Q 值调得很低，使激光器暂时不满足振荡条件，在泵浦脉冲的激励下获得很高的粒子数密度时，再迅速调大谐振腔的 Q 值，此时反转粒子数密度远大于阈值反转粒子数密度，激光振荡迅速建立并达到很高的峰值功率，同时反转粒子数迅速被耗尽，脉冲很快结束，这样就获得了具有窄脉冲宽度和大峰值功率的激光脉冲。

（二）锁模技术

锁模是激光器产生超短脉冲的重要技术。激光器光腔内存在多种模式的激光脉冲，当这些模式相互间的相位实现相长干涉时才产生激光超短脉冲，也称锁模脉冲输出。锁模一般分为两类：一类是主动锁模；另一类是被动锁模。前者是从外部向激光器输入信号，周期性地调制激光器的增益或损耗，达到锁模；后者则采用饱和吸收器，利用其非线性吸收达到锁定相对相位，产生超短脉冲输出。

（三）CPA 技术

锁模技术出现以后，利用锁模技术产生了具有皮秒及飞秒脉宽的超短脉冲激光，这类脉冲激光不仅可以用来研究观察分子、原子等微观世界粒子的超快动力学行为，揭示掩盖在瞬态过程中的科学现象与规律，而且比纳秒乃至微秒等长脉冲激光具有高数个量级的峰值功率。因此，进一步放大超短脉冲激光，是产生高峰值功率激光的必然选择。但随着激光峰值功率的提高，人们面临的一个重要问题是激光在达到放大饱和前，就由于过度依赖克尔效应而导致自聚焦及元件损伤，正是由于该原因，激光强度的进一步发展遭遇了瓶颈。直到 1985 年，美国罗切斯特大学的 Géreard Mouro 和 Donna Strickland 巧妙地提出了啁啾脉冲放大（CPA）的概念，从而有效解决了这一矛盾，引发了激光峰值功率的飞跃。

工业超快激光器的主要指标为高稳定性的超短脉冲和高脉冲能量，可以利用锁模技术获得超短脉冲，利用 CPA 技术获得高脉冲能量，其中涉及的核心部件包括振荡器、展宽器、放大器和压缩器等，其中振荡器和放大器技术难度最高，是超快激光器的核心技术。

三、超快激光细微加工应用场景

激光的加工大概可分为宏加工与微加工，目前全球范围内宏加工的技术与市场开发较充分,而微加工还在继续发展,特别是超高精度的微加工只是起步阶段。激光微加工的发展关键在于超短脉冲激光器。超快激光真正意义上实现了冷加工,在精密加工方面有显著优势。随着超快激光器的生产工艺逐渐成熟,成本逐渐下降,有望广泛地应用于医疗生物、航空航天、消费电子、照明显示、能源环境、精密机械等下游行业。

中国传统制造业正面临深度转型和升级,激光加工精细度的要求变得更加苛刻。玻璃、陶瓷和水晶等透明或脆性材料是高质量、高产量加工的历史难题。早在1995年,德国的汉诺威激光中心就发现了超快激光在脆性材料及微加工应用的潜力,与传统激光技术相比其具有很多优点,如加工精度高、应用范围广泛、无热效应,还具有材料适应性广、非接触、无污染、速度快、平整度好等优点,在细微切割、钻孔、刻槽、微纳制造有很好的实用性,如激光是 200 μm 以下的微孔加工最理想的手段之一。

从 20 世纪 90 年代起,国外各研究小组对皮秒激光与材料的作用机制开始进行基础性研究。1996 年,德国的 B.N.Chichkov 团队利用钛宝石 CPA 放大激光器,在真空靶室中分别利用飞秒、皮秒、纳秒激光对 100 μm 厚的钢片进行了打孔实验(图 4)。

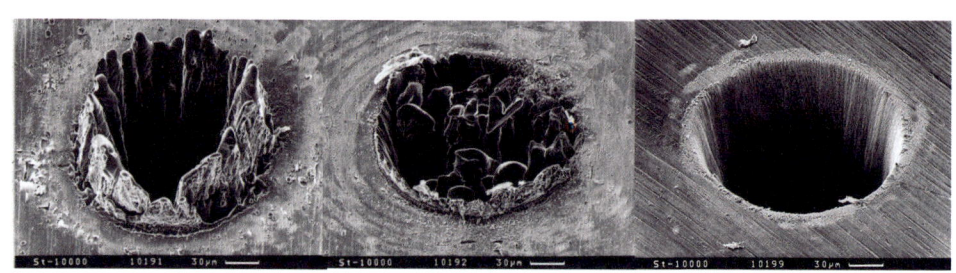

a 3.3 ns 激光　　　b 80 ps 激光　　　c 200 fs 激光

图 4　纳秒、皮秒、飞秒激光打孔对比

德国的 Ralf Knappe 用脉宽为 10 ps，重频为 1 MHz 的皮秒激光器，在 1 mm 厚的发动机涡轮叶片上打冷却孔，叶片由高镍材料制成，冷却孔直径为 400 μm，并且孔径与材料表面成 60° 斜角。从图 5 可以看到，采用皮秒激光获得了高质量的微孔，没有再铸层生成，孔壁有光泽，好像经过了抛光处理一样。

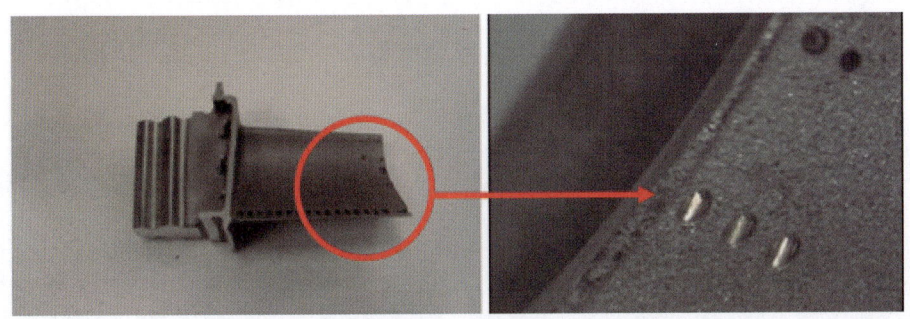

图 5　在 1 mm 厚的发动机涡轮叶片上打冷却孔实物

2001 年，清华大学孙洪波与日本学者 Kawata 采用飞秒激光直写技术，成功突破了衍射极限的限制，制备了三维立体的 7 μm 微结构"纳米牛"，迎来了超快激光精细加工的发展机遇（图 6）。

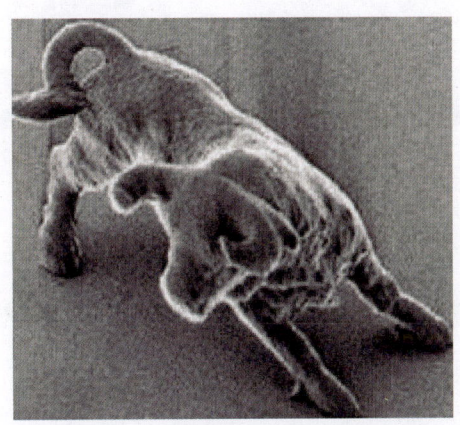

图 6　三维立体"纳米牛"

国内很多学者对激光微孔加工做了研究。对于高硬度材料,皮秒激光加工也是一种重要的加工技术。西北工业大学刘永胜团队利用皮秒激光在 SiC/SiC 复合材料中钻出直径为 200～300 μm 的微孔(图 7)。在微钻孔流程中,德国弗劳恩霍夫激光技术研究所的团队实现了极高的精度。通过新的多波束系统,每秒可处理超过 12 000 个微孔。五邑大学激光加工技术中心团队利用皮秒激光在 1 mm 的不锈钢和陶瓷材料上加工了直径为 200 μm 的高质量的微阵列孔。该微阵列孔表面质量好,孔径圆度好,重复性高。

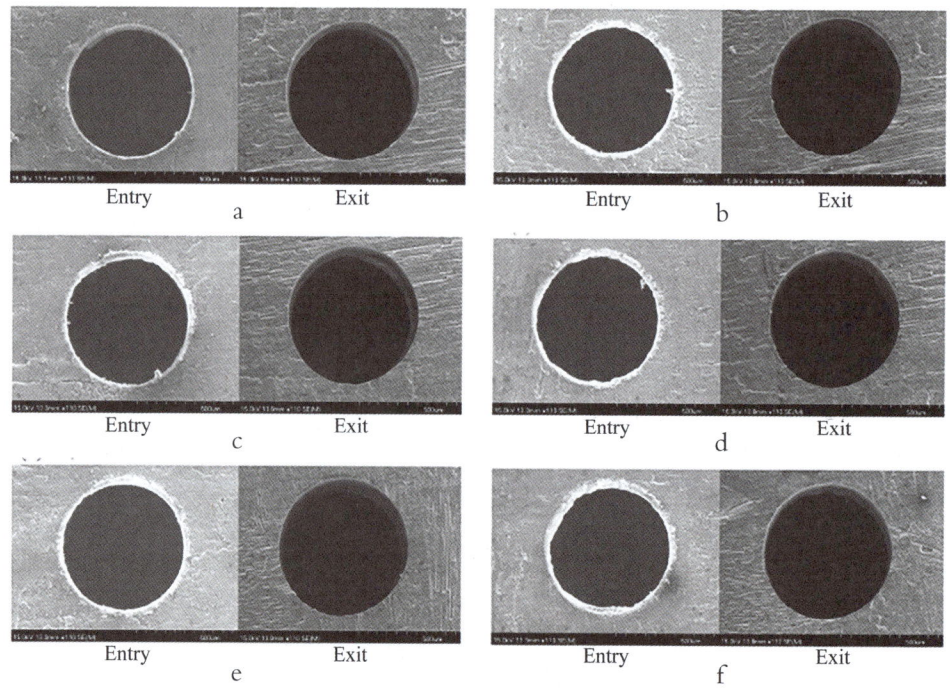

图 7　SiC/SiC 复合材料微孔加工

超快激光不仅具有微孔加工的优势,还可以加工异形孔。清华大学周明采用皮秒激光器在 304 不锈钢上钻出各种异形孔(图 8)。

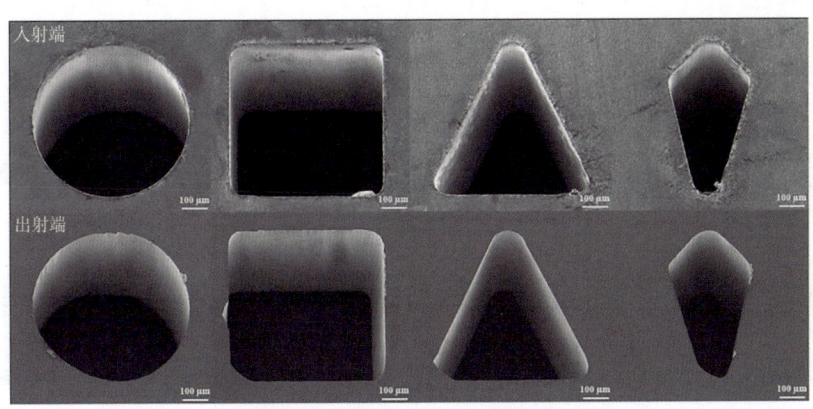

图 8　皮秒激光加工异形微孔

玻璃、陶瓷的焊接在航空航天、国防、光学等领域具有应用前景。超快激光微焊技术可实现多种玻璃材料与单晶硅、合金等异质材料的高强度直接焊接。利用超快激光脉冲可将石英、硼硅酸盐玻璃和蓝宝石等各种光学材料与铝、钛和不锈钢等金属材料焊接起来，如华南师范大学张庆茂团队采用皮秒激光完成了 2.06 mm 玻璃与玻璃之间的焊接（图 9）。

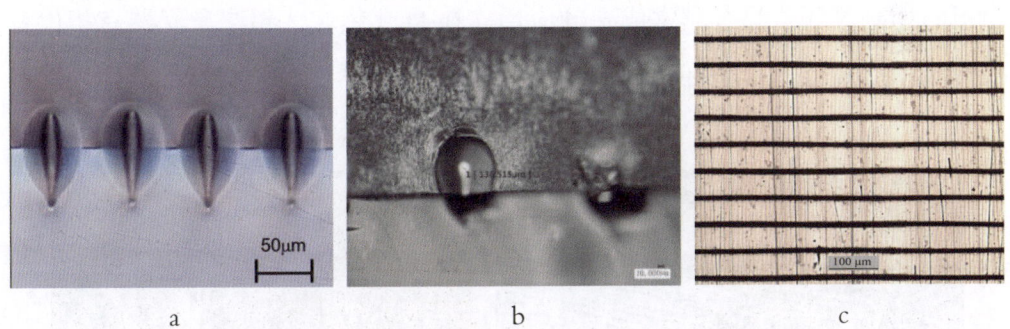

图 9　玻璃与玻璃的微焊接、玻璃与铝合金微焊接

对于工业上难加工的硬质材料，超快激光也是一种良好的加工工具，如我国江苏大学和苏州大学对硬质合金碳化钨刀具等采用皮秒激光进行表面织构，可以提高材料的减摩、耐磨性能和表面润滑性能（图 10）。

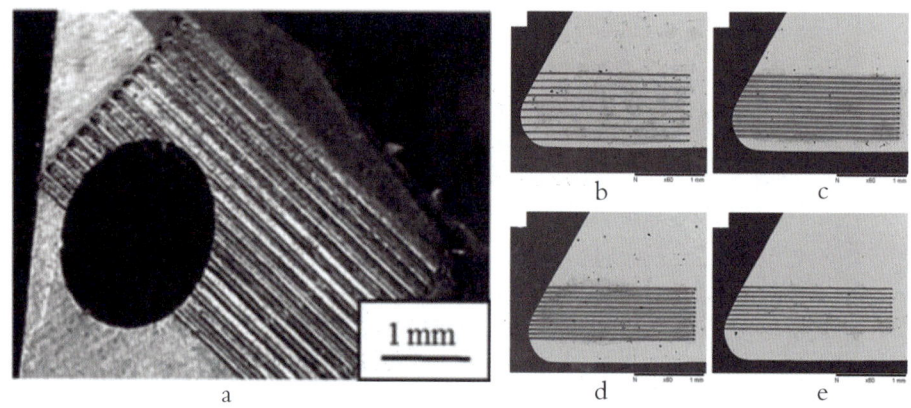

图 10 硬质合金碳化钨刀具表面超快激光织构

消费电子是超快激光器应用最为成熟的领域，采用超快激光器进行全面屏的异形切割在加工精度和效率等方面均显著提升。同时，超快激光器对 3D 玻璃盖板和手机摄像头盖板等硬脆材料的切割均具有非常明显的优势。OLED 面板中使用了较多的高分子材料，超快激光器"冷加工"特性可以避免高分子材料受热影响而发生液化，因此，超快激光器在 OLED 玻璃基板的剥离及面板的切割等环节都有非常成熟的应用。在 PCB 领域，超快激光器有望代替纳秒激光器进行 FPC 柔性板的加工（图 11）。

图 11 超快激光在 PCB 和 FPC 领域的精密加工应用

四、结语

如今,精密机械行业、电子行业、半导体行业、医疗美容行业、新能源等的产品持续小型化、精密化,需要在不断缩小设备体积的同时,确保加工的高度重复性、准确性、高精度、高产能,以及加工不同材料的能力。特别是 5G 时代的到来,对新材料的加工提出更苛刻的要求。以皮秒激光器和飞秒激光器为代表的精密加工方案更具有优势,将在工业上获得越来越广泛的应用。

总之,超快激光科学正处在出现重大突破的前夜,其重要作用与潜力远不可低估。21 世纪,在技术层面,中国科学家可望在这一前沿领域中做出重要贡献;在产业层面,超快激光真正意义上实现了冷加工,在精密加工方面有显著优势。随着超快激光器生产工艺逐渐成熟,成本逐渐下降,未来有望迎来爆发式增长。

增材制造领域面向 2035 年关键核心技术分析

刘敏

广东省科学院

　　增材制造（3D 打印）已成为推动全球新一轮科技革命和产业革命的关键技术，受到欧美各国政府、工业部门及国内外研究机构的高度重视，成为欧美制造业战略竞争的制高点。广东省政府也高度重视增材制造技术及产业的发展，将其作为《中国制造 2025》、"十三五"规划的重点发展方向。为了更加具体、有效、快速地响应增材制造技术及产业发展新形势、新机遇和新需求，贯彻落实广东省培育和发展增材制造战略性新兴产业的决策部署，提早识别增材制造产业关键核心热点技术领域及其技术来源，增强广东增材制造产业关键核心技术控制力和竞争力，推动增材制造产业持续健康的高质量快速发展，推进粤港澳大湾区国际科技创新中心建设，在广东省科技厅的支持下，广东省科学院牵头，组织省内外具有学术影响力的领域专家 100 余人（其中院士 3 人），开展了"增材制造（3D 打印）领域面向 2035 年关键核心技术分布及来源分析"调研工作,全面分析了国内外增材制造技术发展趋势、关键核心技术及广东增材制造产业存在的问题和解决方法。

一、面向 2035 年全球增材制造技术发展趋势及关键核心技术

目前,全球增材制造技术迅猛发展,已形成增材制造专用材料、增材制造装备、增材制造技术应用及服务的完整技术体系。面向 2035 年,增材制造专用材料向着多样化、复合化等方向发展;增材制造装备向着新热源、多激光、多工艺、大尺寸、微纳化、高效化、一体化等方向发展;增材制造技术应用及服务正从快速原型制造向快速产品制造转变,向着个性化定制和批量化制造方向发展。

在上述发展趋势驱动下,面向 2035 年,一大批增材制造关键核心技术成为国内外的研究热点及产业突破的关键点。经过深入调研,我们认为,增材制造专用材料方向的关键核心热点技术主要包括:增材制造梯度功能材料专用粉末和丝材开发、高品质 3D 打印钛合金粉末丝材等离子雾化装备及技术、高速等离子旋转电极雾化装备与技术、增材制造高熵合金材料设计及制备技术、面向海工装备增材制造专用丝材开发等金属材料领域技术;增材制造有机前驱体陶瓷材料研发、高精度低收缩碳化硅基陶瓷材料制备等非金属材料领域技术;高性能医用级聚醚醚酮(PEEK)增材制造材料开发、可降解生物植入体增材制造专用材料开发、可用于组织和器官修复的 3D 打印生物墨水开发等医用专用材料领域技术。

面向 2035 年,增材制造装备方向的关键核心热点技术主要包括:多激光大尺寸高效高精度增减材智能制造装备、激光-电弧复合增减材装备与应用关键技术、冷喷涂固态增材制造技术与装备、大型复杂金属结构丝束同轴电

子束增材制造装备与技术、基于 LED 光源的选区熔化增材制造设备、多材料多喷头 3D 打印装备等金属增材制造装备与技术；高速大尺寸高产能新型光固化 3D 打印装备、体外高还原度重建活性组织器官 3D 打印装备等非金属和生物材料增材制造装备与技术。此外，增材制造工艺规划软件系统及应用、基于数字孪生技术的虚拟数字化 3D 打印系统、基于高效智能控制系统与端到端解决方案的无人工厂、基于云边端协同的软件定义的增材制造监控系统等技术也将成为增材制造装备软件发展热点。

面向 2035 年，增材制造将在汽车制造、信息技术、生物医疗、航空航天、核工业、模具制造、船舶制造等领域实现应用突破。汽车制造领域关键核心热点技术包括汽车复杂结构金属部件的轻量化设计与 3D 打印技术、新一代汽车 3D 打印智能制造生产线；信息技术领域关键核心热点技术包括高端电子介质陶瓷器件增材制造关键技术与应用、电子元器件的微纳尺度 3D 打印直接成型技术、新型多层 PCB 电路板的 3D 打印快速成型技术；生物医疗领域关键核心热点技术包括低模量医用多功能 β 钛合金 3D 打印精确成型技术及应用示范、可降解活性化软组织植入物增材制造技术；航空航天领域关键核心热点技术包括高强轻质合金增材制造控型控性关键技术及应用、太空环境专用在线 3D 打印制造技术。此外，核电高性能难熔难加工复杂构件的增材制造技术及应用、高端模具的高效高精度增材制造关键技术、面向远洋船舶的高性能增材保障技术、精密微结构增材制造关键技术与应用示范、基于同步加速试验和高保真模拟的增材制造缺陷形成研究及缺陷调控技术开发、超大尺寸复杂结构陶瓷材料超高速增材制造及超快速高温烧结技术等工业制造领域关键核心技术也将成为研究热点。

二、广东省增材制造产业技术的瓶颈

广东增材制造产业基础全国领先,是中国第一大增材制造产业聚集地,激光与增材制造企业总数和产值均占全国的30%,是广东产业转型升级的关键技术。广东增材制造产业涵盖材料、装备、工艺及应用服务的全产业链,形成了数百家代表性研究机构及龙头企业,但与国际和全国先进水平存在一定差距。主要存在的问题包括以下3个方面。

(一)广东省增材制造材料生产装备研发制造能力缺乏,专用新材料研发能力薄弱

广东增材制造材料生产装备研发及制造能力不足,以金属粉末生产装备为例,广东高端金属制粉装备依赖进口,如丝材等离子雾化设备,目前受加拿大AP&C公司(已被美国GE收购)专利保护,对我国进行严格技术封锁,而中低端金属制粉装备也由省外厂家生产,省内并无制粉装备生产商,这严重限制了广东在增材制造专用金属粉末材料领域的研发与产业发展。此外,增材制造专用新材料研发能力薄弱,以光固化陶瓷原料为例,目前高性能陶瓷立体光固化增材制造用陶瓷原料主要依赖进口(如Lithoz、3D Ceram等),清华大学、广东工业大学等单位研发的原料在所制备构件性能和微观均匀性上与国际水平差距明显。

(二)广东省增材制造装备产业核心竞争力不足,进口依赖明显

广东金属材料增材制造装备类型单一,主要以SLM增材设备为主,缺乏如LENS、EBM等类型设备;非金属材料增材制造装备缺乏竞争力,大部分

企业技术发展基于开源程序获得，设备缺乏核心竞争力。高端增材装备整体依赖进口，激光器、振镜等核心零部件及软件等主要以国外进口为主。广东省内产业缺乏行业领军企业，难以围绕骨干企业形成具有核心竞争力的产业链和生态圈。

（三）增材制造产业应用标准不完善，应用深度广度不够

增材产品质量控制不到位，增材制造工艺稳定性不足、增材制造缺陷（残余应力等）控制技术欠缺、尚未建立完善的增材制造工艺标准。应用深度不足，模具领域应用集中在注塑模具，缺乏在压铸、挤压等高端模具上的应用。生物医疗新材料及新工艺开发不足，认证周期长等。应用广度不足，在汽车、电子通信等广东优势领域应用有限，且在航空航天、核工业、船舶、化工、高端装备等领域应用也较少。

三、面向 2035 年广东省增材制造产业技术发展建议

为了实现广东增材制造技术与产业的追赶乃至超越，突破增材制造技术与产业的瓶颈，应全面贯彻落实党中央关于加快建设制造强国、加快发展先进制造业及广东省加快创新驱动发展的战略部署，充分发挥省政府对增材制造技术及产业发展的统筹作用及市场在资源配置中的导向作用，加大对增材制造技术的研发和产业化投入，建立和完善产学研协同互补的增材制造基础研究、共性技术研究及产业化应用的重大研发体系及平台，重点突破增材制造的关键核心技术，大力推进增材制造成果转化与产业化应用，促进广东省增材制造产业做大做强，为广东经济社会的全面转型升级提供有力支撑和注

入新动能。特提出如下建议。

（一）加强顶层设计和统筹规划

深入研判全球增材制造技术及产业发展趋势，定期组织专业机构编制增材制造行业发展现状蓝皮书。制定符合广东省实情的增材制造技术及产业化中长期发展战略和行动计划，明确对应的发展原则、阶段目标、技术路线、重点任务和政策措施。做好全省增材制造产业区域布局，重点围绕各地市优势产业，推进增材制造与优势产业的有机融合，形成有地市特色的增材制造产业集群。

（二）加大研发投入，大力发展新材料和新技术

围绕提高增材制造基础研究能力，提升增材制造上中下游技术水平，重点突破高性能材料研发、产品设计优化、高质量高稳定性增材制造装备、高效复合增材制造工艺、微纳结构增材制造等关键共性技术。重视先进高性能高强轻质合金、高熵合金粉末、先进聚合物材料、复合材料、智能材料、细胞材料、梯度材料等新材料的研发和基础研究工作。支持多激光、冷喷、微纳、电子束、电弧等新型3D打印技术及装备发展。

（三）建立强有力的激励制度，鼓励国产化发展

政府、高校、研究所和企业均出台强有力的激励制度，鼓励增材制造技术的国产化，引导3D打印装备、材料、软件国产化，关键元器件国产化。

（四）加强人才队伍建设

注重 3D 打印材料、工艺人才队伍建设，培养具有国际影响力的领军人才。引进 3D 打印高层次人才，建立有利于创新人才涌现的机制，吸引更多更优秀的创新人才。

（五）完善共性技术研发体系与平台，建立省级增材制造科技创新中心

搭建不同领域的技术、产业、应用和产业链上下游对接通道，推动技术合作，加快材料生产企业和上下游用户需求对接，加快技术的推广应用。鼓励有产业基础、技术条件的地区建设省级增材制造创新中心。建立以企业为主体、市场为导向、技术分享机制为纽带的"政产学研用"协同增材制造创新体系，推进增材制造领域前瞻性共性技术研究及科技成果转化。

广东省先进陶瓷增材制造技术发展现状

伍尚华　聂光临

广东工业大学

先进陶瓷具有高硬度、高强度、耐高温、耐腐蚀、耐磨性、绝缘性和生物相容性等特性，广泛应用于电子信息、交通运输、机械加工、航空航天、生物医疗等领域。先进陶瓷材料的硬脆特性使其机械加工难度较大，且传统有模成型工艺难以满足复杂形状陶瓷零部件数字化与智能化的设计制造需求，这限制了先进陶瓷产品的开发与应用。增材制造技术可以有效克服这些局限性，赋予陶瓷构件更高的设计自由度和更强的功能特性。本文首先介绍先进陶瓷增材制造工艺，然后从科研、企业、技术等角度对广东先进陶瓷增材制造发展情况进行分析，并对广东陶瓷增材制造产业发展提出相关建议。

一、主流先进陶瓷增材制造工艺概述

先进陶瓷增材制造工艺主要包括：黏结剂喷射、材料喷射、粉末床熔融、材料挤出、薄材叠层与立体光固化。其各自优缺点、研究热点与适用性分析如表 1 所示。

表 1 主流先进陶瓷增材制造工艺分析

序号	工艺	代表性技术	研究热点	优点	缺点	适用性
1	黏结剂喷射	3DP	① 3DP 陶瓷构件致密度提升技术；② 3DP 打印多孔陶瓷的性能与应用研究	成型速率快、无须支撑、成本低、打印尺寸大	成型精度差、表面比较粗糙、制备高致密陶瓷部件的难度大	适用于多孔陶瓷的制备，可应用于催化、污水处理、吸声、电磁屏蔽、生物植入等领域
2	材料喷射	IJP	①开发新型便捷喷墨打印设备；②陶瓷墨水性能优化；③打印参数调控	打印原理简单、成本低、方法简单	墨水微方向性与形状、浓度一致性难以精确控制；喷墨打印头容易堵塞	适用于陶瓷制品装饰、功能梯度复合陶瓷开发
3	粉末床熔融	SLM、SLS	①SLM 热残余应力研究；② SLS 粉料优化与致密度提升技术	成型速度快（SLM 可直接一步制备零部件等）	打印件致密度较低、表面质量较差等	适用于大尺寸陶瓷构件的成型制备，可应用于航空航天、能源化工等领域
4	材料挤出	FDM、DIW	① FDM 细丝与 DIW 浆料的优化设计；②打印后处理工艺研究	工艺简单、成本低、设备维护及材料更换方便等	成型精度差、层间出现阶梯效应及力学性能表现不理想等	适用于制备复杂的支架结构与高纵横比部件，可应用于通信、催化、耐火、生物等领域
5	薄材叠层	LOM	①LOM 设备研究与设计；②薄片成型与组分优化	成型速度快、无须设置支撑	材料利用率低，不适合打印复杂、中空的精密的先进陶瓷部件，存在明显的台阶效应	适用于层状复杂结构陶瓷构件的制备与层合陶瓷的开发

续表

序号	工艺	代表性技术	研究热点	优点	缺点	适用性
6	立体光固化	SLA、DLP	①陶瓷粉体组分优化与表面改性设计；②浆料优化、固化与后处理工艺研究	设备简单、成本低、成型精度高、易于制备高致密度陶瓷构件	烧结温度较高易导致晶粒异常长大，会降低陶瓷构件的力学强度与可靠性	适用于高精度、高致密复杂形状的陶瓷零部件，可应用于机械加工、电子信息、能源化工等领域

注：根据 GB/T 35021—2018《增材制造　工艺分类及原材料》进行工艺分类。

二、广东省先进陶瓷增材制造发展情况分析

广东是中国第一制造业大省，也是中国乃至世界最大的陶瓷生产基地之一。在制造业朝着数字化、网络化、智能化发展的大趋势下，陶瓷产业必将成为传统产业转型升级的重点。先进陶瓷增材制造是陶瓷产业转型升级的一个重要方向，可以有力推动陶瓷产业向结构功能一体化方向发展，推动制造装备向柔性化方向发展。目前，广东相关高校院所和企业都已在先进陶瓷增材制造方面进行布局，也取得了较好的成效，但在材料、装备、工艺与应用等方面尚存在一定的技术瓶颈，距离实际应用还有一定差距。

（一）广东省陶瓷增材制造相关科研情况

广东工业大学先进加工工具与高技术陶瓷研究中心主要研究方向为先进陶瓷材料的立体光固化 3D 打印，研究涉及立体光固化 3D 打印先进陶瓷的全链条工艺，包括陶瓷浆料优化、打印精度提升、后处理工艺优化等。在如下方面取得了重要成果：①创新性地开发了两步法脱脂工艺，避免了陶瓷坯体

在脱脂和后期烧结过程中微裂纹和变形的形成；经两步脱脂（真空脱脂+空气脱脂）、烧结后的氧化铝陶瓷刀具无形变，致密度高达 99.3%，维氏硬度高达 17.5 GPa。②将浸渗沉淀技术引入氧化铝陶瓷的增材制造领域，通过 Zr 或 Mg 的引入可细化氧化铝陶瓷晶粒，从而改善其力学性能。③通过掺加分散剂或陶瓷粉体表面改性，配制了高固含量、低黏度的氧化铝、氧化锆、氮化铝陶瓷浆料，并利用光固化 3D 打印技术已成功制备完全致密的氧化铝、ZTA 陶瓷，其力学性能与微观结构和传统模压工艺制得的陶瓷性能无明显差别。④基于陶瓷粉体表面包覆改性，优化了氮化硅、氧化锆等高折射率陶瓷的固化性能，通过低折射率覆膜层的引入可提升先进陶瓷的固化深度与打印精度。⑤利用立体光固化 3D 打印技术制备了压电陶瓷、多孔 BN 陶瓷、彩色氧化锆等零部件，并对其应用性能进行了相关评价表征。研究团队在广东本土创新团队、广东省重点领域研发计划、粤莞联合基金等项目的支持下，正在开展电子陶瓷增材制造、PDC 陶瓷 4D 打印、太空增材制造等研究工作，以期扩展陶瓷增材制造技术的应用领域。

深圳大学增材制造研究所以建设国际一流的新能源和先进制造实验室为目标，在国家自然科学基金、广东省激光与增材制造重大专项、深圳市科创委等科研项目的支持下展开了系列先进陶瓷增材制造的研究。研究涉及的陶瓷材料包括：氧化锆、氧化铝、氧化硅、堇青石、正硅酸锂、羟基磷灰石、前驱体转化陶瓷等；增材制造工艺包括：立体光固化技术、低温直写技术、喷墨打印技术等；面向的应用包括：新能源器件、催化剂载体部件、轻质高强陶瓷件等。2020 年，在广东省激光与增材制造重大专项的支持下，开展陶瓷材料超高速光固化增材制造关键技术与装备的相关研究工作。

香港城市大学深圳研究院吕坚教授院士团队利用 DIW 打印技术，用二氧化锆纳米颗粒掺杂的聚二甲基硅氧烷复合材料，构建出 3D 弹性体结构。这种结构柔软且具有弹性，可拉伸至超过本身 3 倍的长度，并可用金属丝使其折叠变形；也可利用打印制得的弹性体的柔性特质，设计出一种自动拉伸装置，让 3D 弹性体结构的基底拉伸产生预应力，在其上面打印出主结构。当预应力释放后，主结构就会发生变形，从而形成 4D 打印所需的弹性体结构，热处理后可转化为 4D 陶瓷。研究人员认为，如将新技术应用于太空探索领域，有望将 3D 打印前驱体折叠起来以节省空间，进入太空后再展开获得需要的结构。团队联合广东工业大学、广东省科学院新材料研究所、东莞理工学院、深圳创想三维于 2020 年获得广东省重点领域研发计划项目的资助，开展 4D 打印陶瓷基材料智能构件关键技术及应用示范的研究工作，以期为结构陶瓷的应用开辟新的一页，促进 3C 电子产品、生物医疗、热防护材料等领域的发展。

广东省科学院新材料研究所激光制造技术平台在金属和塑料的激光增材制造技术与应用方面具有深厚的研究基础，2020 年与香港城市大学深圳研究院合作开展了陶瓷增材制造相关技术研究工作。东莞增材制造与智能制造研究院由东莞理工学院和卢秉恒院士团队共建，是专门从事增材制造、智能制造及其应用的科研和成果转化机构。研究院拥有 3DCERAM 和自制陶瓷 3D 打印机，可满足打印大尺寸样品或批量打印小尺寸样品的需求，打印陶瓷材料涉及氧化铝、氧化锆、羟基磷灰石等，并建设了 3D 打印云制造及测试平台。

（二）广东省陶瓷增材制造相关企业发展情况

广东峰华卓立是中国最早研究增材制造技术并产业化的公司之一，成功创造了以砂型增材制造为核心的先进制造技术并将之应用于铸造工业。最早于 2002 年引进了清华大学激光快速成型中心颜永年教授团队在 1997 年就已开始着手开发的无模铸型制造技术，直至 2010 年技术基本成熟，并逐步实现了产业应用推广，尤其是汽车发动机领域的应用和效果最为突出。砂型的黏结剂喷射 3D 打印工艺也可应用于陶瓷材料的增材制造。目前，在佛山市科技创新团队项目的支持下，公司正在开展面向陶瓷的大尺寸高效 3DP 制造系统技术的技术攻关。

深圳光韵达机电设备有限公司由上市公司深圳光韵达光电科技股份有限公司投资，专业从事增材制造设备的综合解决方案。在陶瓷增材制造方面，公司代理法国 3DCERAM 陶瓷增材制造设备及耗材，并自主研发陶瓷增材制造相关设备。

深圳瑞丰恒激光是全球工业级全固态激光器生产制造商，产品覆盖了由蓝绿光到深紫外波段系列激光器。公司利用自产的激光器开发了适用于陶瓷增材制造的光固化设备。基于数字光处理的立体光固化是先进陶瓷增材制造的主流技术，但受限于微镜晶片的分辨率，使得打印大尺寸的陶瓷制件较为困难。

东莞慧瓷智造打印科技有限公司与 Prodways 联合开发出一款扩展性非常强的光固化陶瓷 3D 打印机 Promaker V10，利用 Moving Light 技术可大幅提升 DLP 设备的打印幅面，可实现大尺寸（280 mm × 320 mm × 150 mm）陶瓷零部件的打印成型。

此外，佛山市光垒智能制造有限公司通过多光机 Matrix-DLP 技术实现大幅面（500 mm × 300 mm）的固化成型，可解决打印速度、打印精度和尺寸的矛盾。

（三）关键技术瓶颈分析

先进陶瓷增材制造产业的发展需要在材料、装备、工艺、应用等领域中实现技术突破。目前，增材制造高分子与金属构件已实现了工程化应用，而增材制造先进陶瓷构件距离实际应用尚有一定差距（目前认为距离应用最近的是光固化氧化锆陶瓷牙），其主要技术瓶颈在于以下几个方面。

一是增材制造与传统模压成型制备先进陶瓷零部件的性能。增材制造的粉床堆积或浆料固化特性难以实现陶瓷粉体的紧密堆积，导致制备高致密度的先进陶瓷构件难度较大。虽然可以通过一定的后处理提升打印构件的致密度与力学性能，但流程冗长且工艺复杂。此外，增材制造会在陶瓷烧结体中引入额外缺陷，继而影响其可靠性和服役安全性。因此，亟待优化打印材料（陶瓷粉体、浆料）与制造工艺，以实现高性能先进陶瓷构件的增材制造。

二是先进陶瓷构件的高精度、高效率增材制造。陶瓷增材制造制得的陶瓷构件尺寸与打印模型尺寸存在一定差距，需要构建相关数据库平台，建立构件尺寸－模型尺寸的相关关系，通过模型尺寸的修正与后处理工艺的优化实现增材制造陶瓷构件几何尺寸的可控调节。对于立体光固化而言，陶瓷粉体会造成激光的散射，进而会增大额外扩展宽度，降低打印精度。要解决这些问题，需要揭示陶瓷粉体－激光的作用规律，构建粉体表面性能调控技术，以实现陶瓷构件的高精度增材制造。此外，对于高吸光度的陶瓷粉体而言，其立体光固化增材制造速度缓慢（单层固化时间较长），需要开发陶瓷粉体表面修饰技术，或优化相应的浆料配方，提升固化速度。

三是先进陶瓷增材制造设备性能提升及关键元器件的自主开发。目前，先进陶瓷增材制造设备虽能做到国产化，但设备性能（精度、稳定性、可靠性等）与进口（美国、法国、德国、奥地利等）设备尚有差距，且一些关键元器件（如数字微镜晶片）尚无法做到自主开发。此外，增材制造技术创新也要求打印设备的技术升级，如多材料增材制造、CLIP与大尺寸打印等技术均须开发专用增材制造设备。

四是增材制造先进陶瓷材料体系开发与结构功能一体化。需要针对先进陶瓷构件的应用领域与性能要求（致密度、强度、韧性、热导率、可靠性、生物相容性等），开发适用于增材制造的先进陶瓷材料体系（配方设计、粉体优化、打印粉体或浆料的性能调控等）。此外，通过对增材制造陶瓷构件的结构设计与性能优化，实现其结构功能一体化，以提升打印构件的使用性能，并拓展其应用范围。

五是增材制造先进陶瓷的技术转化与应用示范。目前，各个研究机构已经展开了大量陶瓷增材制造技术的研究工作，但技术转化亟待进一步推动，且需加强在机械加工、电子信息、生物医疗、能源化工等领域的推广应用。

三、广东省陶瓷增材制造产业发展建议

广东在先进陶瓷增材制造发展上已取得了一定成果，涉及领域涵盖首饰模型、精密零部件、生物医学、机械加工等，具体技术包括应用加工服务、增材制造材料技术、设备制造、耗材供应等。但与金属和高分子材料的增材制造相比，先进陶瓷的增材制造产业发展相对缓慢，存在的制约因素主要有：顶层设计、整体规划及统筹发展的缺乏；产学研及跨学科的合作不紧密；存在增材制造共性技术壁垒（材料、设备、软件、平台等）；缺乏标准体系建设等。针对广东先进陶瓷增材制造产业发展现状及问题，提出以下建议。

①加强宏观规划，加快推动广东省陶瓷增材制造产业的发展和整体布局，并促进相关上下游产业协同发展。

②加大在3D打印陶瓷原材料、设备、工艺、性能调控技术等方面的研发投入，强化创新驱动，组织实施与陶瓷增材制造技术、材料、设备相关的重大科研项目，推动相关技术攻关研究。

③因地制宜，推进示范应用，提高广东自主创新能力，提升竞争力，促进传统陶瓷产业转型升级。

④推动建设（陶瓷）增材制造相关技术创新中心、研发机构、协会组织、创新联盟、众创空间等平台，提升原始创新能力和成果应用转化能力，支撑产业深度发展。

⑤实施新产业标准领航工程，建立陶瓷增材制造标准体系，充分发挥标准对增材制造产业发展的引领作用。

⑥加强陶瓷增材制造人才培育和引进，通过完善广东高校增材制造相关专业学科建设，构建院企、校企人才联合培养基地，培养专业的研发、管理及技能人才，同时，可采用兼职、短期聘用、定期服务等柔性引才方式，吸引高级技术专家来粤服务。

从 3D 打印到"3D 打印+"
——借助 3D 打印技术助力产业升级与创新破局

丁宝峰

和君咨询业务合伙人

3D 打印的思想起源于 19 世纪末美国研究的照相雕塑和地貌成型技术，到了 20 世纪 80 年代为了满足科研探索和产品设计的需求，在数字控制技术进步的推动下该思想终于得以实现。越来越多的尖端产品、高端工程开始应用 3D 打印，从投资界到产业圈，大家都对其抱以极大热情，而中国 3D 打印产业的发展却远未达到人们的期望值。

一、困局：中国工业发展的进程限制了科技创新的速度和进程

技术的创新、特别是新一代技术的出现与发展，都和工业体系的发展水平高度相关。良好的工业基础，不仅表现在原材料的供给上，更表现在客户群的规模和支付能力上，更容易实现技术创新，也更容易让新技术快速融入

从 3D 打印到"3D 打印+"——借助 3D 打印技术助力产业升级与创新破局

应用场景中,形成生产力。

(一)中国工业发展的滞后导致中国 3D 打印产业明显落后于欧美发达国家

欧美的 3D 打印产业始于 1984 年,首家 3D 打印企业 3D System 则在 1986 年就成立了,至 1989 年,Stratasys 和 EOS 相继成立,其也成为现在的国际 3D 打印行业的几大巨头。

在 3D 打印正式开始兴起的 20 世纪 80 年代,中国刚刚开始改革开放,人民生活水平还处于较低的水平,工业基础极其薄弱,对于 3D 打印这种传统工业的下一代技术,无论是知识储备,还是物资、零部件的供给,中国完全不具备任何可能的机会和发展的土壤。

(二)中国制造向中国智造转型,催生 3D 打印技术在中国生根

2000 年前后,中国制造业经历了改革开放 20 年,工业基础基本确立,中国制造开始在世界上立足,3D 打印技术开始正式获得在中国发展的机会。

2009 年,党中央、国务院提出了重点产业调整和振兴规划,中国的工业正式开始进入从简单的产能堆砌向产业生态时代转型,零部件等基础供给开始日渐丰富,3D 打印技术发展的外部环境开始形成,3D 打印企业如雨后春笋般大量涌现。

(三)中外 3D 打印产业发展存在明显差异

1. 欧美发达国家 3D 打印产业发展的特点

①首创开路与持续创新的"造跑道模式"。现有的各项 3D 打印技术路线

的开始，均源自国外的专利，如 FDM、SLS、SLA、SLM、3DP 等各种现在主流的技术路线的首专利均源自国外公司，普遍都建立起了可持续的研发体系、研发投入与人员构成，尽力确保在自己核心的技术路线上保持领先——构建自己的跑道。

②专利先行与产权布局构建独有壁垒。注重专利与知识产权保护成为国外企业的突出特征，利用知识产权的保护构建壁垒，捍卫自己的跑道已成为欧美 3D 打印企业的标准运营模式，例如，Stratasys 在美诉讼中国太尔时代（专门生产 FDM 打印机）侵犯其 4 项专利权事件，直接导致中国太尔时代几近彻底退出美国市场。

③资本助力技术从萌生到发展。资本市场成熟，使得社会上有丰富的各类投资人，从天使投资人到风险投资机构，再到股票交易所（OTCBB、Nasdaq 等），形成了完整的投资人体系，在项目发展的每一个阶段，都有足够丰富的投资人存在。大量的投资案例积累，丰富的投资经验和成熟的募、投、管、退模式，使投资人可以给项目提供前瞻性与实操性兼备的发展建议。

④专业孵化助力价值挖掘。在欧美，以 YC 等为代表的专业孵化器，提供的服务不仅局限于物理办公场地，更具价值的是他们根据项目团队的特点和状态，提供全方位的短板补足式的赋能支持，以及直接有效的投资人对接服务。利用这样的模式，YC 孵化出了 10 余家世界级的独角兽企业，毕业的企业纵然没有成为独角兽的，也大多在所处的行业中独领风骚。

⑤大企业接力加速技术创新的价值变现。据统计，在硅谷创业的企业里，最终有 4% 左右的创业成功是通过 IPO 实现的，96% 的企业是通过并购实现的。聚集在硅谷的世界 500 强企业的目标核心有两个：跟踪最新的技术与新产品和吸收优秀人才。而并购是简单、有效而且最容易实现双赢的手段。

2. 中国 3D 打印产业发展的特点

①从引进技术开始，照搬仿制成为主流。中国 3D 打印行业的起步从技术引进开始，无论是大学还是科研机构，抑或是 3D 打印创业企业，对于国外 3D 打印技术的引进缺乏吸收和自主创新。

②以价格战代替技术竞争，极大地破坏了 3D 打印产业生态。中国制造受惠于极具成本优势的人力资源，"价廉"成为公认标签，尽管努力从"中国制造"向"中国智造"转型，但传统的"以价格换市场"的发展模式造就了太多的成功案例，3D 打印从业者也希望历史再次重演。

部分专利技术失效和国外开源项目的出现，快速降低了 3D 打印行业的准入门槛，在中国企业还没有完全消化技术、实现再创新的情况下，整个市场的价格战进一步白热化。

价格战发起后，直接受到冲击的就是上游供应商，有的供应商开始牺牲品质以换取订单，整个生态不断恶化，恶性循环。

③资本的逐利属性与追求短期回报，导致 3D 打印企业融资困难。中国资本市场仍属于起步发展阶段，大量的 VC 风险基金还停留在追逐热点阶段，专业水平和运营经验都有待积累和磨炼。中国经济快速发展带来的"赚钱效应"，让绝大多数基金也没有足够的意愿去理解 3D 打印技术与产业结合的机会与未来，而是更多地关注眼前的业绩表现与题材热点。

3D 打印技术的价值被低估，资金很少流入，极大地限制了底层技术的研发与产业化应用的开发。极少数获得投资的还是以商业模式创新为卖点，实现融资后，受限于技术的短板，普遍未能达到发展预期而没落。

④孵化机构良莠不齐、助而无力。中国的孵化/加速器重点关注项目引进，忽略了项目引进后对项目的成长和壮大的推动。

⑤退出渠道匮乏，使得 3D 打印企业前途一片迷茫。中国资本市场依旧以成熟的大型企业为中心，中小型的技术成长型企业实现 IPO 还是很难。本土的专业化投资机构还不够成熟，直接的股权投资资金规模还总体有限，没有足够合适的对未来预期价值的变现机制，即资本退出通道，如 3D 打印的新兴技术很难获得资本的青睐和必要的支持。

相对国外大企业均持续地关注创业创新项目和技术，中国企业在技术研发和创新方面的投入不足，把更多精力放在了市场开发，导致企业的持续竞争力不足。

二、破局：从 3D 打印到 3D 打印+，赋能传统工业

3D 打印技术具有柔性化和数字化的特点，可发挥中国制造业体量巨大的优势，将 3D 打印技术与传统制造业进行结合，在促进制造业柔性化升级的同时，还可以推动产业的数字化转型。

（一）因中外工业成本结构的差异，面对新技术、新装备的态度与行动迥然不同

在欧美，人力成本高成为经济运行的突出特征，工业开始呈现小型专业化、研发与品牌化、轻资产化趋势，先进（高附加值）和自动化成为国外产业接受新技术的关键指标，设备与技术的成本变得不敏感，新型装备的使用成为优先选择。

在中国，无论从人口规模还是工业发展现状来看，"规模化、低成本"在相当一段时间内依旧会是中国经济的主流，效率、成本成为中国产业接受新技术的关键指标。竞争的压力也让企业在成本管控上始终保持高度的

从 3D 打印到"3D 打印 +"——借助 3D 打印技术助力产业升级与创新破局

敏感性。

（二）3D 技术与产业工艺的结合，催生新的"3D 打印 +"模式，为传统产业发展赋能

3D 打印并不能创造新的产业，但 3D 打印技术天然具有柔性化和数字化的特点，可应用的产业范围广泛，可以将 3D 打印技术与传统制造业进行结合，促进制造业的柔性化升级，还可以推动整个产业的数字化转型。上汽通用（SGM）从创建开始便建设了柔性汽车生产线，实现了多车型共线生产，创造了中国第一辆 10 万元家用轿车的奇迹。

利用 3D 打印技术为传统企业赋能，形成类似于 Internet 的"互联网 +"模式的"3D 打印 +"模式，可极大推动传统的工业产业和企业实现数字化、柔性化，提高产业的技术水平和产品附加值。例如，广州捷和电子利用自主研发的 3D 打印技术和铸造专用树脂，形成了独特的 3D 快速铸造技术，解决了一直困扰铸造产业无法实现数字化的关键难点——制模数字化，获得了核心客户的高度认可，通过"3D 打印 +"赋能铸造产业，将从底层彻底改变铸造产业。

（三）充分发挥广东的产业集聚优势，差异化发展，摸索 3D 打印技术与规模化产业的结合

广东具有中国最强的工业基础，形成了多个产业生态圈，利用欧美国家所不具备的规模化、生态化的产业优势，形成差异化发展，充分挖掘 3D 打印技术与规模化产业结合的机会，推动 3D 打印技术从实验室走向产业。中国高铁的案例向人们证明了，拥有足够大的市场，只要尽力去做，一样可以从零起步，最终成为产业的技术领头羊。

三、助力：政府引导推动产业与资本双轮驱动，助力 3D 打印产业发展

梦想可以创造突破，但是梦想却不足以支持产业。如何确保一项新的技术能顺利地实现落地与快速发展，关键是围绕企业发展的核心命题，建立与客户的直接联系，获得资金的支持，快速推动技术从想法变为图纸，并让图纸变为实际产品，进而实现规模化生产，产生价值。

（一）发挥政府号召力与影响力，打通产业资本、产业客户与 3D 打印企业的直接通道

发挥政府的号召力和影响力，召集、推动产业资本、产业客户与 3D 打印企业进行直接对接，构建例行、长效的沟通机制，打通 3D 打印企业与产业用户、资本之间的交流通道，促进互相理解。可以参考主题演讲 + 圆桌沙龙 + 互动交流的形式，分享新技术、需求发布与沟通、应用方案探讨，让各参与方形成习惯。

（二）利用宏观调控的力量，支持 3D 打印企业入驻产业集聚区、参与产业生态

利用政府宏观调控的力量，优化传统产业集聚区域的产业结构，将具有核心技术与优势的 3D 打印企业作为既有产业提档升级的支持力量和配套，安

排落户到传统产业集聚区，为其提供合适的场地和配套支持。对于有自主技术和明确产业应用方向的 3D 打印企业，提供建厂扩产的支持，包括土地供给、资金补贴、信贷支持、人才政策等多方面的支持，助力其成为 3D 打印行业的领头羊，带动相关产业的发展与升级，更好地优化产业结构，提高产业附加值和高端生产能力。

四、结语：3D 打印技术注定将全面推动工业的升级和改变世界的未来

3D 打印技术在推动工业，特别是制造业实现数字化方面所展现的能力，是目前所有管理方案、管理模式、IT 化技术手段都无法比拟的。

在不远的将来，3D 打印完全有可能实现让身处边远的油田、边防兵站、远洋巨轮、南极考察站，甚至是空间站、月球基地等不必再受限于物资供给遥远之困。

放眼未来，在星际旅行中，带上一台全功能的 3D 打印机，便可让"一生万物"的梦想成为现实。

结　语

近年来，在广东省委、省政府政策引导下，广东省激光与增材制造产业取得了重大进步，目前已成为我国最大的激光与增材制造产业集聚区。

从政策引导来看，2015—2019年，广东省政府及相关部门制定出台了推动激光与增材制造产业发展的相关政策共21项，重点从产业布局、研发支持、成果推广、标准与知识产权、保障支撑等方面持续加强激光与增材制造产业发展。2020年，广东省发布了"1+20"政策体系，培育发展战略性产业集群，激光与增材制造正是广东省重点发展的十大战略性新兴产业集群之一。《广东省培育激光与增材制造战略性新兴产业集群行动计划（2021—2025年）》是广东针对激光与增材制造产业所制定实施的第一份专项政策，着重提出了未来5年产业发展的四大目标，并配套制定了六大主要任务与七大重点工程和四大保障措施，对推动广东激光与增材制造产业发展，给出了从技术创新到产业应用全流程的清晰指引。

从区域布局来看，广东省已基本形成了以广州、深圳为核心，东莞、佛山、珠海、惠州、中山、江门等地市为重要节点的发展格局。广州拥有华南理工大学、中山大学、广东工业大学、广东省科学院等高校院所，基础研究能力突出，

结语

并拥有广州金发科技、广州迈普再生、黑格科技、广州赛隆等一批创新能力较强的企业，在增材制造领域总体上已形成产学研用紧密结合的发展态势。深圳汇聚了广东大部分激光企业，大族激光、创鑫激光、联赢激光、光韵达等知名企业均聚集在此，激光的中上游产业配套齐全优势十分明显，并成为全省乃至全国的激光创新策源地。东莞、佛山、珠海、惠州、中山、江门等地市是传统制造强市，在广州、深圳两大核心的辐射带动下，已打造出一批支撑激光与增材制造产业链上中下游协同发展的企业和配套载体，较好地推动了激光与增材制造技术在电子信息、汽车、生物医疗、新能源等领域的创新应用。

从产业链发展来看，目前广东激光与增材制造产业链条已较为完备，上中下游均有所布局。在激光方面，广东器件/软件和激光器近几年发展较快，特别是激光器形成了一定产业规模；在装备系统和应用产品及技术服务领域，已成为全国领头羊，从事激光加工产品的企业超过1000家，从事激光加工、代工和成品应用的企业或加工站超过10 000家。在增材制造方面，装备系统研究和开发处于国内一线水平，在金属及非金属材料等领域，已形成以高校、科研院所为技术依托，企业推动技术成果转化的良性循环；应用产品及技术服务已涵盖生物医疗、模具、汽车等众多领域，形成了一定的应用规模。

展望未来，在国家制造强国战略部署与广东"双区"建设等历史发展机遇驱动下，广东激光与增材制造产业迎来了新的黄金发展时期，在经历跟跑到并跑后，部分领域将有望实现领跑，并逐步形成具有国际影响力的激光与增材制造产业集群。

附　录

附表 1　广东省激光产业区域发展概况

地区	概况
广州	目前拥有激光相关产品生产企业约 50 家，主要分布在黄埔、白云和番禺等地，集中在激光显示、激光加工设备和激光医疗等领域。 未来，在激光显示领域，如新型显示、3D 立体显示和触摸显示在市场的带动下有望取得进一步发展；在工业激光加工领域，激光焊接、激光切割、激光微加工等高附加值技术将取得更大突破
深圳	深圳激光产业发展已 20 多年，拥有超过 300 家相关企业，成为国内第一大激光产业聚集地。2019 年深圳激光产品产值超 260 亿元，占全国激光产值比例达 27%。 未来，深圳激光产业集聚效应将会更加凸显，发展方向是打造全国总部级激光产业集群并辐射周边城市，将逐渐补强上游材料、元器件及激光器等关键及核心环节，支撑建立更加完善的激光产业链
东莞	集聚了激光企业 70 余家，并拥有下游终端激光加工服务企业上百家。激光企业主要集中在松山湖，此外在长安、大朗、厚街、东城、万江、常平等多个镇街均有分布
佛山	拥有 20 余家激光企业，主要分布在顺德、南海、高明等地区，多数企业从事金属激光加工设备生产
惠州	拥有数家本土激光企业，仲恺区引进了数家深圳激光企业的惠州生产基地
珠海	激光企业分布较少，主要代表企业是从事光纤激光器件设计和制造的上市公司光库科技

续表

地区	概况
中山	激光企业不多,拥有广东华快光子、广东汉邦激光、中山汉通激光等
江门	自打造广东激光谷以来,激光产业快速发展,现已拥有江门海目星激光等激光企业近10家
粤东西北地区	粤东西北地区全部地市激光产业年产值不到5亿元。其中,阳江、河源的激光产业发展基础稍好,针对刀具、风电装置等开发了金属加工、熔覆、焊接等应用,零散分布以激光标记、切割、焊接为主的加工服务门店。另外,阳江目前正打造激光应用产业园,主要聚焦激光产业下游,围绕激光应用打造产业生态链,已建成阳江市高功率激光应用实验室。 未来,粤东西北地区可结合当地产业特点和当地市场需求,有针对性地引进激光相关专业团队和企业落户,带动本地区相关产业加速发展

附表2 广东省增材制造产业区域发展概况

地区	概况
广州	广州在3D打印产业布局上起步早、基础好、成长迅速,拥有规模较大且涵盖全产业链的企业群体及研发机构,相关企业和科研院校150余家,应用覆盖模具、生物医疗、软件、文化创意、教育等领域。 广州3D打印产业正处于蓬勃发展时期,在粤港澳大湾区建设机遇带动下,有望促进广州产业结构的升级转型,催生新兴产业,助力广州在新一轮工业化发展中取得竞争优势
深圳	在增材制造研发及产业化等方面深圳已初步形成建模系统、材料、设备、应用服务的增材制造全产业链,增材制造相关企业达100多家,集中在生物医疗、文化创意、电子信息、航空航天等领域。 深圳提出要加快建设3D打印制造业创新中心,面向生物医疗、电子制造、航空航天、汽车、文化创意等领域重大需求,形成覆盖产品全流程环节的完整产业链,有力支撑高端制造和精密制造
东莞	拥有增材制造企业100余家,主要应用于模具、礼品、鞋帽等传统优势制造业,拥有广东银禧科技、东莞鸿泰、东莞方易达三维科技等优势企业
佛山	正在打造广东省最大的3D打印服务基地,拥有广东峰华卓立、佛山立体易、南方增材等代表企业

续表

地区	概况
珠海	已成为"世界打印耗材之都",拥有珠海赛纳三维科技、珠海西通电子等代表企业
中山	正大力推进金属3D打印装备研发及产业化应用,拥有广东汉邦激光等代表企业
江门	增材制造企业较少,拥有五邑大学等研究机构
粤东西北地区	由于经济发展原因,粤东西北地区增材制造产业规模与珠三角相比较小,代表性企业包括汕头美森塑胶、南雄科达树脂、南雄鼎成、揭阳汇宝昌、揭阳巨轮智能、清远立宝、清远精锋高精密模具、揭阳中科金属、乐昌鼎丰、河源光神王和揭阳安麦思等。 未来,粤东西北地区增材制造产业的发展可依托珠三角区域,主动对接广州、深圳的科研院校和龙头企业开展产学研合作

参考文献

[1] 百度文库. 激光材料产业背景及发展趋势 [EB/OL].（2011-09-06）[2020-05-17]. https：//wenku.baidu.com/view/41c96d2eed630b1c59eeb523.html.

[2] 北大未名. 美国、日本、德国激光产业发展现状 [EB/OL].（2003-04-24）[2020-05-16]. https：//bbs.pku.edu.cn/v2/mobile/post-read.php?bid=398&threadid=130.

[3] 陈义红. 激光焊接在汽车工业中的应用 [EB/OL].（2006-08-23）[2020-05-16]. https：//articles.e-works.net.cn/weld/article39586.htm.

[4] 高分子网. 浅析美国3D打印产业领先全球的原因 [EB/OL].（2015-09-17）[2020-05-12]. https：//www.gaofenzi.org/archives/3750.html.

[5] 工业和信息化部，国家发展和改革委员会，财政部. 国家增材制造产业发展推进计划（2015—2016年）[A/OL].（2015-02-28）[2020-05-12]. https：//www.miit.gov.cn/xwdt/gxdt/sjdt/art/2020/art_5d350f5dffce43a799d1a830085a9b84.html.

[6] 工业和信息化部，国家发展和改革委员会，财政部. 十二部门关于印发《增材制造产业发展行动计划（2017—2020年）》的通知 [A/OL].（2017-12-13）[2020-05-12]. https：//www.miit.gov.cn/jgsj/zbys/gzdt/art/2020/art_05c243d6d84640549784be82e9e593c8.html.

[7] 广东省科技厅，广东省财政厅. 广东省科学技术厅　广东省财政厅关于

组织申报 2014 年省前沿与关键技术创新专项资金（省重大科技专项）项目的通知 [A/OL].（2014–11–13）[2020–05–16]. http：//gdstc.gd.gov.cn/old_gkml/content/post_630944.html.

[8] 广东省科技厅，广东省财政厅. 广东省科学技术厅　广东省财政厅关于组织申报 2015 年省前沿与关键技术创新专项资金（省重大科技专项）项目的通知 [A/OL].（2019–05–17）[2020–05–16]. http：//gdstc.gd.gov.cn/old_gkml/content/post_631070.html.

[9] 广东省科技厅. 广东省科学技术厅关于组织申报 2016 年省前沿与关键技术创新专项资金（省重大科技专项）项目的通知 [A/OL].（2015–08–24）[2020–05–16]. http：//gdstc.gd.gov.cn/zwgk_n/zdly/sbzn/content/post_2684275.html.

[10] 广东省科技厅. 广东省科学技术厅关于组织申报 2017 年度省科技发展专项资金项目（第三批）的通知 [A/OL].（2017–01–20）[2020–05–17]. http：//gdstc.gd.gov.cn/old_gkml/content/post_632058.html.

[11] 广东省科技厅. 广东省科学技术厅关于组织申报 2019—2020 年度省重点领域研发计划"新能源汽车""激光与增材制造""智能机器人和装备制造"等重大专项的通知 [A/OL].（2019–09–30）[2020–05–16]. http：//gdstc.gd.gov.cn/zwgk_n/zdly/sbzn/content/post_2684362.html.

[12] 广东省科技厅. 广东省科学技术厅关于组织申报广东省重点领域研发计划 2018—2019 年度"激光与增材制造"重大科技专项项目的通知 [A/OL].（2018–09–30）[2020–05–16]. http：//gdstc.gd.gov.cn/old_gkml/content/post_633037.html.

[13] 郭璐，朱红. 陶瓷 3D 打印技术及材料的研究现状 [J]. 陶瓷学报，2020，41（1）：22–28.

[14] 国家市场监督管理总局，中国国家标准化管理委员会. 增材制造工艺分类及原材料：GB/T 35021—2018[S]. 北京：中国标准出版社，2018.

[15] 国家知识产权局. 关于印发《知识产权重点支持产业目录（2018 年本）》

的通知 [A/OL]. （2018-01-25）[2020-05-12]. http：//www.stdaily.com/sipo/sipo/2018-01/25/content_629065.shtml.

[16] 韩芳. 美国《先进制造业美国领导力战略》深度解读 [EB/OL]. （2018-11-02）[2020-05-12]. https：//www.sohu.com/a/272790617_585300.

[17] 黄淼俊，伍海东，黄容基，等. 陶瓷增材制造（3D 打印）技术研究进展 [J]. 现代技术陶瓷，2017（4）：248-266.

[18] 李亚运，司云晖，熊信柏，等. 陶瓷 3D 打印技术的研究与进展 [J]. 硅酸盐学报，2017，45（6）：793-805.

[19] 梁栋，何汝杰，方岱宁. 陶瓷材料与结构增材制造技术研究现状 [J]. 现代技术陶瓷，2017（4）：3-19.

[20] 卢秉恒. 增材制造技术：现状与未来 [J]. 中国机械工程，2020，31（1）：19-23.

[21] 年终盘点：2019 年 3D 打印行业大事件 [EB/OL]. （2019-12-18）[2020-05-12]. https：//www.sohu.com/a/361202047_249199？ scm=1002.44003c.fe0215.PC_ARTICLE_REC.

[22] 盘点：2019 年 3D 打印行业融资大事件 [EB/OL]. （2019-12-26）[2020-05-12]. https：//www.sohu.com/a/362939523_249199.

[23] 赛迪顾问. 2019 年全球及中国 3D 打印行业数据简析 [EB/OL]. （2020-03-06）[2020-11-10]. http：//www.unlands.com/news/item.aspx?id=6601.

[24] 深度解读驱动欧洲 3D 打印应用发展 DMRC 的三家孵化企业 [EB/OL]. （2019-07-29）[2020-05-12]. https：//www.sohu.com/a/330117218_274912.

[25] 世界最大 3D 打印发动机钛合金加强框架研制成功 [EB/OL].（2019-02-19）[2020-05-12]. https：//www.sohu.com/a/295608897_120059843.

[26] 搜狐. 2019 年总结：中国十大 3D 打印事件 [EB/OL]. （2019-12-31）[2020-05-12]. https：//www.sohu.com/a/363821133_181700.

[27] 搜狐. 3D 打印产业：京津冀全国领先，长三角形成全产业链 [EB/OL]. （2018-05-08）[2020-05-12]. https：//www.sohu.com/a/230814329_455806.

[28] 搜狐.2018年3D打印有哪些突破性应用和代表性事件[EB/OL].（2018-09-01）[2020-05-12]. https：//www.sohu.com/a/286169474_693613.

[29] 搜狐.回顾增材制造行业2019年的那些关键时刻[EB/OL].（2019-12-20）[2020-05-12]. https：//www.sohu.com/a/361656379_157139.

[30] 搜狐.全球各国3D打印产业分析，美国已走在前列[EB/OL].（2016-08-22）[2020-05-12]. https：//www.sohu.com/a/111457435_202664.

[31] 搜狐.西门子庆祝3D打印的燃气轮机燃烧室成功运行8000小时[EB/OL].（2018-09-21）[2020-05-12]. https：//www.sohu.com/a/255273945_229282.

[32] 铁路行业"联姻"3D打印技术[EB/OL].（2019-01-16）[2020-05-12]. https：//www.stratasys-china.com/3d-printing-train/.

[33] 万勇.国外增材制造发展政策与研究进展概述[J].新材料产业，2016（6）：2-6.

[34] 王俊杰.多孔仿生骨单元植入物三维打印成型系统开发及实验研究[D].南京：南京师范大学，2017.

[35] 王利锋.喷墨打印用陶瓷表面装饰墨水的制备及其性能分析[D].天津：天津大学，2013.

[36] 王志永，赵宇辉，赵吉宾，等.陶瓷增材制造的研究现状与发展趋势[J].真空，2020，57（1）：67-75.

[37] 网易.2018年度国家科学技术进步奖，SLS 3D打印铸造技术[EB/OL].（2019-01-19）[2020-05-12]. https：//dy.163.com/article/E52TA28U051186GP.html.

[38] 网易.冷喷涂金属3D打印技术（TKF）制造超大型钛合金火箭[EB/OL].（2019-12-06）[2020-05-12]. https：//dy.163.com/article/EVNKGNS1051186GP.html.

[39] 网易.新一代增材制造：金属3D打印批量生产全自动化试点取得全面成功[EB/OL].（2019-07-19）[2020-05-12]. https：//dy.163.com/article/EKF80MQE0532907I.html.

[40] 维利网. Orbex 生产出全球最大的单件 3D 打印火箭引擎 [EB/OL].（2019–03–27）[2020–05–12]. https：//3dprint.ofweek.com/2019-03/ART-132109-8110-30315125.html.

[41] 维利网. 印度激光应用市场现状及趋势分析 [EB/OL].（2017–07–20）[2020–05–17]. https：//laser.ofweek.com/2017-07/ART-240002-8420-30156089.html.

[42] 维利网. 中国突破 600℃以上耐高温钛合金 3D 打印技术，将应用于某型号飞机 [EB/OL].（2019–09–04）[2020–05–12]. https：//3dprint.ofweek.com/2019-09/ART-132100-8140-30405716.html.

[43] 吴甲民，杨源祺，王操，等. 陶瓷光固化技术及其应用 [J]. 机械工程学报，2020，56（19）：1–18.

[44] 伍海东，刘伟，伍尚华，等. 陶瓷增材制造技术研究进展 [J]. 陶瓷学报，2017，38（4）：451–459.

[45] 许冠南，方梦媛，周源. 新兴产业政策与创新生态系统演化研究：以增材制造产业为例 [J]. 中国工程科学，2020，22（2）：108–119.

[46] 中国 3D 打印网. GE 航空集团第 30 000 个金属 3D 打印燃料喷嘴下线 [EB/OL].（2018–10–07）[2020–05–12]. https：//www.3ddayin.net/news/guowaikuaidi/36364.html.

[47] 中国 3D 打印网. 全球 3D 巨头云集慕尼黑，打造增材制造生态发展圈 [EB/OL].（2019–10–21）[2020–05–12]. http：//www.china3dprint.com/news/xinwenrenwu/38386.html.

[48] 中商产业研究院. 2020 年中国 3D 打印市场规模或达 50 亿元 [EB/OL].（2020–03–09）[2020–05–12]. https：//marketing1.eastmoney.com/202003091411091336.html.

[49] 3D 打印技术最新进展与 2018 年重大事件回顾 [EB/OL].（2019–01–12）[2020–05–12]. https：//www.sohu.com/a/288482022_533602.

[50] AHN D, KWEON J H, CHOI J, et al. Quantification of surface roughness

of parts processed by laminated object manufacturing [J]. Journal of materials processing technology, 2012, 212 (2): 339-346.

[51] ARNESANO A, PADMANABHAN S K, NOTARANGELO A, et al. Fused deposition modeling shaping of glass infiltrated alumina for dental restoration [J]. Ceramics international, 2020, 46 (2): 2206-2212.

[52] BUTSCHER A, BOHNER M, HOFMANN S, et al. Structural and material approaches to bone tissue engineering in powder-based three-dimensional printing [J]. Acta biomaterialia, 2011, 7 (3): 907-920.

[53] CHEN Z, LI Z, LI J, et al. 3D printing of ceramics: a review [J]. Journal of the european ceramic society, 2019, 39 (4): 661-687.

[54] DAMINABO S C, GOEL S, GRAMMATIKOS S A, et al. Fused deposition modeling-based additive manufacturing (3D printing): techniques for polymer material systems [J]. Materialstoday chemistry, 2020 (16): 100248-100271.

[55] DECKERS J, KRUTH J P, SHAHZAD K, et al. Density improvement of alumina parts produced through selective laser sintering of alumina-polyamide composite powder [J]. Cirp annals manufacturing technology, 2012, 61 (1): 211-214.

[56] DECKERS J, MEYERS S, KRUTH J, et al. Direct selective laser sintering/melting of high density alumina powder layers at elevated temperatures [J]. Physics procedia, 2014 (56): 117-124.

[57] DERBY B. Additive manufacture of ceramics components by inkjet printing [J]. Engineering, 2015, 1 (1): 113-123.

[58] ECKEL Z C, ZHOU C, MARTIN J H, et al. Additive manufacturing of polymer-derived ceramics[J]. Science, 2016, 351 (6268): 58-62.

[59] FU Z, FREIHART M, WAHL L, et al. Micro-and macroscopic design of alumina ceramics by robocasting [J]. Journal of the european ceramic society,

2017, 37（9）: 3115-3124.

[60] GENTRY S P, HALLORAN J W. Absorption effects in photopolymerized ceramic suspensions [J]. Journal of the european ceramic society, 2013, 33（10）: 1989-1994.

[61] GENTRY S P, HALLORAN J W. Light scattering in absorbing ceramic suspensions: effect on the width and depth of photopolymerized features [J]. Journal of the european ceramic society, 2015, 35（6）: 1895-1904.

[62] GRIFFITH M, HALLORAN J. Freeform fabrication of ceramics via stereolithography [J]. Journal of the American ceramic society, 2010, 79（10）: 2601-2608.

[63] GRIGORYAN B, PAULSEN S J, CORBETT D C, et al. Multivascular networks and functional intravascular topologies within biocompatible hydrogels [J]. Science, 2019, 364（6439）: 458-464.

[64] GUO L, YAN Z, GE W, et al. Origami and 4D printing of elastomer-derived ceramic structures [J]. Science advances, 2018, 4（8）: eaat0641.

[65] HOU H, SIMSEK E, MA T, et al. Fatigue-resistant high-performance elastocaloric materials made by additive manufacturing [J]. Science, 2019（366）: 1116-1121.

[66] KELLY B E, BHATTACHARYA I, HEIDARI H, et al. Volumetric additive manufacturing via tomographic reconstruction[J]. Science, 2019, 363（6431）: 1075-1079.

[67] KUNCHALA P, KAPPAGANTULA K. 3D printing high density ceramics using binder jetting with nanoparticle densifiers [J]. Materials and design, 2018, 155（3）: 443-450.

[68] LEE A, HUDSON A R, SHIWARSKI D J, et al. 3D bioprinting of collagen to rebuild components of the human heart [J]. Science, 2019, 365（6452）: 482-487.

[69] LEE Y H, LEE J B, MAENG W Y, et al. Photocurable ceramic slurry using solid camphor as novel diluent for conventional digital light processing（DLP）process [J]. Journal of the european ceramic society, 2019（39）: 4358-4365.

[70] LI K, ZHAO Z. The effect of the surfactants on the formulation of UV-curable SLA alumina suspension [J]. Ceramics international, 2017, 43（6）: 4761-4767.

[71] LI W, GHAZANFARI A, MCMILLEN D, et al. Fabricating ceramic components with water dissolvable support structures by the ceramic on-demand extrusion process [J]. CIRP annals, 2017（66）: 225-228.

[72] LIU W, WU H, ZHOU M, et al. Fabrication of fine-grained alumina ceramics by a novel process integrating stereolithography and liquid precursor infiltration processing [J]. Ceramics international, 2016, 42（15）: 17736-17741.

[73] MARTIN J H, YAHATA B D, HUNDLEY J M, et al. 3D printing of high-strength aluminium alloys [J]. Nature, 2017（548）: 365-369.

[74] PENG Z, LUO X, XIE Z, et al. Effect of print path process on sintering behavior and thermal shock resistance of Al_2O_3 ceramics fabricated by 3D inkjet-printing [J]. Ceramics international, 2018, 44（14）: 16766-16772.

[75] SAHA S K, WANG D, NGUYEN V H, et al. Scalable submicrometer additive manufacturing [J]. Science, 2019, 366（6461）: 105-109.

[76] SCHWENTENWEIN M, HOMA J. Additive manufacturing of dense alumina ceramics [J]. International journal of applied ceramic technology, 2015, 12（1）: 1-7.

[77] SHAHZAD K, DECKERS J, BOURY S, et al. Preparation and indirect selective laser sintering of alumina/PA microspheres [J]. Ceramics international, 2012, 38（2）: 1241-1247.

[78] SKYLAR-SCOTT M A, JOCHEN M, VISSER C W, et al. Voxelated soft matter via multimaterial multinozzle 3D printing [J]. Nature, 2019, 575 (7782): 330-335.

[79] SONG X, CHEN Y, LEE T W, et al. Ceramic fabrication using mask-image-projection-based stereolithography integrated with tape-casting [J]. Journal of manufacturing processes, 2015 (20): 456-464.

[80] STUMPF M, TRAVITZKY N, GREIL P, et al. Sol-gel infiltration of complex cellular indirect 3D printed alumina [J]. Journal of the european ceramic society, 2018, 38 (10): 3603-3609.

[81] TANG H, CHIU M, YEN H. Slurry-based selective laser sintering of polymer-coated ceramic powders to fabricate high strength alumina parts [J]. Journal of the european ceramic society, 2011, 31 (8): 1383-1388.

[82] WALKER D A, HEDRICK J L, MIRKIN C A. Rapid, large-volume, thermally controlled 3D printing using a mobile liquid interface [J]. Science, 2019, 366 (6463): 360-364.

[83] Wohlers report 2020: 3D printing and additive manufacturing global state of the industry[M]. Fort Collins: Wohlers Associates, 2020.

[84] YANG L, ZENG X, ZHANG Y, et al. 3D printing of alumina ceramic parts by heat-induced solidification with carrageenan [J]. Materials letters, 2019 (255): 126564-126567.

[85] YVES-CHRISTIAN H, JAN W, WILHELM M, et al. Net shaped high performance oxide ceramic parts by selective laser melting [J]. Physics procedia, 2010 (5): 587-594.

[86] ZHANG D, QIU D, GIBSON M A, et al. Additive manufacturing of ultrafine-grained high-strength titanium alloys [J]. Nature, 2019, 576 (7785): 91-95.

[87] ZHANG K, LIU T, LIAO W, et al. Influence of laser parameters on the surface morphology of slurry-based Al_2O_3 parts produced through selective laser

melting [J]. Rapid prototyping journal, 2018 (24): 1355-2546.

[88] ZHANG K, XIE C, WANG G, et al. High solid loading, low viscosity photosensitive Al_2O_3 slurry for stereolithography based additive manufacturing [J]. Ceramics international, 2018 (45): 203-208.

[89] ZHENG Y, ZHANG K, LIU T, et al. Cracks of alumina ceramics by selective laser melting [J]. Ceramics international, 2019, 45 (1): 175-184.

[90] ZHOU M, LIU W, WU H, et al. Preparation of a defect-free alumina cutting tool via additive manufacturing based on stereolithography – optimization of the drying and debinding processes [J]. Ceramics international, 2016, 42 (10): 11598-11602.

[91] ZOCCA A, COLOMBO P, GOMES C M, et al. Additive manufacturing of ceramics: issues, potentialities, and opportunities [J]. Journal of the American ceramic society, 2015, 98 (7): 1983–2001.

后 记

《2020年广东省激光与增材制造产业发展报告》是受广东省科技厅委托与指导，由广东省科学技术情报研究所、广东省科学院、广东省激光行业协会联合专家团队精心打造的一本激光与增材制造产业年度研究报告，并由广东省科学技术情报研究所、广东省科学院、广东省激光行业协会3家单位共同发布。本报告的编制出版得到了业内各界机构和专家的大力支持和帮助，特别是相关单位和专家在编制过程中给予了丰富的背景素材和大量的修改建议，在此表示衷心的感谢。

本报告针对广东省着力打造的"双十"产业之一的激光与增材制造产业，构建从宏观到中观的情报体系，围绕市场、政策、区域、行业、企业、高校院所等产业发展要素，通过广泛调研，采用文献计量、数据挖掘等方法客观反映广东省激光与增材制造产业发展现状，并邀请领域专家撰写专题报告，点面结合地阐述产业发展趋势。本报告围绕激光与增材制造产业发展态势，着力打造广东省第一本完整阐述激光与增材制造产业发展现状、支撑产业发展决策、促进产业全面提升的权威分析报告。本报告所有原创文字、图片、数据的版权归广东省科学技术情报研究所、广东省科学院、广东省激光行业协会所有，任何第三方转载或引用报告内容须注明资料来源，商业用途须另以书面形式征得版权所有方同意。

本报告经研究人员和专家的严谨思考和不懈努力编制形成，但由于能力和水平所限，疏漏和不足之处在所难免，敬请广大读者和专家批评指正。同时，希望本报告的出版，能为广东省激光与增材制造产业的稳健快速发展、打造具有国际影响力的产业集群提供有力支撑。